THE CLIMATE CASINO

Risk, Uncertainty, and Economics
for a Warming World

气候赌场

全球变暖的风险、不确定性与经济学

[美] 威廉·诺德豪斯 著
梁小民 译

中国出版集团 东方出版中心

献给安纳贝尔、马戈特和亚历山德拉。

全球变暖，我们怎么办？

——《气候赌场》译者序

国外有许多科幻灾难片，表现人类社会未来出现的气候变化及恶果。如冰山融化引起的海平面上升；洋流改变出现的突然变冷；暴风雨、龙卷风达到惊人的程度，甚至把鲨鱼卷上岸；等等。灾难之严重让人心惊胆颤。读了诺德豪斯的《气候赌场》才知道，这些并不是像人类登临黑洞一样的不靠谱幻想，而是极有可能成为现实。如果气候不断变暖，当突破某个临界点，比如气温比工业化前增加 3—4 ℃或更多时，这些就会成为现实的灾难。这就是书中一再警告我们的，气候变暖有可能引起的不可预期的、突发的、灾难性的后果。

其实不看这类电影，在现实中也可以感到气候的变暖。20 世纪 60 年代我在北京上大学时，夏天热到 30 ℃以上并不常见。所以报纸上还有领导冒着近 30 ℃高温视察之类的报道。如今接近 40 ℃都是常态了。近年来，全球异常天气成为常态，今年我国南方暴雨成灾，北方干热。这些都是气候变暖带来的异常现象。要了解气候变暖的原因是什么，会给人类社会带来什么危害，我们应该如何应对，就应该读一读诺德豪斯的《气候赌场》这本书。

威廉·诺德豪斯在国内外都是大名人。在国外，他在气候变暖的研究中属于顶尖级专家之列，早已引起广泛关注。在国内，不少人读过他与萨缪尔森合著的《经济学》教科书。他获得 2018 年诺贝尔经济学奖，更为人们熟知。诺德豪斯出生于新墨西哥州的阿尔伯克基，本科毕业于耶鲁大学，1967 年获麻省理工大学经济学博士学位，师从保罗·萨缪尔森、罗伯特·索洛这两位诺奖获得者。此后一直在耶鲁大学任教，现在是耶鲁大学最高荣誉讲席——斯特林经济学讲席的教授，还是惠特尼·格里斯沃尔德经济学教授和考尔斯经济学研究基金会理事，也曾任耶鲁大学教务长和副校长。诺德豪斯一直以教学和研究为主，对许多问题都有研究，不过以环境经济学和气候经济学为主。1972 年他与诺奖获得者詹姆斯·托宾提出净经济福利指标（Net Economic Welfare, NEW）的概念。这个指标把污染等对人类不利的因素从 GDP 中剔除，并加上家务劳动、休闲等增加了人类福利但过去不计入 GDP 的因素，并估算出 1940—1968 年，净经济福利只有 GDP 的一半，而且以后差距越来越大。这个概念引起了经济学界广泛关注，已进入许多教科书，并在实践中得到重视。诺德豪斯还担任过卡特政府的总统经济顾问委员会委员，目前还是美国国会预算办公室经济专家组成员、国民经济分析局顾问委员会主席，是美国国家科学院院士，被称为“美国最有影响力的 50 名经济学家之一”。

诺德豪斯获得2018年诺贝尔经济学奖，主要是由于他对环境经济学，尤其是气候经济学的开创性贡献。这方面的研究成果除了这本《气候赌场》外，还有《平衡问题》《管理全球共同体》和《变暖的世界》（东方出版中心即将出版这三本书），以及大量的研究论文、报告等。《气候赌场》是他研究气候变化经济学的一本最新、最全面概述这一学科内容的著作。用老调的说法是他的代表作。他把自己多年研究的成果总结进这本书中。这本书是学术著作，但并不艰深难读。他是写给一般读者的，通俗而有趣，把深刻的学术思想以人人喜欢的方式介绍出来，让你一开始读就放不下，读完后又认识了许多过去不知道或不理解的思想。本书深刻而通俗，严谨而有趣，是经济学普及化的大师之作。

这本书的题目是"气候赌场"，副标题是"全球变暖的风险、不确定性与经济学"。把人类对气候的所作所为比喻为一种赌博，把气候比喻为一个赌场，是有深刻含义的。他指出："我将用的一个比喻是，我们正在进入'气候赌场'。我用这个比喻的意思是，经济增长正在导致气候与地球系统不合意且危险的变化。这些变化将导致意想不到，而且也许是危险的后果。我们正在掷气候骰子，结果将出人意料，且其中一些可能是危险的。但我们刚刚进入气候赌场，而且还有时间全面改变，并走出来。"（第4页）本书讲的就是我们如何走进这个赌场，在这个赌场上掷骰子有什么危险，以及如何走出这个赌场的问题。全书论述中也多次用这个比喻来说明问题。

全书共分五编。第一编除了第1章介绍本书的内容与安排，给读者一个阅读的“地图”之外，其他4章说明我们是如何走进气候赌场的，即什么原因引起气候变化。人类活动的动力，是以碳为基础的燃料（如煤、石油、天然气）。在工业革命之前，地球人口并不多，且经济增长慢，许多以碳为基础的燃料还没有得到大规模开发与利用，所以对气候的影响并不大，可以通过自然的调节恢复均衡。但工业革命以后，人口剧增，以碳为基础的燃料大量使用，经济高速增长。以碳为基础的燃料燃烧后，把大量 CO_2 排入大气，大气无法吸收，积累下来使大气中的 CO_2 浓度越来越高，从而引起气候变暖及相随的问题。换句话说，气候问题起源于人类经济增长。所以气候问题是一个经济问题。我们注意到，2018年的诺贝尔经济学奖授予了两位经济学家。一位是内生经济理论的创立者保罗·罗默，另一位就是威廉·诺德豪斯。他们讲的是同一个问题：经济增长。不过讲的是同一问题的不同方面。罗默讲经济如何增长。他讲的是自哈罗德、多马以来的问题，他的贡献在于分析了知识、技术进步对经济增长的关键作用，建立了相应的内生经济增长模型。诺德豪斯则讲经济增长带来的副作用，即气候的不利变化，也建立了相应的模型。罗默告诉我们，如何实现增长；诺德豪斯告诉我们，增长会带来什么不利影响。我们要实现全世界人民福祉的增加，不增长不行；但只顾增长，不防止副作用，环境变化、气候灾难不断，也难以有福祉增加。他们两人的成果的结合才是对经济增长的全面理解，才是人类社会的正道。我想，诺奖同时授予这两个人是有深刻含意的。也只有从这个角度我们才能更深刻地了解诺德豪斯贡献的意义所在。

第二编讲气候变化对人类社会和自然界的危害性影响，也就是我们进入气候赌场的危害性。诺德豪斯在分析气候变化的影响时，重要的是提出了“受控系统与未受控系统”。前者是指：“一种社会可借以采取措施，确保对一种资源的有效和可持续利用的系统。”（第 89 页）例如，农业、室内生活及其他许多人类可以控制的活动。未受控系统指：“运行基本上不受人类的干预。……可能是因为人类选择不管它……也可能它之所以未受控是因为系统太大，以至于人类不能控制。”（第 90 页）这种区分极为重要。只有认识到这一点，才能针对不同影响采取不同对策。而且要特别重视未受控系统，因为许多对人类长远影响大又往往被忽略的，正是这种未受控和不可控的系统，如自然与生态系统。

按这种思路，诺德豪斯分析了受控的农业与人类健康，和未受控的海洋、飓风和野生动植物与物种。由于农业本身的可控性及农业技术进步，和农业在国民经济中所占的份额不断下降，气候变化的总体影响并不大，而且可以进行适应调整。对人类健康的影响也不大。总体上对发达国家的影响微不足道，对发展中国家则大一些。不过随着经济发展、医疗条件改变，这种影响从全球来看都是极为有限的。真正值得重视的是未受控系统。在这里，这些影响对人类的直接、短期作用并不显著，有些在短期内难以觉察到，容易被忽略。但这些影响在长期中作用极大，甚至关系到人类的生存和死亡，而且许多影响一旦发生就是难以逆转的。这些影响都有一个临界点，在临界点之前也许什么也看不出来，感觉不到。一旦跨过临界点，灾难就是毁灭性的。诺德豪斯更多关注的还是这种未受控领域的影响。科幻灾难片更多关注的也是这种影响，展现的正是这些影响跨过临界点后的后果。这些影响包括海平面上升与海洋酸化、飓风的加剧，以及生物与生态系统的损失。

提出、分析问题的目的还是解决问题。或者用赌场的比喻来说，分析走进赌场以及在赌场会遇到什么风险，还是为了走出赌场。这是本书的重中之重，所以剩下的第三编、第四编和第五编都是围绕这个问题，其篇幅占了全书的四分之三还多。

第三编重点分析应对气候变化的经济学原则。学会适应气候变化是一种消极应对气候变化的方法，而且人类早在使用了。用地球工程的方法也是科学家所设想的，但目前还不现实。现实的是减少 CO_2 的排放。达到这个目标也有几种技术，但重要的是从经济上考量减排的成本与收益。基本原则仍然是使减排的成本与减排的收益（危害减少）平衡。这就是经济学中的基本成本—收益分析。对成本与收益都要进行贴现，即把未来的值换算为现在的值。人们评估现在的价值高于未来的价值（即对现在的偏好大于未来），不对未来值贴现就无法比较今天的成本与收益以及未来的成本与收益。尤其就改变气候变化的投资而言，成本在今天，收益在未来。因此，贴现率定位于多少，是气候政策中争论最激烈的问题之一。诺德豪斯主张，气候和道路、教育等投资一样，也是一种投资，因此贴现率应该是真实的资本收益率。

第四编论述要实现根据成本—收益分析来减排，碳价格应起到核心作用。CO_2 这种负外部性没有价格，是排放不断加剧、气候变暖的原因。价格可以引导消费者使用低碳商品与服务，引导企业使用低碳原材料与工艺流程，同时可以鼓励创新者、投资者开发低碳产品与工艺流程。外部性在市场之外，因此碳价格也不是在市场上由供求关系自发决定的，而是由政府确定的，既然市场不能作为，就需要政府。碳价格可以用两种方法确定，一种是碳税，即政府征收相当于 CO_2 排放的社会成本的税收。这种对外部性征税的主张最早由英国经济学家庇古提出，因此也称为“庇古税”。另一种方法称为“总量管制与交易”，即政府确定一个允许排放总量，向污染者发放或拍卖许可证，允许污染者之间交易许可证。这种方法在《京都议定书》中提出，并在欧盟得到实际使用。诺德豪斯比较了两种方法的相同与不同，并提出了一种把这两种方法结合起来的综合之道。不过他本人更偏爱税收的方法。减排的全球性就要求协商一个国际碳价格，以实现在世界各国和各个行业减排的边际成本与边际收益相等，从而达到低成本减排。作为经济学家，诺德豪斯还是相信价格的作用。不过这种价格不是由市场决定的，而是政府在起作用。

最后一编讲实现全球减排的困难，以及如何克服这些困难。CO_2 排放是全球的外部性，减排要求全球参与和有效行动。但这一点说起来容易，做起来难，所以全球减排至今成效有限。现在对全球变暖的认识分歧相当大，对全球变暖的否认不仅源于公众的无知，还源于政治家的偏见。全球变暖是有充分科学依据的，在主流科学界中已达成“共识”。反对者有认识问题，但更重要的是利益问题。在国际上，各国政府基本是民族主义者，为了自己的利益希望搭别国减排的便车，都只看到减排的短期成本，而没看到减排的长期收益。在国内则陷于党派之争和个人功利。这些只能通过大众认识的提高、国际协商与制度的推进来逐步解决。不过诺德豪斯对未来还是乐观的，他在本书中的结语是：“人类正使地球处于危险之中。但人类可以消除他们所做之事的影响。而且，如果人们接受全球变暖的现实威胁，建立一种惩罚碳排放的经济机制，并大力开发低碳技术，就可以以较低的成本实现这一目标。通过采取这些措施，我们就可以保护，并保存好我们宝贵的星球。”（第 423 页）我想这就是全书的总结与结论。

以上对《气候赌场》内容的简单介绍当然不足以反映本书全面、深刻的内容。在翻译这本书的过程中，我深深感到本书有值得注意的几个特色。

第一，科学而严肃。我说的科学，是指全书的分析有扎实的自然科学与社会科学基础，资料详实、数据可靠而丰富。诺德豪斯对气候变化的分析建立在两个已经得到学界高度评价的模型基础之上。一个是综合的气候—经济模型（DICE），另一个是与此相关的地区模型（RICE）。这两个模型是他与耶鲁大学的同事共同建立的，在学界得到广泛赞誉与使用。本书没有详细介绍这两个模型。有兴趣的读者可以看诺德豪斯介绍这两个模型的著作：《平衡问题》《管理全球共同体》与《变暖的世界》。本书是综合这两个模型做的概述。在现代科学中，建立模型是不可或缺的一步，模型的正确性决定了结论的科学性。但数字化的模型也并不是绝对可靠的，诺德豪斯更可贵的是结合了自己的观察与思考，也涉及了比模型更广泛的内容，使模型更接近现实、更可靠。我说的严肃，是他警示气候变暖的危害，但并不像科幻灾难电影一样吓人。我想起了罗马俱乐部关于增长极限的分析，它的结论是人类如果不在 1976 年停止人口增长，1980 年停止工业增长等，人类社会将于 2100 年之前崩溃。从现在来看，它要求的条件都没实现，但人类社会也没有崩溃的征兆。这就是因为它只靠模型而忽略了其中没有包括，或没法包括的因素，用“狼来了”来吓唬人类。诺德豪斯也用了模型，也有许多惊人的警示。但他并没有夸大其词，而是考虑到了世界经济的变化趋势，如脆弱经济部门的相对缩小与技术进步，也考虑到了人们对气候变化的适应能力。不求耸人听闻，这就是他的严肃之处。“狼来了”没有用，提醒人们“关注狼的动向”才有意义。严肃利用模型和光依赖模型是不同的。

第二，突出了经济学家的特色，使分析更深入、对策更适用。气候变化是一个极为复杂的问题，涉及不同学科。研究气候变化的人应该涉猎各个学科，但必须有自己的专业特点，对这个问题的分析才会有其他人不及的新特色，才有意义。诺德豪斯正是这样，他熟知与气候变化相关的自然科学和社会科学，从他引用的研究中可以看出这一点。但他是一位经济学家，所以他的贡献正在于对这一问题的经济学视角的分析。这也是他的著作在汗牛充栋的气候变化著作中受到重视，并获诺奖的原因。他的经济学特色体现在以下几点上。一是用成本—收益分析法来分析气候变化。二是引进了贴现的概念，并说明了贴现率的决策。三是强调了价格机制在应对气候变化中的作用。但值得我们注意的是，在气候变化问题上，他并不是崇尚自由放任的自由派经济学家，他承认市场失灵，并主张国家用市场机制来解决这一问题。纯粹的自由放任并非灵丹妙药。国家干预这只“看得见的手”同样重要，问题是什么时候用，如何用。四是把经济利益作为分析的出发点。价格机制之所以重要还在于它把个人利益与社会利益结合在一起，不用价格来激励个人与企业自觉地参与减缓气候变化，是不会成功的。同时，他又强调各种反对气候变化的奇谈怪论背后都有经济利益的驱动，无论是国际层面、国家层面、企业层面，还是个人层面都如此。烟草公司反对禁烟并非因为他们不知道烟草之危害，而在于烟草是它们利润的源泉。把经济利益作为根本，一切分析由此出发，正是经济学家的特色。当然，诺德豪斯在分析中运用了边际成本、边际收益、外部性等等经济学的概念，也是经济学家的特点与习惯。

第三，诺德豪斯写这本书的目的是向大众普及气候变化的知识，让公众接受正确的观点并参与减缓全球变暖。《气候赌场》这本书并不是完全创新之作，而是过去创新的总结与介绍。诺德豪斯在书中也承认并强调了这一点。应该说，网上传闻、名人言论、党派之争往往误导公众。诺德豪斯深知，没有公众的理解、支持与参与，再好的政策都没用。他这本书不是写给顽固地否认气候变化和采取过激政策的人，而是写给没什么想法的公众，所有“理性无知的大众”。因此这本书不讲专业化的高深研究，不讲数学化模型，只用通俗的文字介绍一些并不艰深的道理。为了能吸引人，让读者读下去、读懂，作者不仅重视通俗，还重视趣味性。我翻译的过程中感到他做到了这两点。他用的许多案例，他的讲述方法，幽默的比喻给我留下了深刻印象。

应该指出，大师写通俗经济学著作也是美国的一个传统。萨缪尔森、弗里德曼、贝克尔、克鲁格曼、阿克洛夫、席勒等诺奖获得者都有优秀的普及读物传世，而且对公众起到了良好的开启民智的作用。大师们既有深厚的学术功底，又有名望，他们这类著作写得极好，也能为更多人接受。如今诺德豪斯又在经济学通俗化上做出了贡献。这种贡献以他对气候变化的卓越研究为基础，又把他的成功以老少咸宜的方式介绍给大众，其贡献不下于他的专业研究。

在气候变化问题上，我们每个人都是有意无意的罪人。我们开车、加油、冷却、用电等等，都在加快气候变暖。当然并不是我们应该什么都不干了，而是要有节约能源的意识，开节油的车，不要贪图过暖或过冷，不要让电灯长明，这样我们就“赎罪”了。

保护环境，应对气候变暖，从我们做起。当这句话不再是口号，而变成你自觉的行动时，这本书你就读懂了，也没有白读。

谨以此送给每一个读《气候赌场》的朋友。

梁小民

2019 年 7 月 14 日

PART 1　|　气候变化的起源

PART 2　|　气候变化对人类和其他生命系统的影响

PART 3 | 减缓气候变化：战略与成本

PART 4 | 减缓气候变化的政策与制度

PART 5 | 气候政治学

致　谢

作者希望突出斯坦福大学的已故经济学家艾伦·曼内（Alan Manne）对能源模型编制的杰出贡献，他在这个领域对方法和经验的模型编制进行了开拓性研究。参与推动这个领域进步，并对本书提出大量建议和批评的人还包括，乔治·阿克洛夫（George Akerlof）、林特·巴拉杰（Lint Barrage）、斯科特·巴雷特（Scott Barrett）、约瑟夫·博耶（Joseph Boyer）、威廉·布雷纳德（William Brainard）、威廉·克莱因（William Cline）、诺厄·迪芬巴赫（Noah Diffenbach）、杰·埃德蒙兹（Jae Edmonds）、艾伦·格伯（Alan Gerber）、肯·吉林厄姆（Ken Gillingham）、珍妮弗·霍克希尔德（Jennifer Hochschild）、罗伯特·基奥恩（Robert Keohane）、查尔斯·科尔斯塔德（Charles Kolstad）、汤姆·洛夫乔伊（Tom Lovejoy）、戴维·梅休（David Mayhew）、罗伯特·门德尔松（Robert Mendelsohn）、内博伊沙·纳基斯诺维奇（Nebojsa Nakicenovic）、戴维·波普（David Popp）、约翰·赖利（John

Reilly)、理查德·里歇尔斯(Richard Richels)、约翰·罗默(John Roemer)、汤姆·拉瑟福德(Tom Rutherford)、杰夫里·萨克斯(Jeffrey Sachs)、赫伯特·斯卡夫(Herbert Scarf)、罗伯特·斯塔文斯(Robert Stavins)、尼克·斯特恩(Nick Stern)、理查德·托尔(Richard Tol)、戴维·维克多(David Victor)、马丁·魏茨曼(Martin Weitzman)、约翰·韦安特(John Weyant)、杨自力(Zili Yang)、珍妮特·耶伦(Janet Yellen),以及加里·约埃(Gary Yohe),还有许多匿名的评审与审稿人。

本书通过耶鲁大学出版社(纽黑文)员工娴熟而不倦的努力,得以完美呈现。他们指导作者,并对本书形式与内容的改进提出了无数的建议。特别要感谢执行编辑琼·汤姆逊·布莱克(Jean Thomson Black),她从这本书的电子稿一直看到它的出版成书后。编辑助理萨拉·胡佛(Sara Hoover),她作为熟练解决问题的能手提供了服务。同样提供了帮助的还有排版编辑玛丽·帕斯蒂(Mary Pasti),设计师林赛·沃斯科夫斯基(Lindsey Voskowsky),以及出版经理莫琳·努南(Maureen Noonan)。比尔·纳尔逊(Bill Nelson)为本书画了插图。戴比·马西(Debbie Masi)和威斯特切斯特尔(Westchester)出版服务中心为本书从电子版到精美地印刷成书一直在奔忙。图书出版的艺术是亚当·斯密观察的另一种提示:“劳动生产力最大的改进(是)分工的结果。”

我特别怀念我的老师和曾经的合作者,他们在这个领域内开拓性的工作对气候变化经济学的发展是至关重要的,特别是佳林·库普曼斯（Tjalling Koopmans）、罗伯特·索洛（Robert Solow）、詹姆斯·托宾（James Tobin），以及保罗·萨缪尔森（Paul Samuelson）。构成本书基础的研究得到耶鲁大学、美国国家科学基金、美国能源部和格拉泽（Glaser）基金的慷慨支持。本书力图成为这个领域的概述，而不是开创性研究专著。本书的许多章节以专业的形式在以前的出版物中发表过。但是，本书对大部分释例、图示和表格做了更精心的设计。

对读者的说明

本书（英文版）有两个电子版。一个与印刷版相同，可以在各种电子阅读器与平台上获得。另一个是升级版，提供了更多网上参考资料、供进一步研究的案例，以及解释关键思想与概念的交互式资料。升级版可以通过 Inkling.com 获得。本书所用的 DICE 模型的更多细节可以在 climatecasino.net 或 dicemodel.net 上获得。

PART 1

气候变化的起源

THE GENESIS OF CLIMATE CHANGE

风险与知识反方向变动。

——阿尔文·费雪

Risk varies inversely with knowledge.

—— *Irving Fisher*

第 1 章 | 在气候赌场上的第一次相遇

如果你读报，听收音机，或浏览每天的博客，你实际上肯定会遇到关于全球变暖的报道。这里有一个来自不同来源的示例：

> 最近十年是有记录以来最暖的。
>
> 现在最令人尴尬的事实是过去超过十年间没有全球变暖。
>
> 在一个世纪之内北极熊可能消失。
>
> 全球变暖的主张是一个骗局。
>
> 格陵兰冰盖经历了创纪录的融化。[1]

显而易见，今天全球变暖受到许多关注。而且同样显而易见的是，人们对全球变暖是不是真实的，它是不是重要，以及它对人类社会意味着什么，存在着分歧。对这些不一致的报道有兴趣

[1] 这些引述来自盖洛普民意调查、保守思想库的报告、关于科学观点的报告，以及一家主流美国报纸等各种来源。

的公民应当得出什么结论呢？而且，如果答案是，全球变暖是真的，它有多重要呢？在我们所面临的其他问题，例如，持久性失业、飙升的公共债务、低烈度战争以及核扩散中，我们对全球变暖的关注应该排在什么位置？

简单的回答是，全球变暖是对人类与自然界的一个主要威胁，我将用的一个比喻是，我们正在进入“气候赌场”。我用这个比喻的意思是，经济增长正在引起气候与地球系统不合意且危险的变化。这些变化将导致意想不到，而且也许是危险的后果。我们正在掷气候骰子，结果将出人意料，且其中有一些可能是危险的。但我们刚刚进入气候赌场，还有时间全面改变，并走出来。本书描述了涉及气候变暖问题的自然科学、经济学与政治学，以及补救我们所做之事的必要举措。

前方地形的路线图

全球变暖是我们这个时代一个决定性的问题。作为形成人类与自然在无限未来的轮廓的一种力量，全球变暖应该与暴力冲突和经济萧条等同视之。全球变暖也是一个复杂的问题，它涉及从基础气候科学、生态学和工程学到经济学、政治学和国际关系等学科，结果就是，本书章节颇多。在踏上漫长的征途之前，读者会发现，看看展现前路如何的地图是有用的。这就是在以下五编中讨论的主要问题。

第一编概述全球变暖的科学。气候科学是一个动态领域，但它的基本元素已在过去一个世纪中由地球科学家形成，并已有了良好的基础。

全球变暖的终极来源是化石（或者以碳为基础的）燃料，例如煤、石油和天然气的燃烧，导致二氧化碳（CO_2）的排放。像 CO_2 这样的气体被称为温室气体（GHGs）。它们在大气中积累并长期存留下来。大气中 GHGs 浓度升高，引起地表与海面变暖。最初的变暖效应通过大气、海洋、冰盖和生物系统中的反馈效应而扩大。影响范围包括温度变化以及极端温度、降雨形式、风暴的位置和频率、积雪场、河川径流、可用水量及冰盖。这每一种改变都会深刻地影响对气候敏感的生物和人类的活动。

过去的气候——从“无冰”到“雪球地球”的各种变化——由自然来源驱动。现在的气候变化日渐被人类的活动影响。全球变暖主要的操控者是化石燃料燃烧排出的 CO_2。1750 年大气中 CO_2 的浓度为 280 ppm，而在今天达到 390 ppm。模型预测，除非采取减少化石燃料使用的强制性措施，到 2100 年它们将达到 700—900 ppm。根据气候模型，到 2100 年，这会使全球气温平均提高 3—5 ℃，此后还会更进一步变暖。因此，除非经济增长有重要的减缓，或者强有力地迅速遏制 CO_2 排放，我们可以预期 CO_2 排放会在大气中持续积累——并引起全球变暖，承担所有随之而来的后果。

第二编分析气候变化的影响。主要关注点不是温度本身而是对人类和自然系统的影响。在分析影响时，一个核心概念是：一个系统能否受到控制。高收入国家的非农业部门高度受控，使得这些部门至少在未来几十年中能以较低的成本适应气候变化。

但是，许多人类体系与自然系统是未受控或者不可控的，而且面对未来的气候变化极为脆弱。一些部门或国家可能从气候变化中受益，而在与气候敏感性的物理系统密切相关的地区，很可能有重大的瓦解。潜在的损失可能最主要集中在低收入和热带地区，比如热带非洲、拉丁美洲、沿海国家和印度次大陆。脆弱的系统包括雨养农业、季节性积雪场、沿海社区、河川径流，以及自然生态系统。这些领域可能遭受严重的影响。

科学家特别关注地球系统的“临界点”。这些临界点包含了当地球系统跨过门槛时，出现突发或不可逆的变化的过程，其中许多影响会在如此大规模的范围内起作用，以至于人类现有的技术无法有效地控制它们。四个重要的全球临界点是大量冰盖（如格陵兰岛）的迅速融化，类似墨西哥湾暖流（湾流）这样的大洋环流的大规模变化，全球变暖引起进一步变暖过程的反馈效应，以及长期的变暖加剧。这些临界点特别危险，因为一旦触发就不容易扭转。

第三编讨论减缓气候变化的经济战略。有几种减缓气候变化的潜在战略，但最有希望的是“减轻”或减少 CO_2 以及其他 GHGs 的排放。不幸的是，这种方法代价高昂。研究表明，即使以一种高效的方式实施，为了达到国际气候目标，所花的成本也占全球收入（按今天的水平每年为 6 000 亿—12 000 亿美元）的 1%—

2% 之间。可以设想发现了一些神奇的技术突破，这些技术突破可以大幅度地降低成本，但专家们并不认为在不远的未来可以实现。

气候变化经济学是直截了当的。当我们燃烧化石燃料时，我们无意识地把 CO_2 排放到大气中，引起了许多潜在的有害影响。这个过程就是“外部性”，外部性的产生是由于那些产生排放的人并没有为那种特权付费，而且那些受到伤害的人也没有得到补偿。经济学得出的一个主要教训是，不受管制的市场不能高效地解决有害的外部性。于是，不受管制的市场产生了太多的 CO_2，因为 CO_2 排放的外部危害是零价格。全球变暖是一种特别棘手的外部性，因为它是全球性的，而且会持续到未来很多年。

经济学为气候变化政策点出了一个让人头痛的真理：要让任何一项政策有效，就必须提高 CO_2 和其他 GHG 排放的市场价格。提高排放价格可以纠正对市场外部性的低定价。通过实施对获准排放量的受管制的可交易限制（“总量管制与交易”）或者对碳排放征税（“碳税”），可以提高价格。经济史的一个核心经验是激励的力量。为了减缓气候变化，必须对每一个人都进行激励——支出数万亿美元的几百万企业和几十亿人——以便日益增加用低碳活动代替它们现在由化石燃料驱动的消费。最有效的激励是对碳排放收取高额费用。

提高碳排放的价格将达到四个目的。第一，提醒消费者何种商品和服务属于碳排放量高的，从而更节约地使用。第二，提醒生产者何种投入属于碳排放量高的（例如煤与石油），以及何种属于低的或不用碳的（例如天然气或风力），从而引导企业走向低碳技术。第三，它将为创新者、发明者和投资银行去发明、资助、开发并引进新的低碳产品和流程提供市场激励。最后，碳排放价格将简化完成所有这些任务所需要的信息。

第四编考察了气候变化政策的核心问题：各国应该如何迅速地减少 CO_2 和其他 GHG 排放？减排的时间安排应该是什么样的？应该如何在各个行业和国家中分配减排量？什么政策工具——税收、以市场为基础的“排放总量管制”、管制或者补贴——是最有效的？

根据气候历史或生态学原则，来将气候变化指标确定为一种“硬目标”，是有诱惑力的。简单确定目标的方法是不起作用的，因为这种方法忽略了达到目的的成本。经济学家推荐一种称为成本—收益分析的方法，依据这种方法，通过平衡成本与收益来选择指标。

由于气候变化及影响所涉及的机制很复杂，所以经济学家和科学家依靠计算机综合评估模型来预测趋势，评估政策，并计算成本与收益。综合评估模型的一个主要发现是，应该尽快地引入减排政策。最有效的政策，是使每一个部门和每一个国家减排的增量成本或边际成本均等化的政策。有效的政策应该有最高可能的“参与”，就是说，尽可能多的国家与部门应尽快在列。应该阻止搭便车行为。而且，一种有效的政策也是一种逐渐提高要求的政策——给人们以适应高碳排放价格的世界的时间，并逐渐收紧对碳排放的限制。

所有方法都要与三个核心原则一致——普遍参与，在既定年份中令所有使用的边际成本相等，以及一直在提高的收紧程度——分析家对政策的收紧存在巨大的分歧。我们的分析表明，政策应该把目标定为：把气温限定在比工业化前水平（用 1900 年的气温）高 2 ℃到 3 ℃之间，这取决于成本、参与率以及贴现。如果成本低，参与率高，而且对未来经济影响的贴现低，较低的目标就是合适的。较高的目标适用于高成本、低参与率与高贴现。

一种有效的政策必须是全球维度的。早期的条约（如《京都议定书》）是无效的，因为它们没有提供鼓励参与的激励。各国有强烈的搭便车动机，因为减排是地方性的和昂贵的，而收益在空间和时间上是扩散且遥远的。一种有效的全球协议需要有一种鼓励参与并限制搭便车的有效机制。最有希望的方法是对非参与者的商品和服务征收进口关税。这就会导致沉重负担的出现，可以鼓励绝大多数国家共同参与一个国际气候制度。

在第五编讨论，一个现实的评估必须认识到，在通向减缓全球变暖有效政策之路上存在严重障碍。尽管气候科学家在理解基本趋势上已经迈出了一大步，但在实施减缓气候变化的政策时，仍然有已被证明的困难。

进步缓慢的一个主要原因是民族主义的两难困境，由此引起搭便车行为。没有参与全球减排协议的国家，以其他国家承担的减排成本而搭便车。这种激励引起了“非合作搭便车”的均衡，在这种均衡中，几乎没有国家实施了强有力的气候变化政策——一种极为类似当前国际政策环境的状态。一些国家唱高调，但根本没有行动。通过国际贸易关税切断这种不参与的联系，就会有助于减缓“搭便车综合征”。

此外，存在现代人通过把应对气候变化的成本推给子孙后代来搭便车的倾向。代际搭便车的出现，是因为今天减排的大部分收益要在未来的几十年中产生。

利益集团通过提供误导性的气候科学与经济成本分析而把水搞浑，扩大了这种双重的搭便车的困难。反对者强调了异常现象和没有解决的科学问题，而忽略了支持基础科学和当前气候变化预测的强有力证据。在美国引进有效政策特别困难，这里虽然科学的关注日益严峻，意识形态上的反对也更趋强硬。

当前的三个举措

相关人士自然想知道，为了减缓全球变暖的进程，我们现在应该做什么。这是一个涉及公众、经济和技术的复杂过程，我将强调三个应集中关注的具体事项。

- 第一，全世界的人都需要理解并承认全球变暖对人类和自然界影响的严重性。科学家应该继续密切研究从科学、生态学、经济学，到国际关系的每一个方面。人们应该警惕反对者编造的看法，他们会找到千百条理由，等待几十年后再采取适当的举措。

• 第二，各国应该确立提高 CO_2 和其他温室气体排放价格的政策。这些措施会遭到抵制——正如我们讨厌用有臭味的药一样——提高价格是遏制排放、促进低碳技术，从而给我们的地球应对不受约束的变暖威胁打预防针的基本要素。而且，我们要保证行动是全球性的，而不仅仅是国家范围的。虽然政治可能是地方性的，而且对采取强有力举措减缓全球变暖的反对来自民族主义的态度，减缓气候变化要求有合作的全球行动。

• 第三，显而易见，能源部门的迅速技术变化是转向低碳经济的核心。没有对碳排放的实质性经济惩罚，现在的低碳技术就不能取代化石燃料。开发经济上合理的低碳技术将降低达到我们气候目标的成本。而且，如果其他政策失败了，低碳技术也是达成气候目标的最后补救手段。因此，政府和私人部门应该加强研发低碳、零碳，甚至负碳的技术。

这三个事项将贯穿全书：提高公众的觉悟，对碳和其他温室气体排放定价，以及加速研究使我们的经济脱碳的技术。

气候变化、影响及政策的循环流

我们可以用图 1 把本书中的讨论形象化，图 1 展示了从排放到影响以及最终回到排放，从而结束循环的逻辑上的循环流。

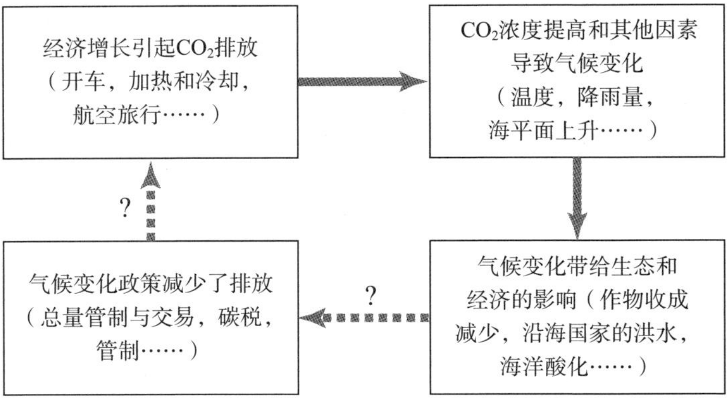

图 1　全球变暖科学、影响与政策的循环流

值得花点时间来考察图 1 的逻辑。全球变暖的问题从左上方框开始，在这个图中，经济增长和来自市场的扭曲价格信号引起排放到大气中的 CO_2 迅速增加。箭头指向右上方的方框，在这个方框中，CO_2 的浓度和其他因素引起气候系统的重大变化。

在右下方的方框中，变化的气候对人类和自然系统产生了影响。最后，左下方的方框表明了社会对气候变化威胁的反应。

图 1 中的箭头代表了“经济—气候—影响—政策—经济”纽带的不同部分之间的联系。但最后两个箭头是带问号的虚线。这种联系尚不存在，到 2013 年，还没有有效的限制 CO_2 以及其他温室气体排放的国际协议。如果我们沿着当前实际上没有政策的路径继续走下去，那么，虚线箭头就会消失，而且全球将在不受限制的全球变暖的危险道路上继续走下去。

第 2 章 ｜

两个湖的故事

虽然我们的世界很庞大，而且似乎对人类的伤害无动于衷，但实际上地球上的生命是在一个脆弱的系统中。它是一个完全的有机体，通过复杂的关系网络联接在一起，所有这一切都是由太阳的温暖和大气的保护而形成的。我们只需要看看每年和地球一样接受等量太阳辐射的月球，就会认识到我们地球系统的偶然性。如果没有大气的恩惠，我们可能跟在月球没两样。在宇宙的其他地方也许会进化出生命系统。但看来极不可能在其他任何地方发现我们地球的生命系统——我们的植物、动物、人类，以及人类文明。在这部戏剧中，地球上的生命只会出演一次。[1]

我可以用两个湖泊的故事来说明地球上生命的脆弱性。第一个故事讲的是在新英格兰南部的一小串盐池，我喜欢在夏天到这

---

[1] 这一点是 Stephen Jay Gould 强调的：*Wonderful Life: The Burgess Shale and the Nature of History*（New York：Norton，1990）。

里旅游。[1] 两万年前，在末次冰期，新英格兰被覆盖在由冰川冰形成的一座冰山之下。今天，它们是发出响声的凤头麦鸡、燕鸥、鳖和各种各样水母的家或歇脚的地方。在盐水池的靠海一侧，是漫长的充作屏障的沙滩。

小池子是脆弱的地点，它要受来自四面八方滥用的影响。开发商、飓风和摩托艇，都冲击脆弱的海岸线。环保主义者、生态学家和环境机构都在抗争。这些年间，保护的力量和恶化的力量之间不分胜负。

在一个世纪中，这些水池将会成什么样呢？答案取决于我们在未来一些年中的行动。如果我们成功地制止了气候变化，在 100 年间它们会像今天一样美丽。但如果 CO_2 排放继续不得到制止，变暖与海洋中化学成分的变化，以及海平面上升，各种因素的结合就会把它们变为死亡的盐沼。

死亡已经接近了第二个湖泊。中亚的咸海曾经是世界上第四大湖泊。但在最近半个世纪间，它从 26 000 平方英里收缩到原规模的十分之一左右（大体上相当于纽约州缩小到康涅狄格州的大小）。[2] 是什么引起了这种变化？绝不是飓风、战争或无节制的资本主义的无情剥削这类戏剧性因素。原因主要是反常激励驱动的不良经济计划：中央计划的苏联决定为了灌溉边缘土地，让流向湖泊的河流改

[1] 简短的概述见 Salt Ponds Coalition，www.saltpondscoalition.org，2013 年 3 月 27 日访问。

[2] 你可以在美国国家宇航局 Earth Observatory 上看到咸海过去与现在的照片，“Aral Sea”，2003 年 8 月 25 日，http://earthobservatory.nasa.gov/IOTD/view.php?id=3730。

道。[1] 如同儿童营养不良一样，湖泊缓慢干涸了。

这两个湖的故事以一种最简单的方式讲述了本书的内容。人类控制了我们星球的未来，连同它拥有的湖泊、森林以及孕育了生命的海洋。我们生活的地球有许多敌人——全球变暖是我们的焦点，同时它伴随着不受限制的市场力量、战争、愚蠢的政治决策以及贫穷同时发生。我们首先需要了解起作用的破坏性力量，然后，通过科学的分析、认真的计划、良好的制度以及市场力量的适当引导，各种因素结合在一起，我们就可以保护我们周围唯一的遗产。

本书只研究了我们为保护我们的世界所应致力的其中一个问题——全球变暖。几个世纪中，人类已经在小规模范围内对变暖的地球做出了“贡献”，但本世纪是一个关键时期，在这个时期，我们必须遏制不受限制的温室气体增长，特别是来自化石燃料的温室气体。如果到这个世纪结束时，我们还没有大幅度地减少这些气体排放的影响，地球环境的未来就是严峻的。

一种个人的展望

本书的目的是展望全球变暖问题，以便相关的公民可以理解，

[1] 一位著名环境科学家关于咸海和乍得湖的平行故事的一篇简短文章，参看：Michael H. Glantz，“Lake Chad and the Aral Sea：A Sad Tale of Two Lakes，” Fragilecologies，September 9，2004，www.fragilecologies.com/archive/sep09_04.html。

并形成对它的判断。在此，我自始至终讨论这个问题——从个人能源使用引起的变暖开始，到社会采取的减少变暖危害的举措结束。

对本书感兴趣的将主要是那些想了解与全球变暖相关的科学和经济学的读者。如果你已经相信，全球变暖仅仅是那些想对我们的生活进行微观管理的人士发起的一场巨大的左翼阴谋，那么，我们也不可能改变你的观点。反之，如果你已经得出结论，世界已经迈向气候的末日大决战了，你可以由于这本书低估了威胁的严重性而不用管它。

但大多数人的观点是在这两者之间。他们在不同的争论之间摇摆、观望，如同在观察法庭上律师之间的争论。本书所做的正是两方意见都听，尽可能以公正而不偏不倚的态度评论证据，并提出科学和经济学必须提供的最好观点。

要注意的是，我称这一节为“一种个人的展望”。正如任何一个科学研究的题目一样，有一些可靠的事实。但我们每个人都不可避免地从不同的、有利的角度来看待这些事实。通过对要处理的问题的认真研究，从我们自己的展望，把我们的观察与不同的观察结合起来，我们就可以获得更为完整的理解。

我的展望是什么？我是一名在研究与教学型大学中工作的经济学家，在经济学的许多领域，特别是环境经济学和宏观经济学中教学与写作。我是一本入门经济学教科书[1]的合作作者，这本教

[1] 译者注：指与萨缪尔森合著的《经济学》。

科书现在已出版第十九版了，这些经历让我特别欣赏那些努力研究新观念的人。

在这三十多年间，我还研究并撰写全球变暖经济学的著作。自从全球变暖第一次变成一个严重的问题以来，我参与了美国国家科学院发起的许多研究。关于全球变暖经济学，我出版了三本书[1]，在专业刊物上发表了几十篇文章。我还向研究生讲授能源和全球变暖经济学。而且，关于全球变暖，词语上的战争类似于领土的战争，因为我见证了在经济学和国家预算政策的不同领域中存在类似的战斗。我的经历告诉我，我们需要在词语上冷静下来，以便我们可以理解基本问题。

你可能会问自己，我们是不是真正需要另一本关于全球变暖的书？如果是，为什么要读一本由经济学家写的关于全球变暖的书？这不是一个自然科学问题吗？

的确，对理解为什么出现气候变化，以及这种变化的速度与地区分布，自然科学是基本的。显而易见，我们不能希望不研究地球科学家的基本发现就能理解全球变暖问题。

但全球变暖以人类的活动为开始和结束。它是作为经济活动——种粮食，为房间供暖，甚至去上学——不合意的负效应开始的。为了理解经济活动和气候变化之间的联系，就要分析我们的

[1] 译者注：这三本书是《平衡问题》(*A Question of Balance*)、《管理全球共同体》(*Managing the Global Commons*)、《变暖的世界》(*Warming the World*)，都将由东方出版中心出版。

社会体制，这就是像经济学这样的社会科学的研究对象。

而且，设计减缓或阻止气候变化的有效措施，不仅要求了解二氧化碳的物理学原理，而且还要理解更为易变的经济学和政治学定理——这些涉及人类行为。我们的政策应该充分以科学为基础。但世界上最好的科学本身，也没有改变人们花掉自己的收入，或给自己的屋子供暖的方式。为了把经济增长的方向改为低碳世界，就要采用以对人类行为充分理解为基础的政策。因此找到正确的科学方法是画出人类当前改变我们未来气候的路径的第一步，但理解经济与政治的维度，对于设计解决问题的方法是基本的要求。

我特别为年轻人写了这本书，而且把它献给我的孙辈们。他们和他们那一代人将继承这个世界，并一直生活在21世纪。世纪末到来之时，地球将会与今天有巨大的不同。届时我们星球的状况将取决于这期间我们采取的举措，这些减缓全球变暖的举措也许对自然界是最重要的。我希望，我们的子孙后代在未来可以回顾这些年我们的努力，并说，这一代有决心扭转我们现在仍在经历的危险过程。

第 3 章 | 气候变化的经济根源

许多人认为，全球变暖是一个自然科学问题，它主要涉及热浪、冰盖融化、干旱和风暴。的确，科学上的争论也一直是公众关于全球变暖争论的中心。但是，在现实中，最终的来源——以及解决办法——是在社会科学领域中。

为什么气候变化是一个经济问题？

从回顾并问一个基本问题开始。为什么全球变暖是这样一个特殊问题？为什么全球变暖不是一个国家的问题，或者一个家庭的问题？为什么它是这样一个持久的问题？

气候变化经济学家是坦率的。实际上，我们直接或间接所做的每一件事都涉及化石燃料的燃烧，结果就是把二氧化碳（CO_2）排放到大气中。在几百年中，CO_2 的积累就改变了地球的气候，并引起许多潜在的有害影响。

问题是这些引起排放的人并不用为那种特权付费，而且那些受到伤害的人也得不到补偿。当你买一棵莴苣时，你要支付种植它的成本，以及农民和零售商辛勤工作的报酬。

但在种植莴苣时要燃烧化石燃料——抽水灌溉莴苣地，或者给运送莴苣的汽车加油——一种重要的成本并没有包括在内：排放的 CO_2 引起了损失。经济学家把这种成本称为外部性，因为它们对于市场交易是外部的（即没有反映在市场交易中）。外部性是经济活动的副产品，它引起无辜旁观者的损失。（这些在经济学文献中也可以称为“公共品”，但“外部性”这个词更直观，本书中将使用这个词。）

生活中充满了外部性。有些是有害的，例如当某个人把砷倾倒入一条河中，并毒死鱼时。另一些是有益的，例如当一个研究人员发现了小儿麻痹症的疫苗时。但全球变暖是所有外部性中像歌利亚一样的巨人，因为它涉及极其多的活动；它影响着整个星球；它在几十年，甚至几百年中，一直如此；而且最重要的是，因为我们个人没有能力为减缓这种变化做点什么。

全球变暖是一个特别棘手的外部性，因为它是全球性的。今天人类面临的许多紧迫问题——全球变暖和臭氧损耗、金融危机和网络战、石油价格冲击和核扩散——在影响和抵制市场与政府的控制上，都是类似的全球性问题。影响会整体上扩散到世界各处，这种全球性的外部性并不完全是新现象，但由于迅速的技术更新和全球化进程而变得更为重要。

全球变暖由于两个核心原因，成为一个特殊的问题：它是全世界人民使用化石燃料，和其他影响气候的做法的日常活动，导致的一种全球外部性；而且，它也向未来投下阴影，在未来的几十年甚至几百年中，会影响地球及其人民和自然系统。

经济学家揭示了外部性的一个主要教训：市场并没有自发地解决它所引起的问题。在像 CO_2 排放这样有害的外部性情况下，不受管制的市场也起了很大作用，因为它没有给 CO_2 排放引起的外部损失制定一个价格。喷气式飞机燃料的市场价格并没有包括 CO_2 排放的成本，因此我们飞得极多。

经济学家关于市场"看不见的手"讲的是确定使成本与收益平衡的价格。但是，当存在重要的外部性时，不受约束的看不见的手确定的价格并不正确。因此，政府必须介入并管制，或者对有重大有害外部性的活动收税。全球变暖与其他外部性没有差别，它要求积极的政府行为，以便减少有害的溢出。

全球外部性造成了特殊困难，是因为没有一个起作用的市场或政府机制可以解决它们。没有一个可以要求全球每一个人参与解决问题的世界性政府。没有一个世界性政府，使得制止过度捕杀鲸鱼、控制危险的核技术，以及减缓全球变暖成为难题。

气候变化既对市场是外部的，又是全球的，这个事实是个核心困境，如果政治家要在未来一些年中减缓气候变化的速度，并避免它的危害，就必须克服这个困境。

为什么二氧化碳的排放上升了？

讨论全球变暖通常从 CO_2 及其他温室气体（GHGs）的排放和在大气中的积累开始。但是，真正的出发点是人类及其日常生活。我用我自己作为一个生活在中等城市的美国人的经验作为案例，但这等同于一个尼日利亚的石油工人，一个德国的酿酒工人，或者一个印度尼西亚的纺织工人的经验。

假定我受邀到康涅狄格大学做一个讲座，那里离我在纽黑文的家有 50 英里左右。最方便的方法是开我的车过去并返回。全程为 100 英里左右，再考虑到拥堵和在市内开车，我的汽车每 20 英里需要 1 加仑汽油，因此我消耗了 5 加仑汽油。这将产生大约 100 磅的 CO_2，从排气管中排入大气。我无法看到它、听到它或者闻到它，而且一般来说，我甚至根本没有考虑它。如果和大多数人一样，我也许会假设，我的旅行对世界的气候没有什么影响，这样我将会忽视后果。

但是，全世界 70 多亿人每天、每年都在作出许多次类似的决策。假定地球上每个人都消耗了相当于我一周驾驶汽车两倍的化石能源，用于供暖、电灯、做饭以及其他活动，所有这些加在一起，每年约有 300 亿吨 CO_2 排入全球的大气中，这就是 2012 年全球的 CO_2 排放量。实际上我们所做的每一件事的过程中都有一些 CO_2 排放在其中。你会认为骑自行车没有碳。但在制造自行车时也会排放少量碳，而且在修建道路或人行道时也会有相当多的碳。[1]

我们到底为什么使用这么多化石燃料？我们用化石燃料开车，飞行，给我们的屋子和学校供暖，运行我们的电脑，以及我们所做的每一件事。我们所用的几乎 90% 的能源都以化石燃料形式产生，而且燃烧这些化石燃料引起了 CO_2 排放。

假设我们为用了这么多能源感到震惊并想减少。为什么既然我们知道了全球变暖，还不能直接停止使用化石燃料？我将在第三编中讨论这个问题，但这个问题如此重要，以至于我们在此有必要先说几句。事实证明，我们不能按一下开关就转向使用其他能源，因为这些其他来源是较为昂贵的。一般而言，用可再生燃料（如太阳能发电）作为我们生活的能源成本更高。在一些情况下，用低碳燃料需要与今天完全不同的资本存量——新的发电站与工厂，不同的发动机和设备——这就极大地增加了支出。

回到我开我的汽油动力汽车到康涅狄格大学的例子。我可以决定购买一辆电动汽车。这不会排放出任何 CO_2。但这可能要用天然气发的电，而且发电也排放 CO_2。同样，我家的设备也烧天然气。要把它改为用太阳能发电就要求更大的投资——不用说阳光也不是总照射我住的地方，而且在夜晚绝没有阳光。

因此到现在，我和大多数美国人一样，出于实际的目的而依

[1] 作者计算。

靠化石燃料。而且，我享受我现在的生活方式。我喜欢我的汽车、我的电脑，以及我的手机。在冬天我喜欢温暖的居室，在夏天我喜欢凉爽的居室。我肯定不想回到穴居人的生活水平。

图 2 表明了全世界所有这些决策的净效应，它说明了从 1900 年到 2010 年全球 CO_2 排放的长期趋势。[1] 其间有快速增长，也有缓慢增长，但平均而言，排放量的增长率为每年 2.6%。这种上升的趋势是我们担忧的来源。这些上升的排放量引起大气中 CO_2 浓

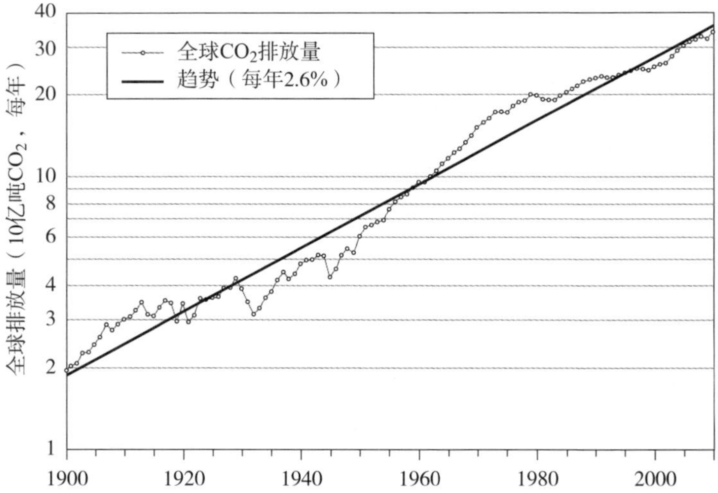

图 2 全球 CO_2 排放量（1900—2010 年）

---

[1] 图 2 和图 3 的 CO_2 排放数据来自美国二氧化碳信息分析中心，http://cdiac.ornl.gov，以及美国能源信息署，www.eia.doe.gov。1929 年至今的 GDP 来自美国经济分析局，此前的来自私人学者，由作者拼接在一起。

度的上升，引起气候变化。

在这个图中，我注意到一个不正常的细节：这个图和本书中其他图上纵轴的标度是一个比率标度。在这个图中相同的纵轴距离有相同的比例，比如说，200—400 的纵轴距离和 400—800 的纵轴距离相同。比率标度很方便，因为一条直线（有相同斜率的直线）有不变的增长或减少的比率。如果你看图 3，就会看到一个既定的百分比增加看来是相同的，无论它出现在图的什么地方。

这里给出一个全球的总量很有用。全球 CO_2 的排放量一直在增长，因为全球的经济也一直在增长。世界人口从 1900 年的 20 亿扩张到 2012 年的超过 70 亿。在大多数国家，商品与服务的产量（国内生产总值）的人均值也在增长。幸运的是，全球 CO_2 排放量的增长速度没有产量那么快，这得益于所谓脱碳，这就意味着，在这期间，用较少的富 CO_2 能源，产生了一个既定的产量。这见于经济活动的“碳排放强度”趋势，可以用 CO_2 排放量与产量的比率来衡量。

脱碳的原因是多方面的，但有三个因素可以解释大部分原因。一是对大多数产品来说，今天每单位产品使用的能源少于前些年；无论产品是一件衬衣、一加仑牛奶或者一部手机，这都是真实的。脱碳的另一个来源是，经济增长最快的部门，例如电子与医疗，每单位产品使用的能源趋向于少于增长不太快或收缩的部门。换句话说，我们的经济组合正从能源含量高的行业和活动，转向能

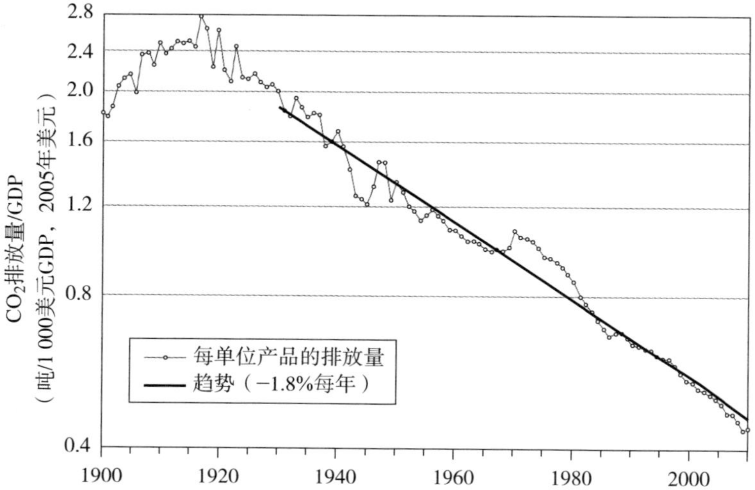

图 3　美国经济的碳排放强度（1900—2010 年）

源含量低的行业和活动。脱碳的最后一个来源是，能源来源从含碳最高的燃料（例如，煤）转向含碳较低的燃料（比如天然气），以及可再生和非化石来源（例如，核能与风力）。

图 3 说明了美国经济活动碳排放强度的下降，对此我们有合理的充分数据追溯到一个世纪前。图 3 说明，直至 1910 年左右，美国经济的碳排放强度一直在增加（这个时期是属于煤的第一个时代）。从 1930 年起，CO_2 与国内生产总值（GDP）的比率每年下降 1.8%。

生产中碳排放强度下降了，但它没有下降到足以减少 CO_2 的总排放量，无论对世界还是对美国，都是这样。过去 80 年间，美国的真实产量的年均增长率是 3.4%，而碳排放强度每年减少 1.8%，这就意味着，CO_2 的排放量每年增加 1.6%（3.4% －1.8%）。虽然对整个世界来说，高质量的数据无法获得，但最好的估算表明，在过去半个世纪间，全球产量每年平均增长 3.7%，脱碳率是每年 1.1%，CO_2 的排放量每年增长 2.6%。

由此简单地说，CO_2 的问题就在于此：世界各国都增长迅速（除了一些持久表现不佳的国家，并把衰退时期作为痛苦而短暂的挫折撇开）。而且它们把像煤和石油这样以碳为基础的资源作为经济增长主要的燃料。能源使用效率一直在提高，但改进率不足以使排放曲线向下弯曲。因此，CO_2 排放总量持续在上升。

作为一种理解工具的模型

我们暂且退回到讨论现况。我们已经说明了，由于经济增长和化石燃料使用的增加，人类就把越来越多的 CO_2 量排入大气。CO_2 浓度的增长得到全世界科学监测的证明。我们需要知道 GHGs 的浓度上升的后果。由于无法在头脑中计量所有这些复杂的公式，我们就用电脑化模型来预测过去和未来经济增长给排放量、气候，从而对人类和自然系统造成的结果。

经济学家和自然科学家如何预测未来的气候变化呢？必须经由两个步骤的程序。第一步在本章中解释过了，就是估算未来

CO_2 和其他重要的 GHGs 的排放量。第二步是把这些排放量的估算值放入气候和其他地球物理模型中来预测 CO_2 浓度、温度以及其他重要变量的未来变化。第二步将在第 4 章中讨论。我从讨论现代自然科学与社会科学中一个重要的内容开始：模型的使用。

未来气候变化的完整图像，要求对经济、能源使用、CO_2 和其他排放及不同的气候变量，以及这些因素对各个部门造成的不同影响进行预测。**预测**是一种有条件的或者“如果……就……”的表述。这就是说，“如果一组既定的事件发生，就计算以后将发生的输出性事件”。经济学家经常作出这种预测，比如，“在既定的现期财政与货币政策，以及欧元危机的影响下，我们预期明年真实产量增加 2%”。同样，科学家和经济学家使用对未来气候变化的预测。我们需要的主要输入参数包括各种因素，如每年 CO_2 和其他 GHG 排放的路径。利用这些输入参数和物理学、化学、生物学以及地理学的相关知识，气候科学家就可以计算温度和降雨量、海平面、海冰以及许多其他变量的时间路径。

由于人类不能在头脑中测算出这些预测结果，我们就要用电脑模型来实现。什么是模型？有各种不同类型的模型，从火车模型到建筑模型到科学模型。基本的思想是，模型是更为复杂的现实的一种简化图像。经济学家用“宏观经济模型”再现了决定产量、通货膨胀以及金融市场的一组复杂关系。这些是数学的与计算机化的工具，使政府和实业界可为计划联邦预算这样的目的而预测事件。

同样，气候模型可用代数式或数字方程式再现大气、海洋、冰和其他相关系统的动态状况。[1] 因此，只要把气候模型作为地球的数学再现，它可反映不同层次的大气和海洋，建模在短短几分钟到数小时，就可实现。这些大规模的模型，通过布设成千上万的电脑代码线路，由许多国家的几十个科学家团队共同完成。关于这些模型是如何构建，有许多卓越的描述，可以在图书中和网上获得。[2]

你可能会质疑气候模型是不是简化的。这实际上正是目的所在——简化，但不能过分简化。首先现实是极其复杂的。例如，美国经济包括了 3 亿多人，每个人每天都要作出几百个决策。在“字面”的意义上，没有什么方法可以“精确”地再现这个系统。经济与气候模型的编制所需要的是为了要处理的目的把图像简化。我们需要相关细节，而不是所有细节。

图 4 说明了简化的模型和完整的现实之间的差别。图 4 的上

---

[1] 这里有一个最简单的气候方程式：$(1-a)S=4\varepsilon\sigma T^4$。这个方程式把地球的温度（$T$）跟太阳常数（$S$）、地球的反射（$a$）和一些物理参数等因素联系起来。我们可以解出这个方程式，并得出地球温度的近似值，但它缺乏许多细节，因为它没有大气、海洋或冰。你可以认为气候模型是这个最简单方程式的维度增加版本——大气的不同层次、海洋、冰、风，以及其他。当所有这些因素都加进来时——在气候模型中——得出的计算就将产生对所有变动的一系列预测。

[2] 在有关气候模型编制的许多著作中，参看 Paul Edwards，*A Vast Machine: Computer Models, Climate Data, and the Politics of Global Warming*（Cambridge，MA：MIT Press，2010）。斯潘塞·沃特（Spencer Weart）的一本在线历史：“The Discovery of Global Warming”，在美国物理学研究院可以得到，www.aip.org/history/climate/pdf/Gcm. pdf，或者访问超链接 www.aip. org/history/climate/GCM.htm。

图 4
上方的输电线路跟下方能源与经济增长计算机模型的对比。每一个都服务于一个有用的功能，但计算机模型是理解不同政策趋势与影响的关键工具。

这是 DICE-2013 年模型的一个节录，版本 DICE2013_042913.gms

```
参数
**经济参数
        elasmu：消费边际效用弹性                       /1.45/
        prstp：最初的每年社会时间偏好率                 /0.015/
        gama：生产函数中的资本弹性                     /0.300/
        pop0：最初的世界人口（百万）                   /6838/
        popadj：根据2050年人口预测校正的增长率          /0.134490/;
参数
**编制模型的参数
        包括的时间(t) = 包括时期*(1−包括时期)**(t.val−1);
        成本1 = 包括的时期(t)*标准差(t)/ 预期成本2/1000;
变量
        分钟(t)                 CO2排放控制率
        TATM(t)                 大气温度的提高（从1900年以来）
        YGROSS(t)               世界产量（万亿2005年美元，每年）
        效用                    福利函数
方程式
        CCACCA(t)               积累的碳排放
        MMAT(t)                 大气中浓度方程式
        TATMEQ(t)               大气的温度−气候方程式
        YGROSSEQ(t)             总产量方程式
        UTIL                    目标函数：
**模型的方程式
ccacca(t+1)..    CCA(t+1)       = E = CCA(t) + EIND(t)*5/3.666;
mmat(t+1)..      MAT(t+1)       = E = MAT(t)*b11 + MU(t)*b21 + (E(t)*(5/3.666));
tatmeq(t+1)..    TATM(t+1)      = E = TATM(t) + c1*((FORC(t+1) − (fco22x/t2xco2)
                                      *TATM(t)) − (c3*(TATM(t) −TOCEAN(t)));
ygrosseq(t)..    YGROSS(t)      = E(al(t)*(L(t)/1000)** (1−GAMA))*(k(t)**GAMA);
util...          UTILITY        = E = tstep*scalel*sum(t, CEMUTOTPER(t)) + scale2;
**模型的定义与解
模型  CO2/all;
解    CO2使用nlp的最大效用。
```

半部分是把电力从发电厂输送到客户的高压输电线的照片。这是“现实”。图 4 的下半部分表示用于能源系统和经济的 GAMS 语言的电脑编码（实际上，这是简短地讨论的 DICE 模型）。这个模型是电力部门以及能源系统的其他部门的复杂相互关系在概念上的再现。你更偏好哪一个呢？一个建筑师会选择图片，而对某个对应的气候变化感兴趣的人会偏好电脑程序。

一个好的模型，无论是输电的、经济的或地球气候的，应该抓住过程的本质，不用把使用者淹没在没必要的杂乱之中。例如，在经济学中，我们建立了产出与收入的模型，以帮助政府预测它的收入和支出，同时，为确定将会出现什么事，比如说政府赤字，提供信息基础。如今一个好的财政状况模型并不需要包括任何关于 CO_2 排放的信息，因为它对当前的预算只有微不足道的影响。为了考虑气候变化，可以建立模型，估算未来 CO_2 排放量，这些排放对大气中 CO_2 浓度的影响，以及它所引起的气候变化。政府赤字不用进入气候模型，因为对于气候变化，它只有第二级或第三级的影响。

建立好模型既是一门艺术，又是一种科学。是科学，因为你需要准确的观察和可信赖的科学理论。你可以根据地球及所有地球上的生命都是在一万年前创造出来的思想建立模型。但那种理论在解释长岛的历史时，就身陷严重的麻烦，这里的许多地方有一万年以前冰期留下的岩屑。而且你也不会知道南极洲的冰芯是如何形成的，因为它们包含的冰川“年轮”能追溯到五十万年前。

同时，模型的编制也是艺术，因为你必须简化，以抓住基本细节。在美国，一些模型包括了所有发电厂和输电线路的信息。但即使如此大的规划也不能反映其他国家的发电状况，或者国际电力贸易形势，或者与其他经济或碳循环的相互作用。正如列奥纳多·达·芬奇经常被引用的一句话："简单就是终极的复杂。"重要的物理学公式都是惊人地简单。

气候变化的核心思想也因其简单而令人震惊。它是随大气中 CO_2 相对浓度而变化的地球的平均温度。预期 CO_2 浓度加倍会引起平均温度上升 3 ℃左右。预期再加倍会引起再度变暖 3 ℃。不幸的是，在这一点上与引力定律的平行被打破了。首先，我们并不知道 CO_2 每加倍一次，温度上升的准确数字。此外，影响还取决于其他因素，特别是温度上升出现的时间范围。

最后，正如为其他用途——例如，长途徒步旅行与航海，或者开车与飞行——设计的地图一样，设计的模型也用于不同的目的。许多气候模型极其详细，并要求超级计算机计算其运行的组合轨迹，另一些简化模型集中在对特定结果的预测，例如，对农业产量、海平面，或者引起疾病的蚊子的地理分布的影响。不同的问题需要不同的模型。

综合评估模型

分析气候变化的一种重要方法是一种综合评估模型（IAMs）。

它们是全面的模型，不仅包括了气候因素，而且还包括了气候变化的科学与经济学的其他方面。IAMs 把首尾相接的步骤，从经济增长，通过排放和气候变化，到对经济的影响，以及最后到减缓气候变化的政策的预期影响，都结合在一起。

IAMs 也包含了高度简化的气候模型。与图 4 中的电脑编码类似，它们尝试着在不包括所有细节的情况下，抓住排放与气候变化之间的联系。IAMs 的主要优势是，可以再现从开始到结束的整个过程。主要的不利之处是，简化了一些过程，而更加完全的模型则详细分析了这些过程。

许多 IAMs——大型的与小型的——由全世界的编制模型团队完成，而且可以证明，它们对理解减缓气候变化政策的含义是非常有用的。在全书中，我充分地依靠了描述气候变化的经济内容的 IAMs。

此外，我经常引用由我、我的学生与同事在耶鲁大学开发的模型，即 DICE 模型群的结果，“DICE”是气候和经济动态综合模型的缩写。还存在更为详尽的地区版本，称为 RICE 模型。[1]

DICE 模型的逻辑结构类似于图 1 中的循环流。一个“能源—经济”模块会推导出未来几十年间不同地区的经济增长和 CO_2 排放。小型的碳循环和气候模块推导出全球温度的趋势。DICE 模型包括了损失计算，在这里，损失取决于经济规模和温度上升。最

[1] 为了简化，在书中我把所有结果都说成来自 DICE 模型，但正如在来源注释中所说明的，它们有时来自不同的版本。

后，还有一个政策模块，在这里，各国既可以限制排放，又可以对 CO_2 排放定价，从而使排放的轨迹向下弯曲。

在最简单的全球版本中，这个模型只包括几个方程式，而且比较容易理解。更加全面的 RICE 模型——包括全球十二个主要地区，比如美国、中国和印度——囊括了几千条电脑代码，而且对于理解很有挑战性。建议那些喜欢研究简单 DICE 模型的读者去看网络上的版本（DICE-2012 年）。你可以改变参数和假设（诸如较长期间的世界人口或者气候敏感程度），来感知综合评估模型如何运作，以及它们对基本假设有多么敏感。[1]

预测：基本原理

理解未来的气候变化，从对气候模型的输入参数的一组预测开始，主要是 CO_2 和其他 GHGs 的排放路径。为了使讨论可控，我主要集中在 CO_2 上，因为它是 GHGs 中最重要的，但完全的评估也包括其他气体。在考察实际预期时，我采用 CO_2 当量（CO_2-e），就是把所有 GHGs 的贡献都加在一起，并用同等作用的对应量的 CO_2 来表述它们。

统计学家和经济学家如何作出预测？他们从用历史数据和基本物理学规律及经济关系来估算统计关系开始。利用这些结果，

[1] DICE 模型可以在我在耶鲁大学经济学系的网页上得到，上面有使用说明：climatecasino.net 或 dicemodel.net。

人口学家和经济学家可以基于统计学基础预测未来趋势。统计学方法的优势是，它可以再复制并更新。这就是说，由于每一步都可以用公开获得的数据和电脑软件完成，所以估算结果可以由其他科学家验证和挑战。

正如以上讨论的，CO_2 排放总量由三种因素所决定：人口、人均 GDP 与 GDP 的碳排放强度。在数学上，CO_2 增长率等于这三种因素中每一种的增长率之和。美国和世界 2010 年数据及 2050 年预测请参见表 1。[1] 对 2050 年的预测，假设各国没有制定减排的政策。估算值来自耶鲁大学的 DICE 模型，但与其他研究中得出的估算值没有显著的不同。

首先看看表格上半部分美国的数据。正如表 1 所表明的，预测人口每年增长 0.6%，人均 GDP 每年增长 1.7%，而且 CO_2 与 GDP 的比率每年下降 1.6%。根据这些假设，CO_2 排放量每年将增长 0.7%，到本世纪中期，CO_2 排放量将增加三分之一左右。

对不同地区也可以作出类似的计算。大多数经济模型有不同

---

[1] 对那些喜欢方程式的人，这也以卡雅恒等式（Kaya identity）或卡雅方程式（Kaya equation）而知名。它说明，我们可以用三项（组成部分）的结果来计算 CO_2 排放：人口 × 人均 GDP × GDP 的碳排放强度：

$$CO_2 = Pop \times (GDP/Pop) \times (CO_2/GDP)$$

这里，CO_2 是二氧化碳排放量，Pop 是人口，而 GDP 是国内生产总值或全球产值。实际数字来自 RICE-2010 年模型。简单的计算将说明，CO_2 对数的或几何的增长率，等于人口增长率加（GDP/Pop）增长率加（CO_2/GDP）增长率。严格来说，因为一些次要项，增长率的数学总和略低于实际数字。但对于这里所用的例子，差别微不足道。由作者计算。

表 1　2010—2050 年美国和全球未受控的 CO_2 排放预测

	2010 年	2050 年	增长率（每年 %）
		美　国	
GDP/ 人口（2005 年美元 / 人）	42 300	83 700	1.7
CO_2/GDP（吨 / 百万美元）	432	226	−1.6
人口（百万）	309	399	0.6
CO_2 总排放量（百万吨 CO_2）	5 640	7 550	0.7
		全球	
GDP/ 人口（2005 年美元 / 人）	9 780	22 400	2.1
CO_2/GDP（吨 / 百万美元）	522	278	−1.6
人口（百万）	6 410	9 170	0.9
CO_2 总排放量（百万吨 CO_2）	34 900	57 600	1.3

部分的模块。它们可能有详尽的“能源—部门”模型，来预测不同燃料的可获得性和使用情况。产量预测可以考虑结构与设备的资本、软件、技术进步，以及其他因素。但用这个例子可以抓住基本思想。

表 1 下半部分数据表明对全球的预测（包括土地使用变化释放出的 CO_2 和工业排放）。如果没有遏制排放的政策，预测全球 CO_2 总排放量直到本世纪中期每年将增加 1.3% 左右。表 1 的上半部与下半部数据预测的差别主要源于预期发展中国家的增长将快于美国。

表 1 提出了减排的三种方法：人口低增长、生活水平低增长，以及低 CO_2 排放强度（脱碳）。人们有时认为，表 1 中的增长率是不会对经济政策作出反应的铁则，或者甚至更悲观地认为，我们只有通过严格限制生活水平的提高，或者对人口实施残酷的限制，才能使排放轨迹向下弯曲。

这些悲观主义的结论是对历史和政策的错误理解。人类社会可以通过更加迅速的脱碳使 CO_2 增长曲线下行，而且如果措施明智，那么成本也会适度。许多技术可以达到生产低碳，甚至零净碳排放的商品与服务的目标。例如，可以用低碳燃料（例如天然气）或者无碳燃料（例如，核能、太阳能或风能）来发电，我们可以开发效率更高的设备与汽车，我们可以使我们的屋子更好地绝缘。在某个时间，我们甚至可以低成本地从排放气流或从大气中消除 CO_2。因此，与其集中在痛苦的限制经济增长上，经济学家倾向于强调引导经济朝向低碳技术前进。

表 1 提供了 CO_2 排放的标准预测及其决定因素。一个重要的出发点是不受限制的 CO_2 排放的基线，或“没有政策”的路径。这为政策提供了一个参考或出发点——考察在正常的经济增长和无限制的 CO_2 排放时，未来一些年世界会如何演进。基本上，这种估算结合了上文所讨论，但没有限制 CO_2 排放情况下，对经济增长和脱碳基本趋势的预测。

不同的 IAMs 说明了什么呢？对这种讨论来说，要考察由斯坦福大学能源编模论坛（EMF）总结的一组 IAMs。[1] 这个项目称为 EMF-22，包括了来自全世界的模型编制团队：6 个团队来自亚洲和澳大利亚，8 个团队来自西欧，5 个团队来自北美。其中 11 个模型编制团队提供了到 2100 年，CO_2 排放的基线情景的估算结果，参见图5。

此外，我用两条深色的线说明了 EMF 模型与我们耶鲁大学

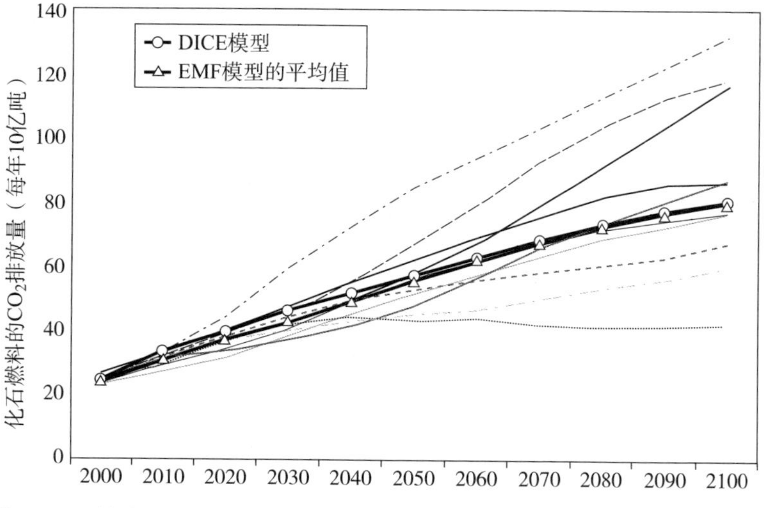

图 5 CO_2 排放基线预测

[1] 我依据了 IAM 的预测，因为我发现它们依靠的是最科学、最透明，并且以经验为基础的方法。自然科学中的许多研究，特别是气候模型，依据了称为《排放情景特别报告》（SRES）的标准系列预测，这份报告是为联合国政府间气候变化专门委员会（IPCC）准备的。参看 Nebojsa Nakicenovic and Rob Swart, eds., *IPCC Special Report on Emissions Scenarios*（Cambridge: Cambridge University Press, 2000），www.ipcc.ch/ipccreports/sres/emission/index.htm。

DICE 模型结果的平均值，本书中广泛使用了后面这个模型。注意到 DICE 模型对未来一个世纪全球 CO_2 排放增长率的预测，几乎与 EMF-22 模型完全相同，是有用的。

有三角形的深色线是 EMF-22 项目中总结出的 11 个模型的平均值。有圆圈的深色线来自耶鲁大学 DICE 模型。浅色线是单个 EMF 模型。[1]

在气候赌场中 CO_2 轨迹的不确定性

图 5 说明了气候赌场赌博中的一个例子。浮现出的第一点是，所有模型——每一个单个模型——都预测 CO_2 排放会继续增长。2000—2100 年期间，增长率在 0.5%—1.7% 之间。尽管增长率看来并不大，但由于一直有复利效应，它们加在一起就是巨大的累积性变化。例如，每年平均增长率为 1.2%，就意味着一个世纪增加 3.3 倍。这些模型代表了今天经济与能源专家最大的努力，而且他们指出，CO_2 问题不会消失，或者因不受限制的市场力量而神奇地获得解决。

---

[1] 图 5 说明了 EMF-22 概括的 11 个模型的结果，加上来自耶鲁大学 RICE-2010 年模型的预测（有圆圈的线）。EMF 的结果描述于 L. Clarke，C. Böhringer，and T. F. Rutherford，"International，U.S. and E.U. Climate Change Control Scenarios：Results from EMF 22，" *Energy Economics* 31，suppl.2（2009）：S63-S306；详细结果可以从 Leon Clarke 得到。RICE 模型和 DICE 模型的结果与参考资料可以在 climatecasino.net 或 dicemodel.net 网上得到。

第二点涉及未来排放的不确定性。由于经济与技术系统的势头，近期预测没有表现出什么差别。但当我们进入未来，不同的预测就表现出背离。这体现在图 5 的排放基线预测中。2100 年 CO_2 排放的模型预测比 2000 年高 1.6 倍到 5.4 倍。背离的原因可以追溯到排放增长的决定因素，并涉及对未来一些年经济增长、技术和能源使用的不同估算。

我们能更准确地确定这些差别的不同来源吗？认真的分析发现，最大的未知源自未来世界经济增长的不确定性：世界会出现从 1950 年到 2005 年那样强劲的经济增长吗？或者它将由于缓慢的技术变化、复发的金融危机及萧条、流行性疾病，以及偶发性的大范围战争而停滞吗？这些是 CO_2 排放的估算差异背后最重要的问题。

现在对这些深层次问题的回答基本是不可知的——与气候赌场中滚动的骰子一样。没有一个人可以可靠地预期轮盘赌的旋转、股票市场或者未来的技术。要记住，最近一次的深度衰退实际上使每一个专业预言家都大跌眼镜。由于未来经济增长深深的不确定性，图 5 中显示的排放预测的差异，在以后几年中也不可能有大幅度的缩小。

制定气候变化政策时，人们自然想知道如何针对这些巨大的不确定作出反应。100 年不是还长着吗？一种反应是推迟行动——借口是由于生活是不确定的，我们就应该等到我们知道更多时再采取行动。有时，如果赌注不高，并且我们可以很快知道正确的答案，等到骰子停止转动是一种合理的方法。

但对于气候变化，等到正确的答案是一个危险的过程。这就像在一个大雾的夜晚行车，希望没有拐弯，没有前灯，每小时开100英里。我们不能很快解决不确定性。等许多年才行动代价高昂，原因是经济和气候系统对我们行为的延迟反应。随着时间的推移而分散投资，远比当大雾降临、直面灾难时才短时集中投资，所花代价低廉。

应对不确定性的经济学研究得出以下结论：可以从对产量、人口、排放和气候变化的最佳猜测情景中开始。采取可以最好地应对这种最佳猜测情景中成本与影响的政策。然后，考虑在气候赌场中潜在的低概率，但影响严重的后果。采取进一步保障措施来应对这些危险后果。但肯定不能假设，问题会消失。

第 4 章 | 未来的气候变化

初步理解气候变化的危害，是气候科学中的一个坚实基础。那些只看通俗报刊，或者听电视辩论的人可能会认为，这是最新的科学时尚——某个成名心切的科学家几年前空想出的某件事。真相完全相反。CO_2 引起的全球变暖背后的科学已有 100 多年历史了。它是现代地球科学的主要成就之一。作为科学家研究这个问题的人，他们关注研究财富，而不操心这个问题的政治层面，对于他们，这是一个重要而又有挑战性的学科。

注意，本书主要是关注气候变化的社会内容——集中在经济根源、经济成本和损失、减缓变化的政策，以及国际溢出效应和讨价还价。对那些希望看到更全面论述的人，有许多关于全球变暖的科学内容的优秀著作可供参考，而且那些想完整了解的人应该看这些著作。[1] 但在我们论述社会内容之前，必须通过展开气候

[1] Richard Alley, *Earth: The Operators' Manual*（New York：Norton，2011）；Stephen H. Schneider，Armin Rosencranz，Michael D. Mastrandrea，and Kristin Kuntz-Duriseti，eds.，*Climate Change Science and Policy*（Washington，DC：Island Press，2010）；James Hansen，*Storms of My Grandchildren: The Truth about the Coming Climate Catastrophe and Our Last Chance to Save Humanity*（London：Bloomsbury，2009）.

变化的科学基本知识的讨论，为以后的章节奠定一个基础。

气候变化的科学

在开始之前，我先提一下术语。气候变化的准确含义是什么？在开始时，这种简短的描述是重要的：

> 气候通常被定义为从几个月到几千年的时期内，温度、风、湿度、云、降雨量以及其他数量的统计上的平均值与变动。气候变化是当考虑到长期时，这些统计特点的变动。气候不同于天气，天气是气候过程在短时期内的实现。可以看出，天气和气候之间的区分，是因为气候是预期的（例如，寒冷的冬天），而天气是你遇到的（正如在偶尔的暴风雪时）。

在本书中，一般我互换地用“全球变暖”和“气候变化”这两个术语。准确性要求用长而别扭的短语，例如：“CO_2 和其他相关气体与因素上升的影响。”“气候变化”这个词也许是最贴切的，因为包括的问题比变暖更多，例如：海平面上升、干旱、风暴强度增加，以及对健康的影响。但即便气候变化也没有考虑海洋碳化的影响。某些人提出“全球变化”这个词，但这个词过于模糊。因此，我只用两个词——全球变暖和气候变化——来代表一组复杂的影响力，这些影响力作为 CO_2 和其他温室气体累积的结果，正在发生作用。

我一般用摄氏温度计（℃）单位，这是标准的科学惯例 。美国人一般是采用华氏温度计（℉）。粗略地换算的话，你可以对任何℃变化乘以 2，得出℉变化。如果你想要绝对准确，你应该乘以 1.8。

从排放到浓度

在第 3 章我们分析了过去与现在的 CO_2 排放，这些排放本身并不是忧虑的源起。如果它们很快消失或者转化成某些无害的固体，本书就不需要写了，而且人们也不用担心会出现其他问题。

科学家所关注的是 CO_2 和其他 GHGs 在大气中的浓度，而不是排放。因此，在第 4 章中，从排放到气候变化有一个中间步骤——排放与浓度之间的联系。

CO_2 排放在全球扩散的过程，称为“碳循环”。这是一个活跃的研究领域，许多碳循环科学家研究了碳如何在不同碳聚集地之间流动。在政府间气候变化专门委员会（IPCC）对气候变化进行的研究中，模型平均估算，21 世纪期间排放的碳在世纪末有 50%—60% 仍然存留在大气中。不同模型之间存在巨大的差别，且取决于排放的增长。[1]

在开始详细的讨论之前，我们先从一个简单的问题入手：人类的活动真的可能重大到足以改变全球气候吗？毕竟，人类的活动只占全球活动的一小部分。为了回答这个问题，我集中在有最充分记录，又最重要的领域——大气中 CO_2 浓度的提高。

大气中 CO_2 浓度的提高是毫无疑问的。感谢那些从 1958 年开始在夏威夷大岛上监测大气中 CO_2 的科学家们的远见，我们拥有超过 50 年的监测结果。图 6 画出了夏威夷莫纳罗亚火山观察站到 2012 年为止的每月观察记录。在半个世纪中，大气中的 CO_2 浓度增加了 25%。[2]

我们有把握相信 CO_2 浓度的提高是人类的活动引起的吗？也许是自然界的变化所导致的？两个模型编制以及对历史数据的衡量强有力地支持这样的观点：图 6 中表明的浓度增加是由于人类

---

[1] 政府间气候变化专门委员会（IPCC）已经出版了一系列关于气候变化、减缓、影响与适应的报告，分别于 1990 年（第一次评估报告）、1995 年（第二次评估报告）、2001 年（第三次评估报告），以及 2007 年（第四次评估报告）出版。第五次评估报告在 2013 年秋开始出版工作。每一次评估报告都有三卷：科学、影响与减缓。报告可以在 www.ipcc.ch/publications_and_data/publications_and_data_reports.shtml 网上获得。也有纸质图书，由英国剑桥大学出版社出版。下文将引用评估和图书中的数字，如 IPCC，Fourth Assessment Report，*Science*，p.63。

[2] 数据来自 National Oceanic and Atmospheric Administration，Earth System Research Laboratory，Global Monitoring Division，"Trends in Atmospheric Carbon Dioxide，" www.esrl.noaa.gov/gmd/ccgg/trends/。大气中 CO_2 的数据是今天从许多地方收集的，而且数字与 Mauna Loa 的观察高度一致。这个讨论过分简单化了 CO_2 在不同地方的分布。此外，这个计算略去了在这个时期土地使用的转变，但它们是极少被监测的。

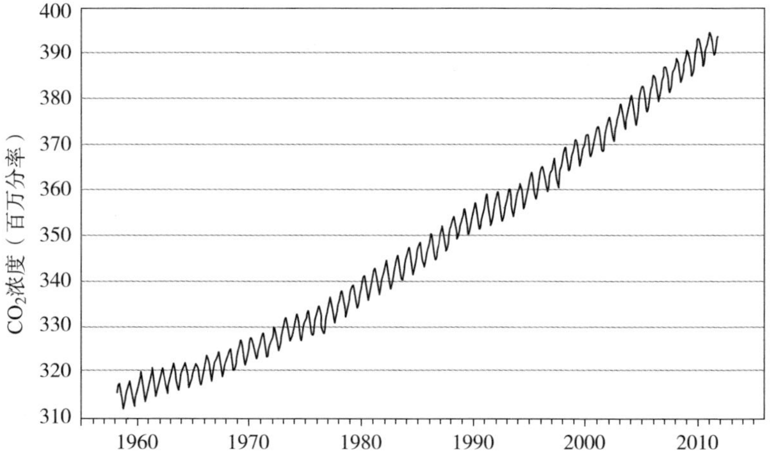

图 6　夏威夷莫纳罗亚火山观察站监测的大气中 CO_2 的浓度

的活动。一个有趣的发现来自冰芯。运用这些发现，气候科学家估算最近 100 万年期间，CO_2 的浓度在 190 ppm—280 ppm 之间变化。由于现在的浓度超过了 390 ppm，全球已处于人类这个物种出现在地球上以来所经历过的浓度范围之外。

以上我提到，据估算有略大于一半的排放会在本世纪末进入大气。其他的 CO_2 去向何处？一些增加的 CO_2 可能进入了生物圈（例如树和土壤），这就意味着，被世界上的植物所吸收了。根据密集监测和模型编制，科学家相信，大部分没有进入空气的 CO_2 最终都进入海洋，逐渐扩散到海洋深处。但这是一个极为缓慢的过程。

可以用你自己的经验来描述缓慢的海洋扩散。用水装满一个干净的玻璃杯，在水面顶端放入几滴红色的食用色素。记录这些物质落到玻璃杯的底部要多长时间，而且显示出完全扩散又需要多长时间。现在的情况是，玻璃杯有 6 000 英尺深。这就给了你一个 CO_2 被吸入深海需要时间有多长的启发。

这些科学发现的主要结论是，排放到空气中的 CO_2 会长期存留下来。这对我们思考气候如何变化有极为重要的意义。这种漫长的存留时间意味着，今日行为的影响给未来投下了长期的阴影。它们并不是几天或几个月就可以洗去的。从这种意义上说，CO_2 和其他 GHGs 更像核废物一样，而非正常污染。当我们考虑贴现成本与收益问题时，这种长时期滞留的阴影又将回来笼罩我们。[1]

---

[1] 这里是给对细节有兴趣的人的解释：仍然存留在大气中的那部分 CO_2 排放称为“空气承担的部分”。碳循环模型估算，空气承担的部分一直在减少，因为 CO_2 在海洋上层被吸收了，然后缓慢地向海洋更深处扩散。此外，一些 CO_2 被树或植物吸收。估算吸收的时间轮廓是复杂的，因为它涉及化学、海洋动态学以及生物学。我们可以用一个德国和瑞士科学家组成的团队设计的碳—气候模型来考察这个研究，并给出一点动态的感觉。他们通过计算机模型计算了 1200 年间一次 CO_2 脉动的影响。假定第 1 年有 x 吨 CO_2 注入。然后模型计算出，50 年后其中 50%—70% 仍然存留下来；而在 100 年后有 35%—55% 左右的会存留下来，200 年以后有 28%—45% 会存留下来，而在 1200 年后仍存留下来 15% 左右。上述各年份的范围取决于 CO_2 注入的规模，小量注入数字低，而大量注入数字高。参看 G. Hoss et al.,“A Nonlinear Impulse Response Model of the Coupled Carbon Cycle-Climate System（NICCS）,” *Climate Dynamics* 18（2001）: 189—202。来自 IPCC 报告的另一份估算则是，100 年之后，排放在大气中的 CO_2 会存留下来 30%—50%。在耶鲁大学构建的综合经济—气候模型（DICE-RICE 2010 年模型）中，使用了一个校正的模型，在这个模型中，一个世纪之后一次 CO_2 排放脉动仍存留下来 41%。

CO_2 浓度的提高如何改变气候

一旦我们有了对 CO_2 浓度及其他 GHGs 数据，以及其他重要输入数据的预测，气象学家就可以把这些纳入气候模型。气候模型是大气和海洋循环的数学再现。这些模型从可以编成电脑程序的物理学基本定律及地球地理的细节开始，但你可以认为它们是代表了大气和海洋中动态的方程式。因此，为了理解气候模型，我们需要了解构成这些方程式基础的基础科学。

我们从太阳感受到的热是一种放射性能源，或辐射。如果你把脸转向太阳，你会感到辐射到你皮肤上的温度。辐射以不同的波长或频率到来。来自太阳的大部分能量像光一样可见，它是“热”的并有短波长。约有 30% 的热辐射被反射回空间。大气和地球表面吸收了其他能量，这使地球变得温暖。能源进入和溢出是平衡的，因此地球向外发射的辐射回到了空间。但由于地球是温暖的而不是热的，因此向外发射的地球辐射的波长，长于入射太阳辐射。

这正是有趣的所在。大气中的一些气体，例如，CO_2 和甲烷，以及水蒸气，吸收的向外热辐射多于进来的热辐射。这种选择性吸收就像在寒冷的冬夜里的毛毯一样起作用，这保持了我们身体的一部分热量，并使我们温暖。这就是为什么大气被描述成一个自然“温室”——由于水蒸气和 CO_2 这类气体捕获了热量。由于辐射保留在接近地球之处，地球的平衡温度上升了，称为“自然温室效应”。科学家已经计算出，自然温室效应——这是在人类进一步排放之前就存在于大气中的气体的功劳——使地球的温度高于没有空气时的温度约 33 ℃（60 ℉）。换句话说，如果没有 GHGs，地球表面的温度将是−19 ℃，而实际上地球上的平均温度是 14 ℃。用这种关系，我们实际上可以计算出月球上的温度，而且这些相当合理地符合月球的实际状况。

“温室效应的加剧”是人类出现后，并增加了更多 GHGs 时，才发生的情况。当前大气中的 GHGs 存量吸收了一部分而非全部的向外长波辐射。随着增加的气体越来越多，增加的向外长波辐射也部分被大气吸收，而这反过来又推动地球的平衡温度提高。CO_2 引起的全球变暖过程意味着，人类以增加 CO_2 的形式给大气增加了更多“毯子”，从而提高了地球表面的平均温度。大气中的 CO_2 浓度看来只增加了微不足道的一点点（从大约 280 ppm 到 560 ppm），但据预测，会使这个星球的平均表面温度提高 3 ℃（5.5 ℉）左右。

但温室效应的加剧有递减的回馈。随着 CO_2 拦截了越来越多的向外辐射，增加的更多 CO_2 的影响也在降低。吸收向外辐射的能力会逐渐饱和。因此，大气中 CO_2 的量加倍，可能会使温度升高 3 ℃，但再增加同样数量，温度可能只增加 1.8 ℃。

未来 CO_2 引起的变暖的准确速度和范围是极其不确定的，特别是在以后几十年中。但是，科学上没有什么疑问的是，最近几千年内，人类活动导致的地球物理的变化是空前的。科学家已经发现了几个领域变化的结果。正如我们刚刚说明的，GHGs 的排放量和在大气中的浓度上升了，地球表面的平均温度也上升了。其他的“痕迹”也是明显的，包括海洋变暖、冰川和冰盖融化、两极变暖加剧、同温层变冷，以及北冰洋冰帽缩小。[1] 其中大部分变化与 GHGs 引起的变暖一致，而与自然的变化并不一致。

一个炎热夏季的日子里，坐在黑色小汽车或白色小汽车中，会引发你与 CO_2 变暖相类比的有益思考。白车把更多的阳光反射出去了，车内仍然比较凉爽，而黑车将吸收更多阳光并变得极热。增加向大气中排放 CO_2，就像有一支看不见的精灵团队缓慢地把你的车越涂越黑。这种类比也是有用的，因为它允许有另一种可能性，例如，如果你生活在冬季气候环境中，实际上你会喜欢深色的汽车。但是，如果你生活在像亚利桑那州或者是印度这样的炎热地区，你会发现，你的车越来越黑、越来越热，是完全没有吸引力的想法。[2]

[1] 一个特别有用的总结见于 Benjamin D. Santer，“Hearing on ‘A Rational Discussion of Climate Change：The Science，the Evidence，the Response，’” House Committee on Science and Technology，November 17，2010，http://science.house.gov/sites/republicans.science.house.gov/files/documents/hearings/111710Santer.pdf。

[2] 一个技术性注释将有助于你理解基本气候科学以及日益增长的“辐射强迫”的影响。据计算，在大气顶层，太阳辐射为整个地球上每平方米 341 瓦。向内辐射的三分之二左右被大气或地球表面吸收，而且它又作为长波（或红外线）辐射被反射回空间。日益增加的 GHGs 的浓度也增加了对长波辐射的吸收，而且对这种增加的衡量称为“辐射强迫”的变化，它是对 CO_2 和其他因素浓度增加在改变地球能源平衡方面的影响的衡量标准。这通常计算为对流层（大气的最低层）中净辐射的变动。例如，标准的计算是，大气中 CO_2 加倍引起对流层等量增加 4 W/m^2 左右。当所有相互作用发生时，这种估算得出，全球平均地面温度增加 3 ℃左右。因此你可以认为温室效应类似于（但不等同于）太阳辐射的增加。

对未来气候变化的预测

前一节提供了气候变化科学背后的基本直觉。从实用的角度看，我们需要知道全球变暖，以及降雨量和海平面上升这类其他影响的程度和时间。作为出发点，我们考虑大气中 CO_2 加倍的影响。气候科学家在 100 多年间研究了这个问题，它是一个标准的计算。正如结果所示，由于科学的复杂性，我们现在的了解仍然不完整。

图 7 简述了在最近气候模型比较中发现的所估算的气候敏感

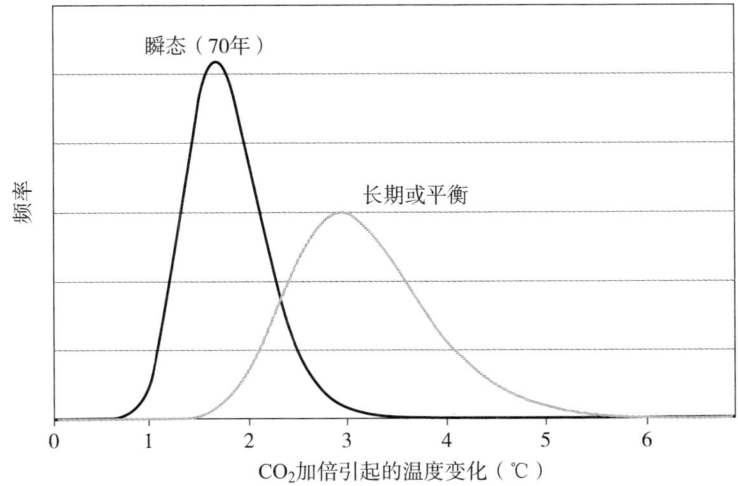

图 7　在 IPCC 第四次评估报告中的模型的温度反应。曲线表明计算出的瞬态温度的平滑分布（左边深色线）以及来自 18 个模型的平衡温度的增加（右边浅色线）。

程度。[1] 模型仍然可改进和精炼，计算出的气候对 CO_2 增加的敏感性在最近 30 年中变化并不大。[2] 在标准的模型比较中，正如图 7 中所表示的，几个气候模型都用相同的情景运行。它们首先在大气中 CO_2 没有增加的情景下运行。然后它们在另一个情景下运行，此时大气中 CO_2 平稳增加，并在 70 年中加倍，然后在无限期中维持这个加倍水平。这是一种人为的情况，但它对比较模型是有用的。

模型得出了两个重要的计算。它们首先估算了“瞬态反应”，这就是在 70 年后或者在 CO_2 加倍时的温度上升。左边的曲线说明了瞬态反应的分布，平均为 1.8 ℃。

模型也计算了“平衡反应”，即一旦出现了所有的调整，长期温度会升高。平衡的结果正是图 7 中右边的分布所表示的。在所有模型中，平均平衡的或长期的温度增加略高于 3 ℃，这是短期或瞬态反应的不到两倍。

---

[1] 根据来自 IPCC 第四次评估报告的详细模型估算画出的曲线，*Science*。根据 IPCC 第五次评估报告运行的模型表明，所概括的模型的平衡与瞬态气候敏感度，在相同模型的较晚年份，相比第四次报告实际上没有差别。根据第五次评估来评价的 18 个模型之间的平衡的气候敏感度的范围在 2.1 ℃到 4.7 ℃之间。我用平滑曲线是为了简化现在提出的观点。平滑曲线假设，估算的分布是对数正态的，而且与模型结果有相同的中值与差别。参看 Timothy Andrews，Jonathan M. Gregory，Mark J. Webb，and Karl E Taylor，“Forcing，Feedbacks and Climate Sensitivity in CMIP5 Coupled Atmosphere-Ocean Climate Models，” *Geophysical Research Letters* 39（2012）：L09712，doi：10.1029/2012GL051607，2012。

[2] 1979 年美国国家科学院进行的第一次系统调查得出的估算值，接近于由 IPCC 最近评估的结果：*Carbon Dioxide and Climate: A Scientific Assessment*（Washington，DC：National Academies Press，1979）。

如何把这些理想化的实验跟 CO_2 和其他气体的预期浓度相比较呢？大多数综合“经济—气候”模型提出，CO_2-e（等效于 CO_2 的所有 GHGs）到 2050 年左右将是工业化前水平的两倍。图 7 中左边的深色线是根据猜测的最佳排放路径，对到 2050 年左右的温度反应的粗略估算。如果我们看经济模型，它们接近于左边曲线的中间，表明到 2050 年估算的温度增加 1.8 ℃。

我们还可以将这种估算与到时实际出现的结果做个比较。仪器的记录表明，在过去 100 年间，全球温度实际增加了 0.8 ℃。因此，模型表明，在下一个 40 年间，温度将变暖 1 ℃左右（但在不同的模型之间存在较大的分歧）。

现在看看图 7 中右边浅色的曲线，它反映长期或平衡的温度增加。根据模型预测，平均长期温度增加略高于 3 ℃，这几乎是瞬态反应的两倍。在几百年中，向平衡的过渡过程是缓慢的。[1] 长期的变暖如此渐变，是由于深海中的变暖是缓慢的。这种巨大的惯性对预测温度增加和气候变化的困难产生了影响。正如吸烟一样，看到影响可能需要相当长时间。幸运的是，这种缓慢的反应有有利的一面。如果今天 CO_2 浓度的提高能被迅速扭转过来，那么，由于深海还没有变暖，温度也会降下来。

许多非科学家人士看到气候模型之间的不一致，想知道为什么不能解决这些不确定性。有一个与经济学家有关的笑话：“如果

[1] 中期与长期中的反应并没有得到准确的确定，因为它涉及许多缓慢反馈的机制，例如大型冰盖的融化，以及像海洋循环这样复杂的系统。

你问五位经济学家，你会得到六个答案。”在这里，这实际上是正确的，因为当一些气候模型一直在改善时，通过这些模型就得出了不同的答案。

出现这些差别理所当然。以上描述的基本温室效应是完全可以理解的，并没有多少不确定性。当模型编制者考虑到，可能会减弱或放大基本效应的额外因素时，得到的模型对温度增加的幅度就会产生重大的不确定性。例如，如果变暖的地球使雪与冰融化，就会露出更多土地与海洋，使地球颜色更黑。变黑的地球表面吸收了更多阳光，就会使地球表面变暖，并放大温室效应。这被称为“反照率效应”，而且这与你的汽车变得更黑的效应完全相同。

最重要的放大因素是由于温度提高，水更多地蒸发，引起大气中水蒸气增加。大家还记得，水蒸气是强有力的 GHGs。云是另一种对不确定性起作用的重要因素。云令模型编制者头痛，因为它们兼有冷却和加热的作用：当云把阳光反射回空间时，它们会使全球变冷；当云从地球表面吸收了热辐射时，它们又会使地球变暖。对云的构成的模型编制极有挑战性，且会导致模型之间产生大量的差别。

气候学家已经估算出，如果没有反馈效应，仅仅 CO_2 加倍引起的全球变暖是比较小的，约为 1.2 ℃。但极为强有力的放大因素正在“气候—变化”过程中起作用，而且它们可以推动温度增加到图 7 中所估算的范围。

对下一个世纪的温度预测

我们现在有两个预测未来气候变化的基石。第一，我们说明了能源专家如何预测未来的 CO_2 排放，而且这些排放如何变为未来的 CO_2 和其他 GHGs 的浓度。第二，我们描述了气候模型编制者如何用这些预测的浓度，计算出未来几十年中温度、降雨量和海平面上升这类气候变量的路径。

下一步就是要把这两部分整合起来，以便形成对气候变化的预测。为了完成这些估算，我们将计算没有气候政策或者基线情景时的路径。换句话说，我们考察如果各国都不采取减缓 CO_2 和其他 GHG 排放的举措，会出现什么情况。没有一个人会把它作为一种适当的政策推荐，但在各国都无动于衷地掷气候骰子时，它对估算温度这类气候变量的轨迹提供了一个重要的参考。

从仪器的温度记录出发是有用的。正如温度计所记录，并由三个不同的研究团队综合在一起的，自从 19 世纪后期以来，全球温度的基本趋势反映在图 8 中。[1] 这个时期上升的趋势是显而易见的。但逐年的变动是不规则的，而且有时难以解释（正像股票市场一样）。

现在可以对未来气候作出预测。一组基线预测用了标准化的

---

[1] 温度数据来自 Goddard Institute for Space Studies（GISS），the National Climatic Data Center（NCDC），以及 Hadley Centre for Climate Prediction and Research。

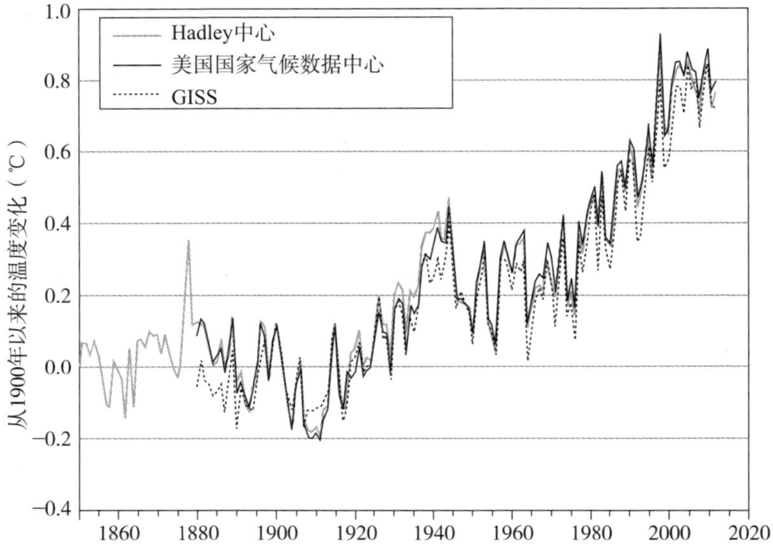

图 8　由三个研究团队构建的 1850—2012 年全球温度趋势

IPCC-SRES 情景。这些情景来自《排放情景特别报告》(SRES)，后者作为一种使分析的输入信息标准化的方法，被气候模型编制者广泛使用。这些要用一组 IPCC 参考情景进行更新，这些情景是根据 GHG 浓度的路径形成的，但在过去十年间预测略有变化。标准化的情景也许并不是最准确的情景，但它们得出的排放轨迹范围检验了模型——正如用风洞来检验飞机一样。

第二种方法适用于综合评估模型（IAMs），即第 3 章中讨论的经济模型。这些模型结合了人口、技术、能源部门，还有经济增长以及碳循环和气候模型。它们的构建被认为是结合了对未来

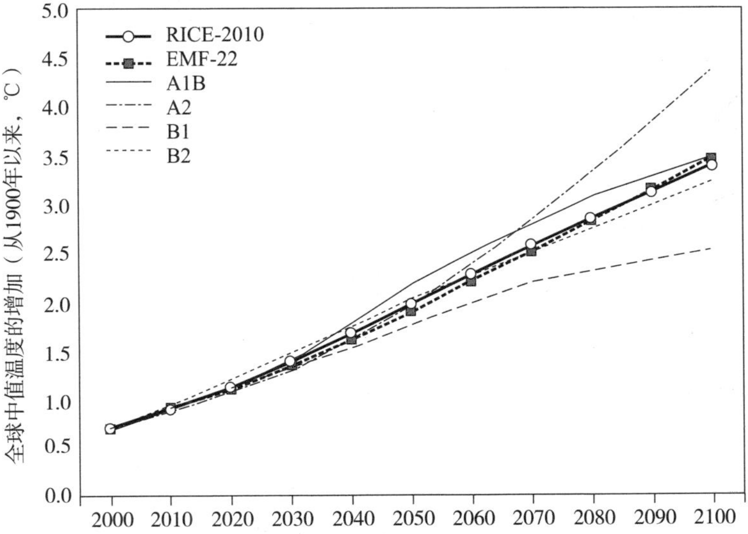

图 9

IPCC 情景和 IAMs 预测的全球平均温度的增加。这个图比较了地区 DICE（RICE）模型的预测，使用 IPCC 情景的 4 个预测，以及 EMF-22 综合经济模型的平均数。字母 A1B、A2、B1 和 B2 代表标准化排放。

一些年中最好的气候变化估算。为进行这种计算，我采用的 CO_2 平均浓度数值不同于图 5 中表示的 EMF-22 模型。[1] 为了比较，我也说明了 IPCC 用程序化排放情景评估过的气候模型所做的温度预测。

[1] 模型编制假设，除了 CO_2 之外，2010 年的所有影响在全球层次上较小，而且下一个世纪也增长缓慢。非 CO_2 影响小的主要原因是，气溶胶（小微粒）的冷却作用抵消了其他气体的变暖效应。气溶胶数量上的影响，是近期变暖中主要的不确定性。

图 9 表明了这些估算的结果。[1] 中间两条深色的线表示 EMF-22 模型的平均数（虚线）以及 RICE 模型的结果（深色实线）。图 9 提供了由全世界多个模型编制团队预期的未来不同气候变化可能性的卓越概述。

我们把重点放在 IAMs 上。虽然模型关于经济增长、人口、能源部门、新技术和碳循环的假设不同，但它们对下一个世纪的温度轨迹的预测极为相近。根据 EMF 和 DICE 模型的估算，预期 2100 年的平均温度比 1900 年的平均温度增加 3.5 ℃。

一些重要的发现

由于气候模型极其详细，它们得出了一系列有趣的结果，这些结果可接受评估，并用于研究影响。从最后的全面评估，以及更新和最近的科学文献中，可得出一些重要研究结果。

[1] 我向专家提供一个技术性注释。虽然 EMF-22 IAMs 的一些模型提供了温度变化的轨迹，但它们不包括短期存在的 GHGs，或气溶胶，从而并没有提供准确的温度预测。图 9 中显示的走势采用了模型中的工业 CO_2 浓度。我们然后把这些跟 RICE-2010 年模型中，对于土地使用中的 CO_2 排放与其他 GHGs 的辐射强迫的估算值结合在一起。我们把所有这一切纳入 RICE-2010 年模型的辐射气候模块。10 个模型是 ETSAP-TIAM，FUND，GTEM，MERGE Optimistic，MERGE Pessimistic，MESSAGE，MiniCAMBASE，POLES，SGM，以及 WITCH。对这些模型的完整描述可参阅：L. Clarke，C. Böhringer，and T.F. Rutherford，"International，U.S. and E.U. Climate Change Control Scenarios：Results from EMF 22，" *Energy Economics* 31，suppl. 2（2009）：S63-S306。

• 当前的 CO_2 浓度远远超过了观察到的至少在 65 万年中的水平。

• 对从 1900 年到 2100 年全球温度增加的最佳估算，在 1.8 ℃到 4 ℃（3.5 与 7.5 ℉）之间，这取决于估算情景。

• 对 21 世纪期间海平面上升的估算范围在 18—60 厘米（7—23 英寸）之间，这取决于估算情景，但不包括对大冰盖的影响。

• 预期陆地温度的上升更快，而且北冰洋的洋面温度上升要远远快于全球平均温度上升。

• 到 21 世纪末，预期北冰洋的大部分冰在夏季会消失，且这种情况可能更早出现。

• 预期飓风的强度会增加。

• 大气中 CO_2 浓度的增加将直接引起海洋的酸化。

• 许多地区将有更多炎热日子和更少严寒日子，但关于其他极端事件的证据还不明显。

• 在许多预测中主要的不确定性包括被称为气溶胶的小微粒。预期它们会使气候变冷，但要确定这种变冷的程度和地区范围是困难的。[1]

---

[1] 大多数观点来自 IPCC，Fourth Assessment Report，*Science*，Chapter 8。最后一个关于气溶胶的观点取自 Jeff Tollison，“Climate Forecasting：A Break in the Clouds，” *Nature* 485（May 10，2012）：164—166。对极端情况的讨论来自 Christopher B. Field et al.，eds.，*Managing the Risks of Extreme Events and Disasters to Advance Climate Change Adaptation: Special Report of the Intergovernmental Panel on Climate Change*（Cambridge：Cambridge University Press，2012），www.ipcc-wg2.gov/SREX/。

不同的模型对下个世纪温度增加和地区性影响的预测提供了不同的答案。尽管在这些模型之间有分歧，我们不应该无视一个核心发现，即所有模型编制团队都预测了在21世纪大规模的气候变化。这些发现是现代气候科学的前沿，而且不应该使基本信息被差别所掩盖。

气候模型为我们提供了许多信息，特别是关于影响，我们把相关讨论留到后面章节中。

气候轮盘赌

图7和图9警示我们关于气候系统的知识的局限性。在所有气候变化科学中得到最认真研究的部分——气候对大气中CO_2浓度加倍的反应——主要的不确定性仍然是关于系统运行的方式。

麻省理工学院（MIT）的气候科学家团队以惊人的方式令气候变化的不确定性引人注目。不仅是发表他们的研究结果，他们还以轮盘赌形式展示了可能的结果，并公之于众。相较于其他的研究结果，他们的研究结果表明，到2100年对全球变暖的估算应大概增加半倍，即与表9中表示的3.5 ℃相比，核心估算值应为5.25 ℃。他们的研究结果相较于其他模型编制团队的研究结果来说，属于异常值，但它们突显了在作出预测时科学家面对的巨大的不确定性。[1]

底线是，如果没有制定减缓全球变暖的政策，核心估算值应是到 2100 年全球平均温度将比 1900 年的水平高 3.5 ℃。这种预测有相当大的不确定性。但除非所有经济模型与所有气候模型都出现致命错误，否则在未来几十年中，全球变暖的速度将加快，而且气候状况将很快超过最近历史经验的范围。

---

[1] MIT 的轮盘图片可见于 David Chandler, "Climate Change Odds Much Worse Than Thought," MIT News, May 19, 2009, http://web.mit.edu/newsoffice/2009/roulette-0519.html。

第 5 章 |

气候赌场上的临界点

人们或许想知道，他们应该如何关注至今所描述的温度趋势。2 ℃或 3 ℃的变化还不足以给人警示。首先，我们经常经历早晨 1 个小时内的这种温度变化。而且，相对于个人或团队的迁徙经历，这里预想的温度变化要小得多。今天人们可以幸福地从白雪覆盖的地方迁移到阳光地带，享受更温暖的生活方式，如果你从明尼阿波利斯迁移到凤凰城，你就迁到了温度要高 13 ℃的地方。

但这种描述忽略了真正的风险。问题不是一个平均温度的简单上升，而是伴随这种变化的物理、生物和经济的影响——特别是将会遇到的门槛和非线性反应。我们身体的温度从 98 ℉上升到 104 ℉或 103 ℉看来并不是大变化，但它可能是致命疾病的信号。

用下面的例子很容易解释门槛的重要性。想想你在湿滑的路上长时间开车会发生的情况。路面温度从高于冰点 1 度变为低于冰点 1 度，马上你就从湿滑状态进入潜在的致命状态了。

一个不太极端的例子是我门外种植的罗勒属植物每年出现的

情况。直到秋季一天晚上之前，它们快乐地长着可以用作意大利面调味的叶子。这天晚上温度降到冰点之下，当我出去采集树叶时，它们变黑、全毁了。

这些来自日常生活的简单例子也反映在全球范围内。科学家关注地球系统中，由于气候变化而可能翻越的关键门槛。但要警惕的是：我们对这些过程的了解，远未及我们已描绘的事件次序。我们现在离开了解较多的系统领域，并进入复杂得多，又少有了解的领域。尽管我们只是在通过模糊的透镜来观察这些体系，但这些现象涉及了气候变化的一些最危险，又最令人害怕的潜在影响。

过去气候的变动性

现代地球科学的成就之一，是那些足以勾勒出世界气候历史的技术发展。这些技术包括采集冰盖的冰芯样本，以及衡量树木年轮的宽度。用这些代表性变量，科学家可以构建对过去气候、海平面、植物生长和大气中气体的估算。

从这种研究中得出的主要结论是，过去的气候与我们今天生活的气候有极大的不同。研究表明，地球经历了寒冷时期和温暖时期的交替过程。在一些时期，冰盖实际上覆盖了整个星球，而在另一些时间，地球的冰都融化了。许多巨大的气候变化是由地球轨道的变化引起的。为短期波动确定时间的理由仍然不明显，但我们知道，它们发生了。地球能源平衡的微小变化可以引起冰、植物、动物和生存条件的分布发生巨大变化。

第二个发现同样惊人，即我们的星球在最近大约 7 000 年间经历了罕见的稳定气候。有许多不同的方法可确定这一点，其中一种方法根据取自格陵兰岛的冰芯样本，计算了温度（参看图 10），这种重建以称为氘（重氢）的氢同位素的数量作为温度计。[1]

看看图 10 中表示的最近 7 000 年的情况（时间从右到左回

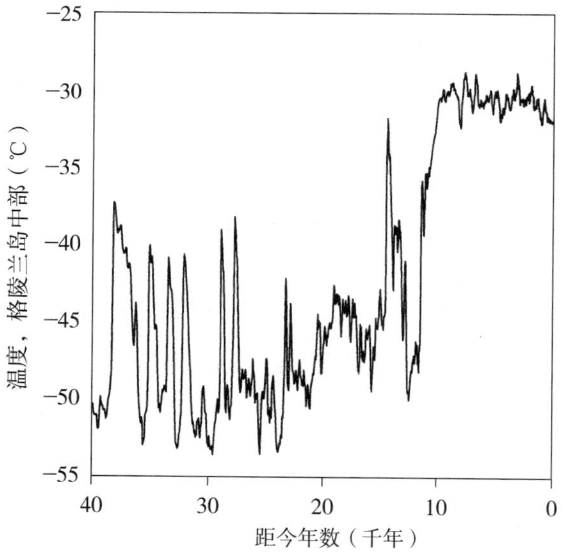

图 10　历史上格陵兰岛的替代性温度指标估计

[1]　替代性温度指标取自 GISP2 冰芯分析。数据来自 R. B. Alley，GISP2 Ice Core Temperature and Accumulation Data，IGBP PAGES/ World Data Center for Paleoclimatology Data Contribution Series #2004-013，NOAA/NGDC Paleoclimatology Program，Boulder，CO，2004，ftp://ftp.ncdc.noaa.gov/pub/data/paleo/icecore/greenland/summit/gisp2/isotopes/gisp2_temp_accum_alley2000.txt。

溯）。注意，在这个时期中温度多么稳定。与此相比，在此前 33 000 年看到剧烈的波动与冰期的退去。其他长期记录表明，在超过 10 万年中，最近 7 000 年是最稳定的气候时期。

这是一个重大的发现，因为这也是已经证明了的用文字记录语言、城市和人类文明出现的时期。气候稳定是农业和城市出现的前提条件吗？如果苏美尔人面对的是不稳定的气候系统，他们能第一个形成书写语言吗？如果城邦国家突然进入冰期，希腊能形成哲学和文学吗？我们并不知道，但许多人类学家认为，过去 7 000 年气候的稳定对人类社会演进做出了重要贡献，正如今天许多人知道的。

但未来几乎肯定将与过去 7 000 年不同。人口增加、经济扩张和新技术的 CO_2 后果正在影响地球的气候，并在很大程度上改变生态系统、土地使用，以及水流。大约在下一个世纪左右，人类的影响几乎肯定要把全球的温度推高到图 10 所表示的最高刻度以上。在这种情况下，我们也许会使地球系统超出人类文明发展与繁荣的生物物理极限。[1]

至此我主要讨论的是气候模型。但现在这个领域的前沿模型包括的因素远远超出了大气，它们把海洋、陆地生态系统和冰盖结合在一起。除了上文概述的大型模型，更为详细的模型考察了

[1] 这个概念取自 Johan Rockstrom et al.，“Planetary Boundaries：Exploring the Safe Operating Space for Humanity，” *Ecology and Society* 14，no.2（2009），www.ecologyandsociety.org/vol14/iss2/art32/。

大型冰盖的动态、飓风的起源、河川径流的形态及类似特点。所有这些研究加在一起，不仅有助于科学家了解温度的趋势，更助其了解降雨量、干旱、降雪量以及地球系统潜在的临界点，我们下面还要回到这个问题的讨论上。

独木舟会倾斜，气候也会

如果参看图 10 中表示的参差不齐的气候历史，你会想知道，为什么地球如此无规则地从寒冷时期进入温暖时期，并又反复？是地球处于某种危险的陡坡状态吗？我们就像冰冻的池塘上的滑冰者一样，如果不小心滑到薄冰上就会掉下去吗？

这是临界点的范围——考察气候变化会不会引发地球系统不稳定性的分析。当地球系统在其运行中经历了急剧的断裂时，临界点就来了。在我们的日常生活中，随处可见临界点。例如，如果你坐在一只独木舟上，并向一边倾斜，你最终就会触发临界点。独木舟会翻覆，并使你掉到水中。在不止一次这种令人难以对付的偶然事件中，我弄翻了一只独木舟——但在这里我是讲故事，因为结果并不是灾难性的。

金融专家也熟悉临界点。一个充分研究过的例子是银行破产现象，这是早期美国历史上特有的。如果太多的人对一家银行失去信心，他们就涌到银行，并企图取出他们的资金。由于正常情况下，银行只把它们存款的一小部分作为现金（或者在贵金属本位时代的金与银）持有，银行就不能满足所有的储户。一旦人们认为这家银行会破产，它就会自我实现预期。储户会在其他人之前涌到银行，以便取回他们的资金，结果其他人又竭力在他们跑去银行之前去挤兑，于是，银行很快会耗光现金。如果你看过 1946 年的电影《生活多美好》，你不仅可以娱乐一下，也会看到银幕上一家银行的破产经过。

许多年来，银行破产仅存在于经济史的课程中。但在 2007—2008 年金融危机中，它们又以电子传输的速度回来了。当债权人在 2008 年 3 月嗅到贝尔斯登投资银行，和在 2008 年 9 月嗅到雷曼兄弟公司将面临的麻烦时，他们在一夜之间就提取了几十亿美元。当不信任跨过关键门槛时，这些企业就在一周之内破产了，而且引起金融市场的恐慌，这种恐慌又引起自从 2008 年以来使美国备受折磨的深度经济衰退。类似的现象 2012 年出现在希腊，2013 年出现在塞浦路斯。当人们担心他们存在希腊或塞浦路斯的欧元会失去价值时，就提出他们的欧元，并放在安全的地方。

最近金融危机最重要的教训之一是，没有一个人了解金融系统有多脆弱，没有一个人预料到金融恐慌的经济代价有多深刻。当我们思考改变气候会触发的临界点时，我们应该留意这个教训。

用一个奇特的双底槽说明系统的倾斜

图 11 用一个在奇特的双底槽中的球来说明临界点。底槽的垂

直高度代表系统的健康状况。它可以是一家银行、一个生态系统或一个冰盖的高度。在（a）中，球以一种良好的或合意的均衡出发。然后有一种压力（气候系统中的变暖或者金融体系中的恐惧）推动槽的右侧下沉。如果压力是适度的，球只移动一点，而当压力停止时，它又滚回到出发的地方，即回到（a）。

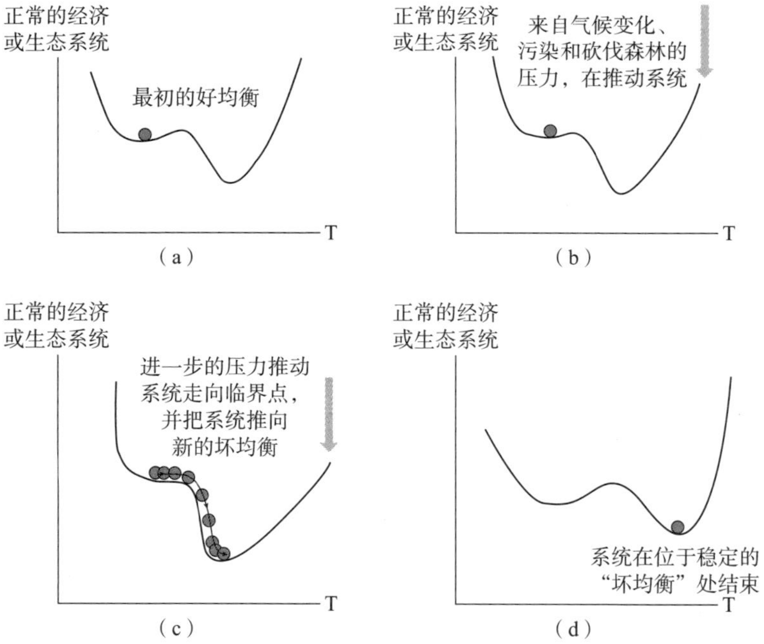

图 11
临界点：从一个良好的均衡变动到一个坏的均衡。双底槽说明压力如何缓慢地改变系统直至达到临界点，此后就是迅速而可能是灾难性的变化。注意，有两种均衡——一个好均衡（a），以及一个坏均衡（d）。

但是，如果压力大了一点，达到临界点，球会滚到第二道曲线的底部，如（c）所示。这种新位置是一种“坏均衡”，因为它有不合意的性质。坏的性质可能是破产的银行、核灾难或融化的冰帽。问题是，球停留在坏均衡上。一旦球处于坏均衡上，即使当时压力已经消除了，如（d）所示，球仍然处于坏均衡。这个系统就变成了局部稳定的多重均衡。[1]

是什么引起了这样奇特的表现？基本原因是对压力的非线性反应，正如弯曲的双底槽所表示的。当系统中存在一种非线性表现时，就存在临界点和坏均衡的可能性。

临界点有许多有趣的特点。开始时，它们往往有多种结果和均衡。例如，在倾斜的独木舟和银行破产的情况下，有好结果（坐在独木舟上，或者你的钱存在有偿还能力的银行中），以及坏结果（掉到水里，或者留下无价值的存款）。

第二个特点是，系统可能极快，且没有预见地翻入坏结果。的确，突然的气候变化有时也被定义为比诱因还要快得多出现的气候状态变化。[2] 著名的经济学家拉迪·多恩布什（Rudy Dornbusch）注意到，金融危机到来所需要的时间比你想的长得多，但然后它

[1] 感谢我在耶鲁大学的学生帮助我完成了这张图。

[2] 这是一个说明了突然气候变化的时间范围的有用定义：“技术上，当气候系统被迫跨过某个门槛时，突然的气候变化就出现了。它会引发向一种新状态的过渡，速度由气候系统本身决定，并比原因更快。”参看 National Academy of Sciences，*Abrupt Climate Change: Inevitable Surprises*（Washington，DC：National Academies Press，2002），14。我特别感谢 Richard Alley 在地球物理变化的范围内向我解释这许多现象。

们将比你想象的速度快得多出现。临界点和突发事件最危险的一个特点是它们无法被预见。[1]

危险的气候变化临界点

气候变化的倾斜独木舟是什么？我强调，正如金融危机一样，这种事件的准确时间和程度往往是不可能预见的。它们可能迅速而不可预知地出现——或者它们根本不会出现。

在那种背景下，有四个全球范围内的临界因素特别值得关注：

- 大规模冰盖的崩溃
- 大洋环流的大范围变化
- 变暖引起进一步变暖的反馈过程
- 变暖的长期加剧

[1] 多恩布什的妙语实际上是对临界点和数学上“灾难系统”的深刻观察。参看 Rudi Dornbusch and Stanley Fischer, “International Financial Crises,” CESIFO Working Paper No.926, Category 6: Monetary Policy and International Finance, March 2003。我们经常能预测危险的情况将出现，但我们不能预测灾难将发生的时间。这就是为什么独木舟翻了。如果独木舟倾斜的准确临界点容易被预测到，那么我们就可以避免。理解这一点的一个方法是回想一下，金融危机和突发性事件不同于其内在的不可预测性中的高潮。人们经常会事后宣布他们预测到 2007—2009 年的经济危机，但如果你认真地看，就会发现，他们大多数人正常预期的是并未发生的崩溃。保罗·萨缪尔森的评论抓住了这一点：“股票市场正确预期了最近五次衰退中的九次。”

第一个例子是，格陵兰岛和南极洲西部的主要冰盖突然融化或崩溃，引起海平面上升。这些事件对整个地球，特别是沿海社区会有不利的结果，沿海往往是大规模的人口中心。海平面可能在没有任何突发事件的情况下逐渐地上升。但许多专家宁愿相信，现在的冰山解体模型并没有完全掌握动态状况，而且海平面上升的出现会快得多。科学家在努力进行这些变化的模型编制工作，看来可能的情况是，在未来一些年中，会更好地了解冰盖融化的速度和范围。[1] 在下一编中我会更详细地讨论这个临界点。

第二个重要的异常是洋流的变化，特别是大西洋温盐环流，俗称墨西哥湾暖流（湾流）。如今，墨西哥湾暖流将表层的温暖海水带向北大西洋。因此，北大西洋地区就比它们的纬度所显示的要温暖得多。例如，苏格兰和俄罗斯远东的堪察加半岛在同一纬度上，但苏格兰的平均温度比堪察加暖和 12 ℃（22 ℉）。

尽管几千年来墨西哥湾暖流一直是稳定的，但似乎此前曾有大而迅速的变动，特别是在冰期。墨西哥湾暖流甚至有几次改变方向。当它不再使温暖的水流向北方时，墨西哥湾暖流的转向会引起北大西洋地区的温度急速下降。

---

[1] 相关证据的一个有用总结包含在 Jonathan T. Overpeck et al.,"Paleoclimatic Evidence for Future Ice-Sheet Instability and Rapid Sea-Level Rise," *Science* 311, no.5768（2006）: 1747—1750。一个例子是 14 600 年前海平面的极迅速上升，当时海平面每个世纪上升约 13 英尺，总计上升 50 英尺。原因还不了解，但涉及南极洲西部冰盖的不稳定状况。参看 Pierre Deschamps et al.,"Ice-Sheet Collapse and Sea-Level Rise at the Bølling Warming 14, 600 Years Ago," *Nature* 483（March 2012）: 559—564。

现在因为墨西哥湾暖流的温暖海水流向北方，在北大西洋地区释放出了热量，结果这些区域的人类和其他生物就有了快乐的日子。当水流向北方时，它冷却下来，并密度变大。在一些地方，变冷的高密度的水下沉，又仿佛在一个传送带上一样流回南方。

是什么引起了墨西哥湾暖流的流向转变？在一个变暖的世界里，传送带可能被打破。这种情况的出现是因为高纬度地区温度与（淡水）降雨量增加。这些变化会使表层水密度变小，因为盐水比淡水密度大。洋流下沉的过程被削弱，传送带的速度减慢——甚至会引起停滞和倒流。这个过程会导致北大西洋地区相对于世界其他地方变冷。

最近的研究表明，在下个世纪墨西哥湾暖流很可能弱化。但专家的评估表明，在下个世纪不可能发生突然的转变或崩溃。甚至在说明墨西哥湾暖流弱化的模型中，欧洲西北部各国会变暖，因为洋流放缓的冷却效应比全球变暖效应本身小。

第三个关注是气候、生物圈和碳循环之间正的或加强的反馈互动。标准气候模型的一些背景在这里是有用的。许多气候模型的实验考虑了一个既定的工业排放 CO_2 和其他 GHGs 的路径。CO_2 是通过不同的蓄积地逐渐散出的，包括大气、海洋和生物圈（可以理解为自然植被、农作物和土壤）。在标准的情景中，CO_2 的增加只来自燃烧化石燃料这样的人类活动。

变暖的气候和上升的 CO_2 浓度引起重要的反馈效应，它会强化工业排放增加的效应。一种反馈来自海洋。由于一些复杂的海洋化学反应，海洋摄取的 CO_2 将由于全球变暖而减少，而且海洋变得碳饱和。据估算，这种海洋—CO_2 反馈在 21 世纪会使大气中 CO_2 的浓度相对于没有反馈的情景，增加 20% 左右。[1]

更为加强的反馈是全球变暖对锁定的碳和甲烷（CH_4）的释放的影响。甲烷是一种强大的温室气体，它逐渐转化成稳定的化合物 CO_2。极其大量的甲烷以甲烷水合物的形式贮存起来，这就是冻结在冰晶体中的甲烷分子。大部分甲烷水合物保存在海洋的沉积物中，而另一部分大量的甲烷被冻在寒冷地区的永冻土层中。科学家认为，全球变暖将使得这两个来源释放出更多甲烷进入大气中，而这就会加剧全球变暖的过程；释放的时间仍然是一个有争论的问题。

第四个也是最后一个机制涉及气候对人类活动的中期和极长期反应之间的差别。今天的气候模型基本是为计算“快速反馈过程”设计的——包括 GHGs 浓度增加的直接影响，以及相关的迅速反馈，例如水蒸气、云和海冰的变化。这些变化按经济学家的标准衡量是缓慢的，因为它们发生在几百年间，而不是在几分钟或几个月里，但按地球科学家的标准，它们是很快的。

但是，可能还存在放大全球变暖效应的“缓慢反馈过程”。缓慢的过程包括冰盖瓦解、植被迁移，还有从土壤、冻土地带和海洋沉积物以及腐烂的植物中加速释放出 GHGs（例如，刚刚讨论过

---

[1] 参看 IPCC, Fourth Assessment Report, *Science*, Table 7.4, p.535，以及围绕它的讨论。

的冻结的甲烷）。例如，随着冰山与冰盖的融化，或者随着春雪更早融化，地球的颜色会加深，这会引起反照率（反射）降低，又进一步使地球变暖。

一些模型的计算表明，当缓慢的反馈过程被纳入计算时，气候的敏感度可能是现在这一组气候模型计算出的两倍。这就是说，对 CO_2 加倍的长期敏感度可能高达 6 ℃，而不是今天大多数模型发现的标准 3 ℃。[1]

这是一种极为可怕的预期，但它也被多个模型证明是正确的。此外，适用的时间跨度是从几百年到几千年。我们也许有时间去理解，并对这些缓慢的反馈过程作出反应，因此它没有第一次看到时那么惊人。对经济、排放和长期气候模型的认真编制是必要的，这样才能确定这些缓慢的反馈过程对气候政策的决策是多么关键。

以上讨论的四个全球范围的临界点容易被具体化和戏剧化。许多海洋科学家相信，一个不太戏剧化，但同样重要的临界点，已经过去了。CO_2 浓度上升与全球变暖的结合，会引起珊瑚礁的灾难性损失，并对依赖于它们生存的系统造成重大影响。

尽管珊瑚礁只代表了海洋的一小部分，但它们在向海洋中的生命提供营养方面极为重要。科学家估计，全球珊瑚礁的五分

[1] 这是 James Hansen et al.,“Target Atmospheric CO_2: Where Should Humanity Aim?”中提出的看法，*Open Atmospheric Science Journal* 2（2008）：217—231。

之一已经由于生长环境的破坏、污染、过度捕捞、变暖与海洋酸化而消失了。在未来几十年中，对珊瑚礁的主要威胁来自大气中 CO_2 上升引起的海洋中碳浓度的增加。这是一种海洋酸化的现象（在本书第 9 章中将详细讨论）。

在今天的 CO_2 浓度下，珊瑚礁很可能趋于长期减少。根据来自英国皇家学会一个科学家技术团队的一份报告，当 CO_2 浓度达到 450 ppm 时（这很可能在 30 年内出现），珊瑚礁“将由于温度引起的漂白和海洋酸化，在全世界范围内迅速并致命地减少”。[1]

这里有几个对地球体系临界点的总结。特别有趣的一点是，林顿（Lenton）和他的同事考察了重要的临界点，并强调了它们的时间。[2] 列出的包括以上给出的例子，加上季风的转向，巴西雨林的顶梢枯死，以及少数其他的现象。按他们的观点，最重要的临界点有一个门槛温度，其临界值为 3 ℃或以上（例如亚马逊雨林的破坏），或者有一个至少 300 年的时间范围（格陵兰岛的冰盖和南极洲西部的冰盖）。他们的评论没有找到全球温度增加至少 3 ℃，并且时间范围小于 300 年的关键临界因素。但是在 3 ℃时，

[1] 这个讨论根据了“The Coral Reef Crisis: Scientific Justification for Critical CO_2 Threshold Levels of < 350ppm,” Output of the technical working group meeting, Royal Society, London, July 6, 2009, www.carbonequity.info/PDFs/The-Coral-Reef-Crisis.pdf。

[2] Timothy M. Lenton et al., “Tipping Elements in the Earth’s Climate System,” *Nature* 105, no.6（2008）: 1786—1793.

我们已经遇到了对于几个重要临界因素的危险区域。这个结论是初步的，因为评估危险和临界事件的时间存在固有的困难。对追寻这一点有兴趣的人，在注释中可见详细的讨论。[1]

格陵兰冰盖潜在的融化

分析一个特定的临界点，即格陵兰冰盖（GIS），对阐明变化机制和为什么它们受到极大关注是有用的。这个讨论显示了气候科学在知识前沿正在应对什么。

GIS 覆盖了 170 万平方千米——大体上相当于西欧的规模。它是地球上第二大的冰盖，位列南极洲冰盖之后。它平均有 2 000 米

[1] 表 N-1 给出了一个详细的临界点和时间的列表。

表 N-1

临界因素	时间范围（年）	门槛温度值	关注水平（最值得关注 =***）	关 注
北极夏季海冰	10	+0.5—2 ℃	*	放大的变暖，生态系统
撒哈拉 / 萨赫勒地区及西非季风	10	+3—5 ℃	**	湿润时期
亚马逊雨林	50	+3—4 ℃	***	生物多样性的丧失
北方森林	50	+3—5 ℃	*	生物群落区转移
大西洋温盐环流	100	+3—5 ℃	**	地区性变冷
厄尔尼诺—南方涛动	100	+3—6 ℃	**	干旱
格陵兰冰盖	＞ 300	+1—2 ℃	***	海平面 +2—7 米
南极洲西部冰盖	＞ 300	+3—5 ℃	***	海平面 +5 米

（转下页）

（1.2 英里）厚。如果全部冰盖的总量都融化了——总共有 290 万立方千米或 75 亿亿加仑——它将引起全球海平面上升 7 米（23 英尺）。[1]

对 GIS 的测算表明，在 20 世纪大部分时间里它是稳定的，但在最近 20 年期间开始收缩。据估算，它每年的融化率是 0.75 毫米

（接上页）

主要的临界点按它们可能出现的时间范围排序。一个重要因素是临界点可能被触及的变暖值。注意，临界效应可能极为缓慢——可以说像慢动作——并不像独木舟倾斜那样马上出现。第一列包括了临界点的简单名单。一些以前解释过了，另一些一般不言自明。更为详细的描述将在以下给出。一些临界因素可以在极为近期内出现，例如大部分或所有北极夏季海冰的减少或消失。另一些会在一个世纪的时间范围内出现，例如大部分格陵兰岛与南极洲西部的冰盖。

第三列值得特别关注，并显示了临界效应发生的变暖值。注意，大多数临界因素值的范围较大。我们根本不知道，像冰盖这样重要临界因素过程的动态。第四列说明对每个因素的重要性的定性评估。星号的数量表示通过临界点所引起的关注水平。应该特别注意的是标注三个星号的因素。

下面是对每个临界因素的简单描述。从林顿所编的书《临界因素》中直接得出了大部分描述内容，做了简化编辑。（1）北极夏季的海冰：在夏季的几个月中，北极地区的冰消失了。（2）撒哈拉 / 萨赫勒和西非的季风：撒哈拉 / 萨赫勒地区降雨类型的变化会引起这个地区变绿。（3）亚马逊雨林：亚马逊雨林顶梢枯死，至少现在的一半面积变为季雨林、无树草原或者草地。（4）北方森林：北方（极北的针叶林）森林的顶梢枯死，其间全球北方森林将减少一半，并转为疏林地或草地，但也可能因气候变暖而向北迁移并扩大。（5）大西洋的温盐环流：大西洋经向翻转环流重组，这导致拉布拉多海的对流永久关闭，以及翻越格陵兰—苏格兰海脊的深海溢流剧减 80%。（6）厄尔尼诺—南方涛动（ENSO）：ENSO 转移意味着厄尔尼诺现象的条件出现。（7）格陵兰冰盖：格陵兰冰盖的融化导致其向另一种状态转变，即基本无冰。（8）南极洲西部冰盖：南极洲西部冰盖解体使这里成为群岛的不同状态。

以上讨论部分依据 Lenton et al.，"Tipping Elements." Updated and simplified in Katherine Richardson，Will Steffen，and Diana Liverman，eds.，*Climate Change: Global Risks，Challenges and Decisions*（New York：Cambridge University Press，2011），186。

[1] IPCC，Fourth Assessment Report，*Science*，p.342（冰盖的数据）。

（0.03 英寸）的海平面上升当量（SLRe）。最近的估算表明，在下个世纪，GIS 融化将继续小量地使海平面上升：一个关键估算是在温度迅速增加的情况下海平面上升 7 厘米（3 英寸）。更加详细的模型显示，极大的温度增加，例如图 9 中基线轨迹所反映的，会引起三个世纪内海平面上升 1.5 米（5 英尺），而且在随后 1 000 年上升 3 米（10 英尺），影响正来自 GIS 的融化。[1]

现在我们可以看清临界因素。全球变暖会引起 GIS 变暖、融化、收缩，以及高度下降。低纬度地区温度增加，因此，高于现在冰盖的小冰盖的顶部也变暖，而且这种更高温度也进一步加速融化。随着气候变暖，冰盖也会变黑，吸收更多阳光辐射，并进一步变暖。一旦冰盖在一个变暖的世界中跨过了某个门槛，大多数冰就会融化。

虽然这看似遥不可及，但一些科学家担心 GIS 是一个不稳定的系统，像图 11 中所表示的槽一样。还可能有两种不同的均衡——一种是冷的、白色的、高海拔的冰盖，另一种是出现温暖的、绿色的、低海拔和基本无冰的格陵兰岛。[2]

为什么对一个既定的温度有多种均衡预测？假定在变暖几百年之后，剩下的冰盖处于绿色的低海拔的均衡，然后地球又开始

[1] IPCC，Fourth Assessment Report，*Science*，Chapters 6 and 10.

[2] 一个研究发现了在现在冰量的 20%、60% 和 100% 时三种稳定的均衡。Alexander Robinson，Reinhard Calov，and Andrey Ganopolski，“Multistability and Critical Thresholds of the Greenland Ice Sheet，” *Nature Climate Change* 2（2012）：429—432.

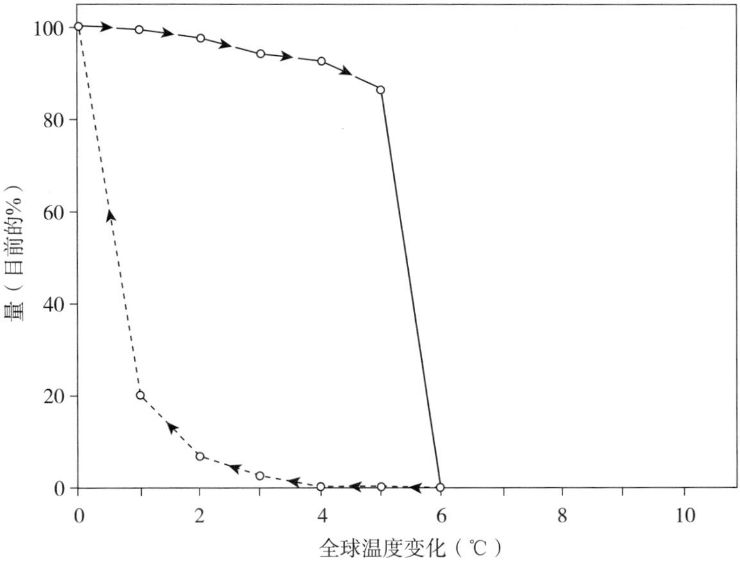

图 12

图解格陵兰冰盖的临界点。这个图所呈现的计算来自反映格陵兰冰盖对不同温度反应的 GRANTISM 模型。

变暖起来。但由于冰盖已变暖和变黑，它仍然处于低海拔的均衡。

如果出现这种类型的临界点，已变暖相当长时期的气候就会引起 GIS 不可逆转地融化，以及不可避免的大规模海平面上升。

图 12 用一个简单的冰盖模型说明，GIS 会如何从大型冰盖剧减为小型冰盖。[1] 图 12 给出两组线。上面的实线表示在不同全球温度时冰盖的均衡量，以今天的温度和冰盖为起点。你可以跟随

[1] Frank Pattyn, “GRANTISM: An Excel Model for Greenland and Antarctic Ice-Sheet Response to Climate Changes,” *Computers and Geosciences* (2006): 316—325.

上面的箭头观察变暖的顺序。如果全球温度变暖1度，GIS缩小约2%；变暖2 ℃时缩小4%；变暖3 ℃时，缩小15%左右。当全球变暖正好略高于5 ℃的门槛时，全球变暖、海拔降低、变黑和融化，这些不稳定动态都将进入一种向下的螺旋，因此在变暖6 ℃时，冰盖就完全融化了。换句话说，在某一个点上，均衡跳下陡峭的斜坡，引起新的急剧的规模缩小。如果这种跳跃很快发生，它就会在短期内使海平面上升几英尺。

有趣的是，这个模型揭示了“滞后回线”，或者可称为路径依赖。图12中骤降的较低的虚线表示另一组稳定的冰盖规模。从低海拔、变暖世界的状况出发，冰盖随着全球变暖作出不同反应。对这种情况，你可以参考较低的一组箭头显示的数据。假设全球开始时是变暖6 ℃或更多，只留下很小的冰盖。随着全球从比今天高6 ℃变冷为比今天高5 ℃，冰盖很难增加。的确，冰盖只有在温度下降到比今天高不到3 ℃时才开始恢复。甚至全球回到了高于今天1 ℃左右的温度，GIS也只能增加到它现有量的五分之一。最后，随着全球充分冷却，冰盖才能再达到它现在的规模。

图12是科学家担忧的不稳定类型的突出例子。当复杂的动态体系超过某个临界点时，它会进入完全不同的状态。状况类似于在超级慢的运动中倾斜的独木舟——但在全球范围内，影响要更可怕，并更重大。

我应该强调，虽然图12中的图形来自一个关于GIS的详尽计算机模型，但它是高度简化的。其他模型说明了不同的形式。科学家并不能确切知道，有没有像图 12 中的陡峭的斜坡，或者是否这个陡坡在 2 ℃或 4 ℃或 6 ℃，或者是否有许多陡坡和许多不同的实线与虚线。但是，值得担忧的发现是，在地球系统的不同领域，已经发现了图 11 和图 12 表示的离奇的临界状态。[1]

GIS 的例子说明了几点。第一，临界点分析所涉及的整个系统都是复杂的，因为它只涉及人们无法充分理解的动态和非线性反应。一般情况下我们并不能准确知道临界点在哪里，或者什么时候我们将越过它，或者我们能否经由足够大的努力绕过临界点，折回到好的均衡状态。如果我们用图 11 中的小双底槽的类比，我们就需要准确地知道槽的各边有多陡，槽斜得多厉害，以及第二个坏均衡有多深。事实是，我们不知道全球变暖涉及的任何主要临界因素的这些细节。

即使我们知道了地球系统的动态，进一步的困难是确定结果的严重性。这可以用持续的 GIS 和海平面上升的分析来证明。我们知道地球上大多数地方的海拔，并合理地估算了不同地方受今天海平面上升的威胁有多严重。

但了解量化的海平面上升对我们了解其经济和社会影响并没有多少帮助。要估计从现在起，200 或 300 年后海平面上升的结果是困难的，因为我们不知人们将生活在什么地方，或者如果他们

---

[1] 陡坡是一个极为典型的例子，说明一个有滞后行为的体系有多缓慢。“滞后”的意思是，结果是一种路径依赖。例如，如果你抓住一根枝条并捆住它，然后放开，最后的阶段是什么将取决于你是不是把它捆到折断的一点。

知道海平面正在上升，会不会采取适当的措施来保护自己的家园，或者人们将居住在哪一种房子。如果你认识到现代住房与 18 世纪住房的差别，你就会理解，要估算从现在起两三个世纪，像海平面上升这样的未来变化对人类社会将产生什么影响，是多么困难。（在第三编中会回到对海平面上升的评估。）

要评估其他临界点甚至更加困难。科学家可以估算北极海冰在夏季融化的范围和时间。但这种融化对商业、野生动物和生态圈的影响是难以衡量的。如果俄罗斯或者加拿大的北方港口 1 年只能通航 6 个月，这对它们意味着什么呢？同样令人困惑的问题包括亚马逊雨林或撒哈拉地区大规模变化的影响。我们可以假定任何变化都是不受欢迎的，因为人们已经适应了今天这样的世界。但这并无助于我们了解，如果撒哈拉变绿了，或者亚马逊雨林变成大草原，会有多严重。

对临界点的研究尚处于起步阶段。自从本书的初稿写成以来，科学家已经发现了新的潜在临界因素。我们可以采取措施减少跨越这些边界的机会，这部分包括在本书后面的讨论中。但要强调的主要问题是，在复杂的系统中潜在的危险中断可能出现。这对银行、结冰的池塘和全球气候过程都的确是正确的。当前的研究表明，如果地球变暖 3 ℃或更多的话，在下个世纪前后许多领域和地球系统都会受到威胁。

你可能在想，我是不是有点小题大做了。气候变化本就是地球历史的一部分，从恐龙生活的温暖时期到新英格兰处于冰山下的寒冷时期，都是如此。这一次真的不同了吗？

的确，过去也曾发生重大的气候变化，其中一些还极其迅速。在大约一万两千年前的所谓新仙女木时期，地球在几十年中显然经历了三分之一的冰期。换句话说，使北美洲大部分地区覆盖在巨大冰盖下的突然降温，有三分之一是在几十年间突然的气候变化中发生的。同样突然的气候变化也出现在更早时期，尽管原因还未被充分了解。

这一次情况有所不同，因为在下个世纪及以后，人类引起气候变化的速度加快。气候学家已经得出结论，在人类文明的进程中（大约最近 5 000 年），我们还未曾见证过这样速度与范围的气候变化。虽然在 20 世纪之前不久没有可靠的仪表温度记录，但替代性的记录可以从冰芯、树木年轮、古代植物花粉、地上的钻孔等来源中收集到。最好的猜测是，人们在未来一个世纪面临的全球气候变化的速度，是人类在过去 5000 年间经历的任何变动的 10 倍。因此，它在地质时间的范围或许不是空前，但在人类文明时代是空前的。

对气候变化的广泛概念的介绍到此为止。我们已经说明了，全球变暖的来源是经济增长与技术——特别是燃烧化石燃料给我们的社会提供动力。此外，我们也看到，大量看不见的 CO_2 这类温室气体如何改变了地球的能量平衡。气候科学家解释，这引起了许多可预测的变化，例如全球变暖、更高与更易变的降雨量、大陆中部地区的干旱、海洋的酸化，以及在地球两极的变暖加剧。

但我们也会遇到一些意外，而且其中有一些是糟糕的。也许北半球的冬天会变得更多雪。也许飓风会大大加剧，并改变它们的风暴路线。也许巨大的格陵兰冰盖会开始迅速地融化。也许南极洲西部边缘的冰盖会迅速瓦解，并滑入海洋。

本书以后的几编，将考察气候变化恶化并影响人类与自然系统时的结果，减缓气候变化的潜在举措，以及运用科学与经济学来综合分析旨在应对挑战的政策。

最后，我们也应该认识到，与气候变化相关的科学和政治学必须超越纯科学之上。它们涉及赢者与输者、负担分摊，以及讨价还价。由于这些问题需要政府的行动——特别是各国政府之间的合作——它们也引起人们对政府的适当作用与规模的根深蒂固的政治信念。而且，所有这一切都要取决于货币、以结果为导向的分析、政治行动委员会，以及游说团体的影响。气候变化不再仅仅是地球物理学和生态学的问题，它已经成为经济学和政治学的问题。因此正是在最后一编，我将考察围绕气候变化、对气候变化的批评，以及关注这个问题的公民应该如何看待相关争论的讨论。

PART 2

气候变化对人类和其他生命系统的影响

IMPACTS OF CLIMATE CHANGE ON HUMAN AND OTHER LIVING SYSTEMS

所有的证据表明，上帝其实是一个彻头彻尾的赌徒，而宇宙是一个巨大的赌场，骰子在此被掷下，而赌盘的每一次旋转都是偶然的。

——斯蒂芬·霍金

All the evidence shows that God was actually quite a gambler, and the universe is a great casino, where dice are thrown, and roulette wheels spin on every occasion.

—Stephen Hawking

第 6 章 |

从气候变化到其影响

本书第一编描述了科学家如何发现，我们改变了全球气候。我们的日常活动——开车，给屋子供暖，以及做比萨——引起了我们周围世界巨大而长期持续的变化。第二编将勾勒出这些变化对人类世界和自然系统的影响。

现在讨论的核心议题从确定地球物理变化，转到预期它们对人类和其他生命系统的影响。这个题目看来比气候科学的深奥物理学和化学容易，因为我们更熟悉它，但相反的情况才是正确的。在现实中，这个任务——预测影响——是最困难的，而且它在与全球变暖相关的所有过程中有最大的不确定性。

在关于影响的分析中出现的问题是什么呢？回到图 1，这个图显示了全球变暖、经济学与政治学之间的相互作用。讨论到现在，我们已经从图 1 的方框 1 转到了方框 2，从上升的温室气体浓度转到一系列的地球物理变化。

在第二编中我们将跟踪这些变化的后果。气候变化如何影响不同地区的经济与生存环境？食物会变得更昂贵吗？而且对自然界的后果是什么？生态系统会受到气候形态变化的破坏吗？一些物种会灭绝吗？当海水变酸时，会对海洋生物造成什么样的影响？

在了解关于气候变化有害影响的评估时，你很容易因为问题的范围不知所措。最近对这类影响的评估报告洋洋洒洒有 976 页之多。主要章节包括对淡水资源，生态学，食物、纤维物质和森林产品，海岸系统与低洼地区，工业、定居点和社会，以及人类健康的研究。报告讨论了世界上每一个地区潜在的问题，从热带非洲到冰封的南北两极。[1]

本书显然不能论述所有这些题目，但可以强调少数关键问题。大多数人想知道重要的影响是什么，以及它们相对于人类面临的其他问题有多大。如何把全球变暖跟金融危机、长期衰退与非洲贫困相提并论？而且在变暖的世界，关键自然系统的命运会如何？

下面几章将讨论气候变化的一些核心问题，同时指出作出预测的困难。第 7 章和第 8 章集中于对人类社会至关重要的两个议题：农业和健康。这两个问题的每一个，在关于气候变化的潜在影响的讨论中都是极重要的。它们具有共同的特点：在未来几十年中，每一个问题都会受到技术和社会迅速变化的影响。而且，在人类决策和技术日益重要的情况下，气候对这些部门所起的作

[1] 这些内容取自 IPCC 第四次评估报告《影响》的各章题目。

用可能持续减弱。因此讨论将强调气候变化的力量与人类适应的力量之间的竞赛。

在第 9 章到第 11 章中，讨论重点转向不太容易控制的领域：海平面上升、海洋酸化、飓风的加剧以及野生动物和生态系统所受的损失。这些是主要的问题，因为人类的适应，以及新技术在减缓或制止这些问题方面将更加困难。

然后我将汇总这些不同的问题，以总结气候变化的全面影响。

受控系统与未受控系统

理解气候变化影响的一个核心原则是区分受控的与未受控的系统。关于控制的思想起源于生态科学，但一般来说更适用于任何复杂的系统。

受控的系统是一种社会可借以采取措施，确保对一种资源的有效和可持续利用的系统。例如，农民可以引进灌溉系统使土壤保持适于葡萄树的水分。在另一个例子中，在亚利桑那州的沙漠中养奶牛成功了，这会让你惊讶万分。这些农民发现，在炎热的夏天，提供阴凉与冷却水的设计让牛群产量可观。一些系统由于有害的错误控制而受害。例如，如果人们为了得到燃料清除了红树林，这会引起养虾业的急速下滑，因为虾群在红树林中生长旺盛。

室内生活是受控系统的另一个例子。使用设计和控制良好的结构、设备以及监控方法，人类就可以改造室内结构，以使他们事实上能生活在从南极洲到热带，直至太空的每一种环境中。

与此对照，我们所说的未受控系统，运行基本上不受人类的干预。它之所以未受控，可能是因为人类选择不管它。一个例子是野生动物保护区。也可能它之所以未受控是因为系统太大，以至于人类不能控制。例如，在现有技术下，强烈的飓风和海平面上升就是不可控的。同样，人类不穿任何衣服在外面行走也是一个未受控环境的好例子，在大多数气候中，这都不是一个好想法。如果人类被迫不穿衣服、没有居所生活在室外，他们在这个星球的大部分地区都不能长期生存，这个事实说明了受控环境的重要性。

另一个例子——对全球变暖的影响特别重要——是受控与未受控经济之间的区别。一个生态系统是一套生命的有机体——微生物、真菌、植物和动物——以及它们在其中相互作用的物理环境。对人类最重要的生态系统之一是农业。一些农业类型是高度受控的。例如，液体培养法是在没有土壤的受控环境中用水和营养让植物生长的方法。液体培养设施在本质上是食物工厂。运用正确的材料与设计，这种生态系统就可以抵御热和冷，干旱和冰雹。

另一个极端是狩猎与食物采集的文明系统，这实际上是大约一万年前所有人类的活动。这种技术高度依靠于气候形态。实现受控的主要途径是砍伐森林、过度捕捞和过度狩猎等不当的控制方法。人类历史充满了衰落或消失的文明，因为它们依靠的是未受控的食物供给，后者由于干旱、寒冷时期或对本地资源的不良管理而枯竭。

关于以往社会如何衰落的有趣记述可见于贾雷德·戴蒙德（Jared Diamond）2005 年出版的《崩溃》(*Collapse*）一书。[1] 他历述了一系列人类社会的森林砍伐、土壤侵蚀、水管理失误、过度狩猎、过度捕捞的危险，这些人类社会包括维京人，复活节岛原住民，皮特克恩岛上的波利尼西亚人，北美洲的阿那萨齐族人，以及中美洲的玛雅人。从经济的角度看，衰落与崩溃是由于基础薄弱的经济结构，该系统严重依赖未受控或控制不当的系统，几乎没有可从其他地区获得食物的贸易联系。当大多数经济活动都基于当地狩猎和采集食物，而且食物供给由于气候与人类活动的相互作用而枯竭时，在这种系统中就没有什么恢复力，人口就必然迁移、衰落或毁灭。

生物有机体或人类社会有多种战略可以控制自己或其环境，以在面对冲击时提高恢复能力。一种战略是迁移，鸟和动物就可以通过迁移跟随它们的食物供给。人类所钟爱的另一种管理机制是开发可使自身适应当地条件的技术。人们建造房屋来取暖、降温和躲避暴风雨，他们还制造出控制环境的装置。很少物种在地球有生命以来的四十亿年间发生的所有冲击中生存下来，但值得注意的是，适应性战略如何使如此多的物种适应从温暖时期到冰

---

[1] Jared Diamond, *Collapse: How Societies Choose to Fail or Survive*（New York: Viking, 2005）.

天雪地的一系列气候。

我们需要认真区分未受控系统和不可控系统。飓风现在是未受控的，这部分因为它们是不可控的。但在未来随着技术进步，各国也会努力使飓风变弱，或转向危害较小的路径。实际上，在2008年比尔·盖茨就为他的一个应用申请了专利，即以技术减少飓风的强度。同样，气候变化最确定的结果之一海平面上升，也可能通过“播云”，或者甚至把水抽回南极洲最高点的某种神奇装置来有效控制。在一些极端情况下，有些人提出了用增加地球的反射性来抵消全球变暖的“地球工程学”（geoengineering）方法。第三编中将说明这些方法的潜力。人类主要的技术进步之一是控制微观环境的能力。人类通过使用肥料和灌溉提高了对农业的控制，通过循环利用木材及其他林产品提高了对森林的控制，通过新的鱼类养殖技术提高了对渔业的控制。某个团队甚至在一个工厂中生产出了汉堡包。许多人都不喜欢养殖的鱼、地下购物中心以及转基因生物，但这些技术应部分被视为对未受控系统的危险的一种反应。

控制人类事务方面最重要的例子是现代医学的进步。至少在两个世纪前，疾病与死亡往往被说成邪恶的精灵或神的惩罚。如果一个孩子在幼年时死了，其他孩子也难逃一劫。今天，医疗是美国经济中最大的部门，占美国经济总量的16%。我们身体的大部分是由复杂的生物机制驱动，从这个意义上说人的身体是自然性的，但我们可能会发现，在未来，身体将逐渐由制造的部件组成。所有这些看来像是神奇的科幻。但如果你想象一下，一位来自 1 000 年前的时间旅行者会如何看待现代世界，你就会得到一个直观的感觉，一个世纪后的人类社会会有多神奇。

为什么对于我们的主题，区分受控与未受控系统如此重要？这种区分有助于我们确定哪些气候领域是最需要关注的，与此对照，另一些领域中，人类有可能适应气候变化。

表 2 列出了主要领域，分为全面受控的、部分受控的以及未受控的（或不可控的）。[1] 大部分经济属于全面受控的领域，而且

表 2　从受控系统到未受控系统的光谱

全面受控的系统	部分受控的系统	未受控系统
大多数经济部门：	脆弱的经济部门：	飓风
制造业	农业	海平面上升
医疗	林业	野生动植物
大多数人类行为：	非市场系统：	海洋酸化
睡觉	沿海和海岸生态系统	
网上冲浪	野火	

[1] 表 2 中强调的领域与 IPCC 的报告略有不同，但由于一些在 IPCC 报告中确定的主要问题实际上是高度受控的，因此看来就不太可能受到长期关注。例如，对影响的许多研究涉及农业，农业的受控制程度日益增加，而且在经济与人类活动中的份额日益下降。同样，对健康后果的强调也是关于医疗体系的一种极为静态的观点（参看第 8 章）。几份报告还强调了迁移的有害影响，却没有考虑移民作为一种有价值的安全阀，减轻了来自受到收入或环境冲击地区的压力。这个清单主要取自 IPCC, *Climate Change 2007:Impacts, Adaptation, and Vulnerability*（Cambridge: Cambridge University Press, 2007），特别注意“决策者摘要”及关于生态系统的一章。

受气候变化的影响较小。在这个光谱的另一端，是现代技术下未受控或不可控的自然系统。本书的一个主题是，主要的关注来自未受控领域，而只要社会采用了合理的适应性政策，受控领域就只面临有限的风险。

天气与气候

在讨论不同部门所受的影响之前，我需要对关于影响的分析提出一个重要的警示。要把气候的影响与天气的影响区分开来。回忆一下，气候是温度、降雨量及其他变量，在几十年或者更长时期中，统计意义上的平均值和变动情况。天气是气候过程在短时间，在特定的一天或一年的具体实现。

在估计影响时，人们往往混淆了天气与气候。一个有说服力的证据说明，在美国，特别热的天气情况下农业产量减少了。但研究表明，小幅的气候变暖也许会使美国的农业产量增加。差别是，农民可以通过改变他们的管理活动，来适应变暖的气候，但在所有种植决策都作出以后，他们不能轻而易举地适应一场严重而没有预期到的夏天干旱。关于“天气灾害”的故事完全不能向我们揭示气候变化的影响。当然，洪水、飓风以及干旱这类天气灾害总是带来不利的影响。但我们需要知道，在变暖的世界，有没有更多天气灾害，以及人们能否为此做好准备。

这里的结论是，我们的分析需要注意对气候影响的考察，包括出现的适应情况，同时还要把这些与日常天气事件的背景变化区分开来。

对影响分析的概述

当我们考虑影响问题时，一般不涉及气候变化本身。地球表面平均温度本身并不比木星的表面温度更值得担心。确切地说，我们正在关注气候变化对物理与生物系统，以及人类社会的影响。这个中心点意味着，明智的政策取决于我们对气候变化影响不同人类与自然系统的途径的评估，一些是明显的，而一些是微妙的。

一个相关的要点涉及成本。一些研究减缓气候变化，或减少其有害影响的方式的经济学家和工程师得出结论，减缓全球变暖的措施须付出成本。换句话说，如果我们想减少 CO_2 的排放，以减少影响，就要使用成本更高的技术和政策，从而会减少真实收入。例如，我们可以通过改善汽车燃料的效率来降低 CO_2 的排放。当前的汽车技术的确可以提高燃料的效率，但同时它提高了汽车的成本。汽油—电力混合动力汽车减少了 20% 的 CO_2 排放，但电瓶和其他系统会使成本增加 3 000 美元。同样，建筑物的供暖和冷却的能源消耗也可以用更好的隔热降温来减少，但这需要对材料和安装的一些前期投资。我将在第三编中讨论这些问题，但基点是，为减少未来的气候损失而减少排放，就要求牺牲今天有价值的商品与服务。

第三个且相关的要点更加微妙。切合实际的全球变暖政策要求成本与收益之间的某种平衡。这意味着，在经济上合意的政策是以最优方式减排的政策——超过这种水平后，进一步减少的损失抵消不了增加的减排成本。如果我们关注极端的选项，这一点实际上相当直观。我们可以通过禁用今天的全部化石燃料来阻断全球变暖的进程。没有一个人支持这种政策，因为它的代价极其高昂（“毁灭经济”的方法）。在另一个极端，我们可以永远或者至少长期根本什么也不做。一些人实际上采取了这种立场，但在我看来，那个提议是一场轻率的赌博（“毁灭世界”的方法）。

通过思考这些极端，我们看到，好的政策应该在毁灭经济与毁灭世界之间的某个位置。关于如何衡量经济学与环境的竞争性需求的盛行观念，是本书后文要讨论的，但现在，基点是我们需要某种平衡。

我们通过某种谨慎的方式达到了成本与收益的平衡之后，最后要考虑的是，一个精准的政策目标是否会浮现出来。我称这种政策为“焦点政策”，因为它将是一种人们可以达成一致，并重点关注的清晰政策。某些地区有自然的焦点政策，例如，消除艾滋病、天花，金融崩溃，或者核战争。

应对气候变化，找到焦点政策目标也有着巨大的诱惑，因为这么做会惊人地简化分析与政策制定。如果能明确超过一个门槛就会出现重大的有害影响，那么确定一个既定的目标就是切合实际的。我们在第 5 章中对临界点的审视提出，当全球温度增加超过 3 ℃时就会遭遇严重的临界点。另一方面，国际会议已经达成一致，全球温度上升的最大极限目标是 2 ℃，而且一些科学家坚称，如果温度增加超过 1.5 ℃，危险的界限就将被突破。[1] 因此，一个核心的议题是，根据现有的知识，我们是否能为这些用以制定政策的焦点找到支撑。

---

[1] 一个详细的案例支持，见 J. Hansen, M. Sato, R. Ruedy, P. Kharecha, et al., "Dangerous Human-Made Interference with Climate: A GISS Model Study," *Atmospheric Chemistry and Physics* 7（2007）：2287—2312。气候科学家在此提出了极低的目标（比工业化前高 1.5 ℃左右）。

第 7 章 |

农业的命运

我们从农业开始对经济影响的审视。在所有主要部门中，农业是对气候最敏感的，从而也是最有可能感受到气候变化影响的。大多数植物在撒哈拉大沙漠中都活不好，而且我们自然也想知道，在变暖的世界，现在的多少农田将变成沙漠。进一步说，气候变化的其他影响也与农业相关。两种主要的健康影响——第 8 章中将讨论的营养不良和腹泻——通常是由食物不足和贫穷引起的。一些人担心气候变化对国家安全产生影响，因为干旱和食物短缺有可能导致冲突，并引起国际性的大规模移民。

但事实表明，气候变化和农业之间的联系比温度变化对农作物收成的简单效应更微妙。一个重要的因素是农业是严格受控的活动，特别是在技术先进、信息丰富的经济中。在第 6 章中，我讨论了关于控制的例子——灌溉体系何以抵消降雨量的变动，或者棚子何以保护牛不受沙漠烈日的折磨。人类控制农业体系的潜能提出了重要的问题：不同的社会将如何控制变化的气候？它们会采取甚至可能提高生产率的适应性措施吗？而且，此后一个世纪的农业技术会是什么样呢，因为转基因种子和新的信息系统不都在突飞猛进吗？

还有一系列问题涉及气候变化与经济增长之间的相互作用。在下一节，我们将看到，这种影响的程度关键取决于经济增长的速度，而经济增长的速度又将决定人类社会对农业的依赖程度。

经济增长、气候变化以及气候变化带来的损失

在讨论气候变化对农业的影响之前，重要的是理解气候变化与经济增长之间关系的两个中心点。气候变化的程度以及农业等部门所受损失的规模与严重性，将主要取决于下个世纪及以后经济增长的速度。但这种影响的另一面是，未来社会直面全球变暖的危害时，有可能比现在富裕得多。

看清这些联系的最好方法，是比较有经济增长与没有经济增长的两种未来。让我们用标准综合评估模型来考察气候变化和气候损失在每一种情景时的概况。

基线情景是用于预测没有减排或其他气候变化政策时的经济增长、排放与气候变化的情景。在全书中这个情景都将是标准的非政策基线。为了这个讨论，我依靠第 3 章中讨论过的耶鲁大学 DICE 模型。按基线轨迹，在以后几十年中，人均消费继续迅速增加。全球人均产量预期的增长是，21 世纪略低于每年 2%，到 22

世纪则低于每年 1%。在增长 200 年以后，按今天的标准，世界将是一个丰裕的地方：全球人均消费将是美国现在水平的 3 倍。基线情况下的迅速增长也引起全球温度迅速改变。这些增长预测完全符合第一编讨论的综合经济—气候模型（特别参看图 9）。[1]

现在对比一种没有经济增长情况下的标准路径。我用“没有增长”这个叫法，来表示没有新的或改进的产品或流程——没有全要素生产率的增长，按经济学家用的术语。在这种停滞状态（不现实，但对思考有用）中，社会将不再从最近几十年经历了迅速增长的电脑、医疗、电子产品和其他领域的持续进步中获益。技术奇迹的时代将结束于 iPhone 5。

图 13 用图形说明了两种情景。[2] 这些是模式化的情景，但对解释收入和气候变化的要点是有用的。图的上半部分说明有增长与没有增长的两种经济情景。它们显然有重大的不同。在没有增长的情景中，在 200 年以后全球人均消费为每人 1 万美元左右，刚好低于今天富裕国家的水平。在有增长的情景中，世界的人均消费增加

[1] 关于经济增长与气候变化的结论是所有综合评估模型的共识，并不专属于 RICE-DICE 模型。两个例子说明了这一点。在关于气候变化经济学的著名的《斯特恩报告》中——一般被认为极为悲观——预测的 21 世纪和 22 世纪平均产量的增长甚至比耶鲁大学 DICE 模型显示的更快。即使根据《斯特恩报告》所估算的损失，在这个时期平均生活水平也将增长至少 11 倍多。参看 Nicholas Stern，*The Economics of Climate Change: The Stern Review*（New York: Cambridge University Press，2007），Chapter 2。另一个例子是在 EMF-22 模型比较研究中所用的模型组（参看第一编中的讨论）。预计 2000—2100 年期间，人均 GDP 增长率平均为每年 1.7%。任意模型中任意地区的最低增长率是每年 0.7%（根据美国的 MESSAGE 模型）。低收入国家的平均增长率为每年 2.3%。

[2] 消费与气候数据来自耶鲁大学 RICE-2010 年模型。

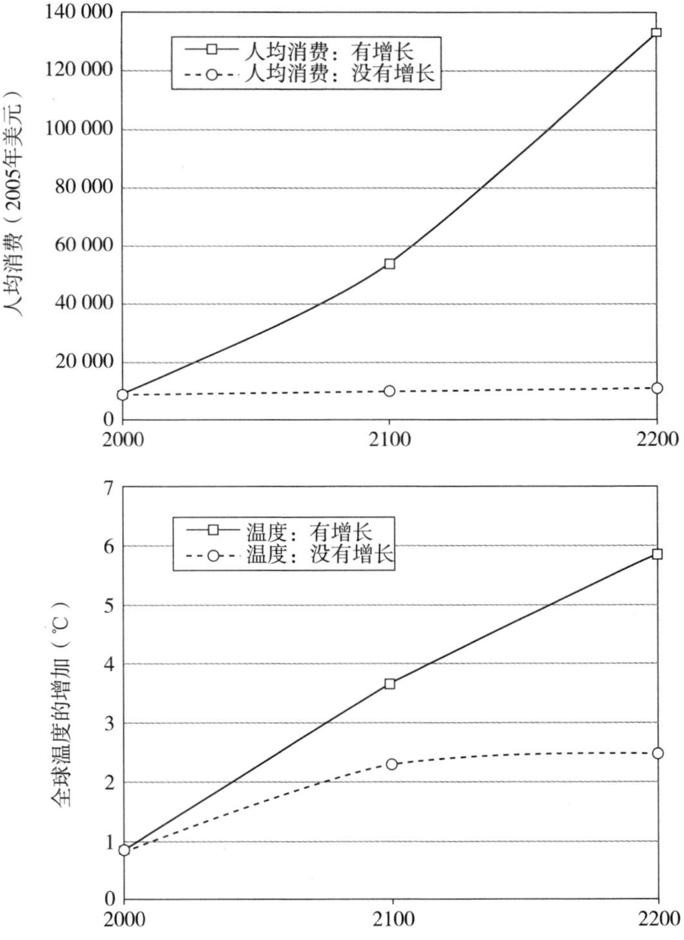

图 13

有经济增长与没有经济增长时的生活水平与气候的变化。这个图显示了两种可能的未来。一种是“没有增长”，它直接放弃了生产率增长。另一种显示大部分综合评估模型所建构的生产率增长预测。上半部分比较了人均消费的路径。(“人均消费”代表食物、住房、教育和其他项目的平均消费。) 下半部分显示没有任何气候政策时，有增长与没有增长的气候路径的差别。迅速的气候变化是没有减排政策时，迅速经济增长的不合意的副产品。

到超过人均 13 万美元。这像是一个幻想，但它是生活水平指数级增长的结果。[1]

现在看图 13 的下半部分，它显示了有增长与没有增长的情景之间变暖的差别。在有增长时，全球温度到 2100 年时增加 3.5 ℃左右，而到 22 世纪末增加 6 ℃。这是科学家的噩梦。

在没有增长的情景下，气候变化小得多。甚至在没有任何排放控制的情况下，在没有增长时，到 2200 年全球平均温度也仅提高 2.5 ℃左右。一些环保倡导者可能喜欢没有增长的情景——除非他们注意到，这些对几十亿在无限的未来陷入贫困和疾病的人们意味着什么。

这里的核心发现是，气候变化问题大体是没有减排时经济迅速增长的副产品。但持续生产率增长的情景也意味着，未来人们平均而言会更富裕——这又意味着，国家将能更好地承担减缓气候变化或适应其不利效应的措施。

这样我们有了一个悖论。没有减排政策的经济迅速增长，将引起迅速的气候变化，并导致实质性损失。缓慢的增长会令我们贫穷，但损失也减小了。然而，即使有实质性的气候变化损失，在有增长的世界，消费仍将比没有增长的世界多得多。甚至在减去了气候变

---

[1] 这是一个显示复利和增长的力量的好例子，我们在本书中将经常遇到。你可以经常用“70 规律”估算某种事物的增长。这个规律是指，当增长率为 x 时，在（70/x）年中它就会加倍。例如，如果人均产量每年增长 2%，它就会在 35 年中加倍。因此，这样继续增长 6 个 35 年，或者 210 年，就会增长（2 × 2 × 2 × 2 × 2 × 2)=64 倍。在 200 年的增长情景中增长 15.3 倍，实际增长率就是每年 1.37%。

化的损失之后，在有增长的世界，人们也将会有高得多的生活水平。

人们在未来更富裕的可能性绝非忽略今天的气候变化的借口。但也提醒我们，除了留给子孙后代恶化的气候，我们还将留下更有生产率的经济。如果你比较图 13 中显示的 2100 年或 2200 年两种经济情景的预期生活水平，你就可以看出，气候损失不能抵消未来生产率增长给我们的生活水平带来的进步。

难道从这个例子中我们应该得出的结论是，我们的问题是经济增长太快了吗？我们的目标应该是零经济增长吗？今天有少数人得出了这个结论。[1] 这就像因为牛奶酸了就要扔掉整个杂货店的东西。恰当的反应是，通过修复气候变化所涉及的有漏洞的经济外部性来控制市场失灵。扔掉发酸的牛奶，并修复有毛病的冰箱。理解如何做这些，将是我们在第三编与第四编的任务。

气候变化对农业的影响

几乎每天我们都读到全球饥荒、长达十年的干旱以及处于风险中的主要地区这类信息。例如,《纽约时报》发表的一篇长文章《变暖的星球为喂饱自己而奋斗》。在讲述了许多奇谈怪论之后，这篇文章得出结论：“过去十年的许多坏收成是天气灾害的结果，比如美国的洪水、澳大利亚的干旱以及欧洲与俄罗斯的极端热浪。

[1] 采取了这种路径的一个分析是 Herman Daly, ed., *Steady-State Economics*, 2nd ed.（Washington, DC: Island Press, 1991）。

科学家认为，这些事件中尽管不是全部，但有一些是由人类引起的全球变暖所导致或加剧的。”[1]

著名的《斯特恩报告》作出了更为悲观的预测：“收成的下降可能使数亿人口没有能力生产或购买足够的食物，特别是在世界最穷的地区……一旦温度增加 3 ℃，另外 2.5 亿至 5.5 亿人口可能会处于危险之中——超过了非洲和西亚的一半人口。”[2]

气候变化对农业的影响是影响分析中得到最认真研究的领域。这些景象准确地反映了现在的评估吗？值得看看 IPCC 第四次评估报告的总结，它提供了该领域专家所作的一份认真审视：

> 从全球来看，预计在本地平均温度增加 1—3 ℃时，食物生产潜力会增加，但超过这个水平时预计就要下降。预计干旱和洪水频率的增加对当地的农作物生产的影响是不利的，特别在低纬度地区只能维持生存的部门。改变耕作方法和耕种时间这类适应性措施，能使低、中到高纬度地区的作物产量在适度的变暖时，可以保持或超过基线收成。[3]

令人惊讶的是，这份科学证据的总结与公众的夸张反差如此强烈。农作物生产率或产量是每英亩耕地的产量，这里的发现是，

[1] Justin Gillis, “A Warming Planet Struggles to Feed Itself,” *New York Times*, June 4, 2011.

[2] Stern, *The Economics of Climate Change*, 85—86.

[3] IPCC, Fourth Assessment Report, *Impacts*, pp.10—11.

“适度的变暖”（一般指当地变暖 3 ℃及以下）在许多地区会使生产率增加。图 9 中的温度预测表明，直至本世纪最后 25 年，预期的温度增加仍然在适度的范围之内。

这些预测需要以气候与农业模型的不确定性为限制条件。而且显而易见，既有赢家又有输家。更令人担心的是，现有模型并没有纳入临界点的潜在影响，或者全球天气形式的重大变化。鉴于这些不确定性，美国玉米带变为撒哈拉沙漠的景象也只是宣传海报，而不是认真的学术研究的结果。

关于全球变暖对农业影响的不利评估依据两个主要因素。第一，气候变化可能引起气候变暖，以及随之世界上许多地区土地肥力下降，这些地方的气候已快不适于耕作了。我在耶鲁大学的同事罗伯特·曼德尔松（Robert Mendelsohn）的著作中提出，现在拉丁美洲、非洲和亚洲许多地方的气候已经比食物生产的最优温度还暖，而进一步变暖会减少这些地区的收成。[1]

第二个因素是，气候变化会引起对“水循环”，即为农业提供水源的体系的不利影响。不利影响的例子包括山峰积雪的减少，以及季节性河流径流的重大改变。这些趋势会减少灌溉用水的可利用率，并对农业生产率产生不良影响。这两个因素已通过结合水与作物模型的气候预测得到了广泛研究。

[1] 例如，参看 Robert Mendelsohn and Ariel Dinar，*Climate Change and Agriculture: An Economic Analysis of Global Impacts*，*Adaptation*，*and Distributional Effects*（London：Edward Elgar, 2009）；以及 Ariel Dinar，Robert Mendelsohn，R. Hassan，and J. Benhin，*Climate Change and Agriculture in Africa: Impact Assessment and Adaptation Strategies*（London：EarthScan，2008）。

适应与缓解因素

用于预测的水晶球，对于农业就如同对于其他领域一样模糊，但有几个因素可以减少气候变化的不利影响，包括碳肥、适应、贸易和在我们经济中农业份额的下降。对于农业，一个重要的缓解因素是碳肥。对许多植物来说，二氧化碳是一种肥料。CO_2 增加时，小麦、棉花和三叶苜蓿的产量——特别是在适当调整其他投入时——在田间试验中大幅度增加。对多领域研究的一个回顾发现，大气中 CO_2 的浓度翻一番，大米、小麦和大豆的产量会增加 10%—15%。玉米这类植物通过大家知道的 C_4 途径固定大气中的二氧化碳，预期在 CO_2 引起的产量中增加较少。关于 CO_2 施肥如何与其他压力相互作用还有许多问题。但康涅狄格州农业试验站前站长以及研究气候变化对农业影响的开拓者之一保罗·瓦格纳（Paul Waggoner）等专家得出结论，CO_2 施肥可以抵消更暖和更干燥状况的许多不利影响。

第二个重要的缓解因素是适应，这是描述我们所谓控制的另一个词。适应指人类或自然系统为回应环境条件变化进行的调整。预测收成大幅度下降的许多研究都未充分考虑适应。因此，在这个背景下正如在别处一样，了解适应是重要的。

在多种层次上都会出现适应。一些适应的出现未经人类的协助，例如，在对变化的气候作出反应时，一些物种迁移到更适宜的气候带。在农业中，我们通常认为最重要的适应是由农民实施的。

短期的适应包括调整播种与收获日期，改变种子和作物，以及改进施肥、耕作方法、谷物干燥及其他田间作业等生产技术。

长期而言，农民可以迁到新地区，并放弃贫瘠的地方，种抗旱与耐热的新种子品种，以及把土地另作他用。一个最重要的适应是利用更节水的灌溉体系。[1]

农业研究广泛地观察了有适应与没有适应的影响，而且，考察一个特殊的例子是有用的。图 14 显示了关于气候变化对低纬度地区（例如，印度和巴西）小麦产量影响的研究的综合分析，[2] 横轴表示低纬度地区的平均温度变化，纵轴表示小麦生产的产量变化（每英亩产量）。下面的虚线表示没有 CO_2 施肥或适应时的变暖的总体影响。上面的实线表示有 CO_2 施肥及某些其他适应时的变暖的总体影响。

在没有适应或 CO_2 施肥的情况下，在当地变暖 1.5 ℃左右时产量开始减少。但在有适应与 CO_2 施肥时，情况完全不同。低纬度地区在温度增加不超过 3 ℃时，有适应的小麦产量就是增加的。这就是本世纪晚期可以预期的气候变化。在变化超过 3 ℃时，产量开始减少，而在温度增加 5 ℃时产量会减少 30%。同样的全面研究发现，令低纬度地区的大米损益平衡的温度变化据估计是 4 ℃。变暖小于 4 ℃时，预计有适应的大米产量会增加。有必要补

[1] 关于农业中的适应的一个优秀研究是 Norman Rosenberg，“Adaptation of Agriculture to Climate Change，” *Climatic Change* 21，no.4（1992）：385—405。

[2] 作者根据 IPCC，*Climate Change 2007: Impacts*，*Adaptation*，*and Vulnerability*（Cambridge：Cambridge University Press, 2007），p.286 重新绘制。

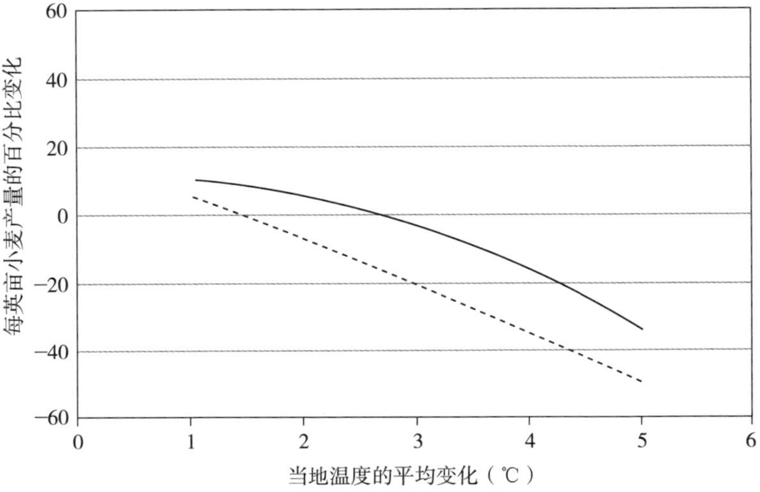

图 14

气候变化对低纬度地区小麦收成的预计影响。这两条线显示了从 50 种已发表的研究得出的结果，这些多地研究都将每英亩产量作为当地温度平均变化的函数。下面的线表示没有适应的反应，而上面的线表示有少量适应，包括 CO_2 施肥时的产量变化。

充一点，大多数研究在关于适应性的假设上是极为保守的，并且也许低估了在图 14 中适应曲线向上移动的潜力。[1]

影响气候变化所有方面的一个主要因素是技术变化。正如我

[1] 我们从图中可见，与不适应相比，适应增加了 20% 左右产量。除了大气中的 CO_2 增加的施肥效果，重要的适应还有什么？事实上，研究通常只考虑了相对有限的适应。通常都不包括改变作物或使用新的基因品种，并且也绝不包括把土地变为非农业用途的情况，此外，也不考虑能改善适应的技术变化。从经济的角度看，如果在几年中没有适应出现，是非常令人吃惊的，而且在多数研究中，所假设的适应数量也的确低于切实的预期。研究可能低估了在未来几十年中，农场有效受控情况下的实际适应范围。

们在本章前面说明的，它通过对经济增长的影响而影响排放。它也将影响我们以低成本减排的能力（参看第三编）。但是在这里，我们需要考察在决定食物价格中新技术和气候变化的相互作用。人们可能预期减少产量，从而提高食物价格的不利气候状况。用经济学术语表达，那将是供给曲线的一种不利移动。

农产品价格的趋势与前景是什么呢？图 15 显示了在最近半个世纪中美国真实农产品价格的趋势。[1] 这个指数表示所有农产品

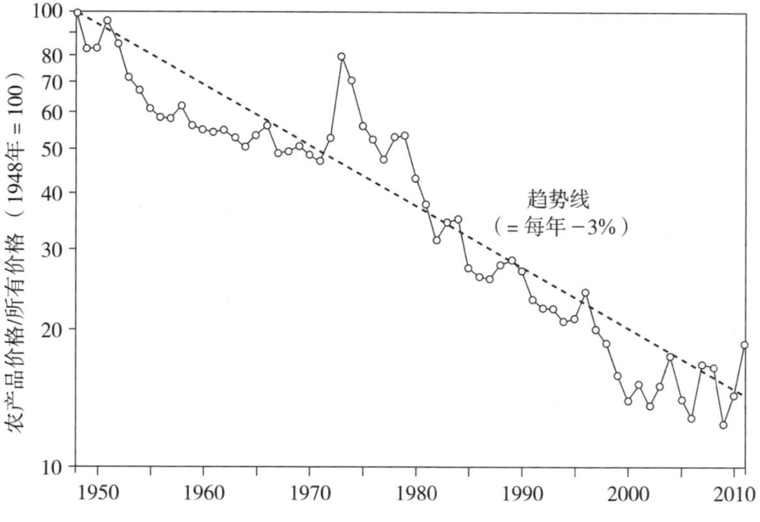

图 15

美国 1948—2011 年农产品价格的趋势。这个图显示了农产品价格相对于所有价格的变动。

[1] 数据来自 Bureau of Economic Analysis，Table 1.3.4，www.bea.gov，并涉及了农业部门中相对于整个 GDP 的增加值价格。

的价格与全经济范围价格的比率。农产品价格是农民得到的价格，而这是对气候变化最敏感的部门。（注意，农产品价格的变动不同于食品价格：消费者支付的食品价格包括其他因素，例如包装、运输以及零售利润，这些大部分不受气候变化影响，而且这些下游成本的变动也不同于农产品价格。）在过去几十年中，农产品价格以平均每年 3% 的比率下降。2011 年的真实农产品价格低于二战后价格的五分之一。农产品价格的长期下降是由该部门大规模的技术进步推动的。

但未来是什么样呢？我们没有水晶球可以告诉自己，过去食物价格下降的趋势将会持续，还是反转。也许更多使用生物燃料会提高对谷物的需求，并使食品价格上升（参看第 22 章）。但这里的问题是，全球变暖对农业产生不同影响。气候引起的食物短缺会使图 15 中显示的价格趋势向上倾斜。

研究提出了什么呢？IPCC 第四次报告中，对世界食物模型的一个评论显示了结果的范围。[1] 考虑到适应与国际贸易的研究普遍显示，相对于不超过 3 ℃的不变暖基线，变暖会降低全球食物价格。这些结果与图 14 显示的温度增加不超过 3 ℃时，农业产量会增加的研究发现，是一致的。因此，农业模型一个极重要的结论是，在未来几十年中，据估算全球变暖会降低而不是提高食物价格。

[1] 参看 IPCC, Fourth Assessment Report, *Impacts*, p.297。在 3 ℃时，两个模型显示食物价格上升 15% 左右，两个模型显示下降 10% 左右，而一个模型显示不变。

这就引出第三个缓解因素——国际贸易在农业中的作用。农业正日益成为一种市场活动，而不只是维持生存的活动。许多农产品都有全球市场。这意味着，一个地区受到的产量冲击可以通过全球市场来缓和。例如，假设堪萨斯州的小麦产量由于气候变化减少了 10%。麻省理工学院（MIT）的经济学家约翰·瑞利（John Reilly）等学者的计算表明，实际上这对食品价格或消费者没有影响，因为世界其他地方的小麦和其他作物的生产会基本填补这个缺口。[1]

最后一个缓解因素是，农业在经济和劳动力中所占的份额一直在下降。大多数人知道美国农业部门有多小后十分惊讶。1929 年农业在 GDP 中占比 10% 左右，至 2010 年下降到不足 1%。这种趋势在全世界都可以看到。在东亚这种下降趋势最突出，在那里，农业的份额从 1962 年的 40% 下降到 2008 年的 12%。在撒哈拉沙漠以南的非洲，农业只占经济的 13%，而且份额仍在急剧下降。工作从乡村农场转移到以工业和服务业为基础的城市，是经济发展过程最重要又最普遍的特征之一。[2]

如果这种趋势继续下去，气候变化对农业的冲击带给许多其他地区的经济的影响也就会很小，并不断下降了——就如今日美国

---

[1] 推理如下。2008 年世界小麦产量为 6.8 亿吨，其中有 1 000 万吨来自堪萨斯。如果堪萨斯小麦产量减少 10%，据估算价格将上升 0.5%。这只会使小麦产品的价格上升不到 0.1%。

[2] 美国的数据来自 Bureau of Economic Analysis，NIPA Table1.3.5（www.bea.gov）。各国的数据来自 World Bank，World Development Indicators，http://data.worldbank.org/data-catalog/world-development-indicators。

的情况。面对农业冲击的脆弱性下降是一个关键点。农业下降的份额意味着，农业冲击对人们收入和支出的影响也会随份额下降而减少。感觉是直接的。假定你把 20% 的收入支出于住房，并把 4% 的收入支出于食品。现在假设，每一种的费用都增加了 25%（由于气候或其他因素的冲击）。要保持同样的住房消费，你必须减少你的非住房消费 5（$=0.25\times20$）%，而要保持你的食品消费，只要减少你的非食品消费 1（$=0.25\times4$）%。因此，随着你的预算中某个项目的份额下降，价格冲击对真实收入的影响也会大体上成比例地减少。

我们可以用农业在美国经济中的实际份额来说明这一点。如果我们回到 20 世纪 30 年代或 40 年代，对农产品价格的 25% 冲击就会减少消费者 2% 左右的真实收入，因为农产品构成了消费者预算的一个很大份额。但是，随着农业在经济活动中的重要性下降，在 20 世纪 90 年代和 21 世纪头十年，对农产品价格的同样 25% 冲击只会减少 0.3% 的消费者收入。因此，虽然食物仍对我们的健康和幸福至关重要，经济可以在没有重大的福祉损失的情况下，吸收对农业部门的很大部分冲击。[1]

---

[1] 计算假设，消费者福祉在农产品与非农产品中是一个对数—线性效用函数。效用函数中的份额用 GDP 中的农产品总份额来校准（来自 Bureau of Economic Analysis, NIPA Table 1.3.5）。食品价格包括了相当多的非农产品投入，并且是一个较大的份额。这个模型假设，原料食品的价格弹性是 −1。如果假设的弹性变小，那么冲击的规模与下降的程度就成比例增大。

我用了大量篇幅来讨论农业，不仅因为它是对气候最敏感的行业，而且因为它说明了气候变化与适应性行为之间的激烈争夺。专家在气候变化对农业的影响上分歧严重，因为显而易见，强大的力量在不同方向上起作用。的确，农业生产率在本质上是高度地方化的和不同质的。的确，影响主要取决于当地气候状况，以及土壤、管理实践和市场的可获得性。的确，某些地区将经历更暖与更干旱的状况。因此，一些地区无疑要受到严重的影响，特别是在适应性有限的情况下。

但适应性力量也是非常强大的。在许多地区，农业技术有了极大的进步。20 世纪，农产品价格一直在下降，而且大多数经济中农业的份额也一直在缩小。农产品在世界市场上的销售日益增加，因此，地方性气候变化对消费的影响将被市场力量和适应所缓和。而且，人们可以，也确实会从本地产业遭受严重冲击的地区向外转移，特别是在较长时期中。最重要的是，社会在面对变化的状况时，能够作出许多适应。

但是，虽然研究表明在下半个世纪左右农业所受的影响将很小，我们也应该在整体上关注更长期的情况。在气候赌场上的欠者赔率将由于更为广泛的气候变化而变得日益不利，特别是当全球温度增加超过 3 ℃时。在长期中，由于不受限制的 CO_2 积累及随之而来的变化，预测变得越来越不确定，而且临界点的风险也增加了，例如，季风形态的变化或者洋流的重要变动。

这里总的判断是什么呢？最有利的证据是，气候变化经由农业对整个经济福祉的经济影响在未来几十年很小。随着各国的发展以及劳动力从农业部门迁出，影响会下降。在长期中，前景是较为模糊的，特别是气候变化不受限制的情况下。如果全球温度急剧上升，降雨量形态的变化以及突变更可能对食品生产造成实质性影响。

第 8 章 | 对人类健康的影响

全球变暖的一个可怕影响是人类健康可能遭受的重大冲击。令人担忧的问题包括营养不良、热应激、空气污染，以及疟疾等热带疾病的传播。[1]《斯特恩报告》提出了以下严肃的警告："只要全球温度增加到高于工业化前［水平］的 1 ℃，气候变化引起的每年死亡人数就会加倍，最少达到三十万人……在更高的温度时，死亡率将急剧增加，例如，每年会有另外几百万人死于营养不良。"[2]

---

[1] IPCC 关于这个主题的总结是："对关系人类健康并与气候变化相关的暴露进行预估得到的趋势，将会加剧营养不良和随之而来的身体机能失调，其中一些将影响儿童成长与发育；增加受死亡、疾病和热浪损伤、洪水、风暴、火灾和干旱折磨的人数；继续改变一些传染病媒介的范围；对疟疾有混合的影响；在一些地方传播范围将缩小，而在另一些地方传播范围会扩大而传播季节可能改变；增加腹泻病的负担；增加心肺病的发病率以及与地面臭氧相关的死亡率；增加有感染登革热风险的人数；也给健康带来一些好处，如死于寒冷的人少了，尽管世界范围温度上升的负面影响预计更大，特别是在发展中国家。"IPCC，Fourth Assessment Report，*Impacts,* p.393.

[2] Nicholas Stern，*The Economics of Climate Change: The Stern Review*（New York：Cambridge University Press，2007），89.

这一切听起来都是极其严重的。但是，正如对农业一样，我们需要认真地审视这些预测所根据的假设，并考察减缓因素与适应。在这种估算中包含的经济增长假设是什么呢？与全世界健康改善的背景相比，健康所受的影响有多大呢？最重要的是，这种影响将如何被经济增长和进步的医疗技术所缓解呢？

全球变暖对人类健康的潜在影响

估算气候变化对健康的影响是另一个困难的任务。它要求根据地区和年份估算气候变化。它还要求针对不同疾病估算变动的气候状况对健康的影响。这具有挑战性，因为在这些变化持续发生的未来世界，收入、医疗技术和健康状况都在迅速进步。我在这一章中要简述某些估算，但必须强调的是，这些充其量是有根据的猜测，而且，健康结果的范围从无到严重都有可能。

对健康所受影响的最详细的评估是由世界卫生组织（WHO）的健康和气候科学家团队进行的一个研究。[1] 他们的报告分析了健康影响得以出现的两种机制。第一种是由于热浪、污染和洪水，人们承受的日益增加的环境压力的直接影响。第二种是由于全球变暖可能降低生活水平，增加疟疾这样一些传染病的传播范围，以及加剧营养不良和腹泻失调，从而出现的间接影响。

[1] 方法论的详细讨论包括在 Anthony J. McMichael et al., *Climate Change and Human Health: Risks and Responses*（Geneva：World Health Organization，2003）。

研究团队从考察不同疾病与气候状况之间关系的证据开始。然后他们估算了由于气候变化而增加的患病风险。通过汇总这些估算，他们预测了气候变化引起的总体健康风险。

更准确地说，他们是从估算没有变暖的情景中不同地区的健康状况出发；然后他们采用了从气候模型中得出的一个标准变暖情景，并得出对健康状态的新估算；然后通过这两种情景之间的差别来估算全球变暖在一个特定年份的影响。[1] 这个团队确定了三个主要关注领域：营养不良（由于收入不足），腹泻病（由于糟糕的卫生设备和保健制度），以及疟疾（由于疟疾地区的扩大）。

这个报告使用了一种公共健康研究中的有趣创新——伤残调整寿命年（DALY）的概念。[2]DALY 衡量不同的疾病引起的健康寿命损失年。它考虑了两个因素：寿命损失年数，以及健康寿命损失年的部分。例如，一个还有 10 年预期寿命的 70 岁老人由于心力衰竭死去，这就失去了 10 个 DALY。如果一个年轻的坦桑尼

---

[1] 所提出的数字细节如下：根据低适应与无限制的排放情景估算。WHO 研究中的温度假设，符合第一编中评论过的经济模型中对 2050 年左右的排放与温度预测，因此，我一般将它们视为 2050 年的影响。影响范围（低、中、高）得到呈现，而且，我在对其他情况的一些讨论中提出了高的情况。这些估算根据了 2004 年的人口与死亡率，但假设在半个世纪内，收入有某种程度的增长。

[2] 全球疾病负担的估算采用DALY 的概念，参看 Christopher J. L. Murray and Alan D. Lopez，*Global Health Statistics*（Cambridge，MA：Harvard School of Public Health，1996）。DALY 的数据已由世界卫生组织公布，并可以在 www.who.int/healthinfo/global_burden_disease/estimates_regional/en/index.html. 上找到。一些学者偏爱 QALYs，这是质量调整寿命年，但公共健康专家一般集中在 DALYs 上，部分是因为健康的“质量”层面十分难以衡量。

亚姑娘感染了疟疾，她的预期寿命减少了 33 岁左右，因此这就代表失去了 33 个 DALYS。[1]

此外，如果某个人没有处于完全健康状态，就被视为有伤残，这也进入 DALY 的计算。例如，如果某个人由于河盲（医学术语：盘尾丝虫病）而失明了，这种症候就相当于一例死亡的 62%。耳聋计算为一例死亡的三分之一。尽管在总体思路上努力避免死亡和疾病很明智，但这种方法争议仍然极大。

用于估算气候变化对人类健康影响的技术是具挑战性的，而且不可能没有批评。因此，我提供了对这些估算的详细观察，特别是对腹泻病。这一节比大多数其他节更具技术性，那些希望得知概况的读者可以跳过去，但它将为对细节感兴趣的读者提供分析上的困难的背景。

现在还没有关于气候变化对腹泻病影响的全球性研究，因此这个团队不得不整合自己的方法。这个研究假设，对年人均收入超过 6 000 美元的国家，不存在不利影响。继而又假设，低收入国家的腹泻发病率按高估算为每上升 1 ℃增加 10%，低估算为 0。这些估算基于在秘鲁和斐济的有限研究，但更为普遍的研究无法得到。而且，研究假设，在这个门槛以下，收入和医疗技术的进步并没有降低人们面对这些疾病的脆弱性。

---

[1] Guy Hutton et al., "Cost-Effectiveness of Malaria Intermittent Preventive Treatment in Infants (IPTi) in Mozambique and the United Republic of Tanzania," *Bulletin of the World Health Organization* 87, no. 2 (2009): 123—129.

表 3　全球变暖对健康的预估影响，2050 年

因气候变化增加的风险	总量	腹泻病	疟疾	营养不良
	每 1 000 人中的伤残调整寿命年			
非洲	14.91	6.99	7.13	0.80
高收入国家	0.02	0.02	0.00	0.00
作为基线死亡率百分比的增加的风险	总量	腹泻病	疟疾	营养不良
	气候变化损失在所有损失中的百分比（%）			
非洲	2.92	1.37	1.40	0.16
高收入国家	0.01	0.01	0.00	0.00

表 3 显示了，用 WHO 团队的相对风险估算得出的 21 世纪中期，由气候变化引起的健康损失的一组简化结果。他们估算了气候变化引起的 DALYs（伤残调整寿命年）损失，这里显示了两个不同地区。注意，这种估算是针对健康影响的上限。对这个表，我们只展示了两个地区，非洲和高收入国家。我展示这两个地区是因为它们是预估影响的两个极端，并有助于得出一个对全面影响与趋势的评估。[1]

表 3 的上半部分显示了三种最重要疾病的每一种引起的预

[1]　作者的计算依据了来自 Anthony J. McMichael et al., *Climate Change and Human Health* 的数据。

估DALYs。第一行指非洲。对这个表，我采用了WHO对健康影响估算的上限，以便不至于低估影响。下限是零影响。我采用WHO的温度估算，标记为2050年。根据他们的估算，气候变化将引起非洲每1 000个人中总共增加15个DALYs的损失。换个说法，人均寿命将缩短0.015岁，或者约5天。腹泻病和疟疾分别占了非洲健康风险的一半左右。现在看表3下半部分的非洲，又是在第一行。这以那年的基线死亡率百分比或者预估死亡的形式显示了气候变化的影响。同样也显示了总量和这三种特别重要疾病的情况。在非洲，气候变化引起的总预估损失构成所有疾病引起的DALYs损失总量的几乎3%。因此，对气候变化的上限影响的估算是健康风险有少量增加（而且，要记得，下限估算是0）。

下面再看看对发达国家（主要包括美国、西欧和日本）的估算。这里所估算的健康风险，即使在最高风险的情况下，也是微不足道的，约占DALYs总损失的0.01%左右。低影响的原因主要是高收入和良好的公共医疗结构，部分因为温带气候。

如果我们看看世界整体，会发现增加的健康风险主要源于非洲与东南亚。对于北美和西欧的发达地区，增加的健康风险极小。其他地区，例如拉丁美洲，介于两者之间。

腹泻病构成气候变化引起的全球健康风险的一半左右，疟疾和营养不良占比分别为四分之一左右。注意表3没有包括许多其他健康风险，例如洪水、其他热带疾病以及热应激，但根据WHO

研究团体的估算，其他小病的总量要小得多。关于所有地区和全球的结果请见注释中的表格。[1]

经济发展背景下的健康风险

在这个领域奋斗多年后，我把这种影响分析视为一种“逐屋战斗”。它需要针对零碎的数据和模糊的未来趋势作艰苦的专注分析。没有哪个领域比描绘未来健康影响更具风险。健康是人民福祉和经济业绩的关键。医疗是全球经济中一个庞大且不断增长的部分，而且随着知识、药物、设备和信息技术改变这个部门，而迅速变化。

近年来贫穷国家的健康状况迅速改善。例如可注意 1980 年人均收入低于 2 000 美元的 60 个国家。在这些国家，最近 30 年间预

[1] 为了准备估算，我采用了 McMichael et al., *Climate Change and Human Health* 中的相对风险上限的估算，所估算的每一个主要来源都是针对 2030 年提出的，并把它们运用于 Anthony J. McMichael et al., *Climate Change and Human Health: Risks and Responses*（Geneva：World Health Organization，2003）中针对 2004 年所引用的 WHO 数据的基线死亡风险。温度估算来自耶鲁大学 RICE-2010 年基线，它与 McMichael 等的书中的气候假设在 2050 年达到同样的温度水平，因此我们也把它归为“2050 年影响”。存在一些不一致，因为研究使用了关于 GDP 增长的不同假设。对这三种疾病中的每一种，我们都用了“未减排”情景时的最高反应。注意，对健康影响有两种估算。第一种提供了一个零影响的估算，而第二种是“中等范围”估算。最上限的估算是中等范围的两倍。反之，如果我们用两个来源的估算的平均值，数字就会接近于这里所显示的一半。对所有地区的估算见于表 N-2（来自 WHO 的研究以及 Christopher J. L. Murray and Alan D. Lopez, *Global Health Statistics*［Cambridge, MA：Harvard School of Public Health, 1996］）。 （转下页）

期寿命增加了 14 岁。而且，健康状况的改善显然与收入提高相关。经济研究显示，人均收入增加百分之十，预期寿命将增加 0.3 年。

如果要评估贫穷国家中对健康的主要威胁，它们主要不是由于气候变化，而是艾滋病。在津巴布韦、博茨瓦纳、赞比亚和南非等国家，其他领域的健康改善被艾滋病传播的影响淹没了，在影响最严重的地区，艾滋病使预期寿命减少了 20 岁。[1]

（接上页）

表 N-2

因气候变化增加的风险	总量	腹泻病	疟疾	营养不良
	每 1 000 人中的伤残调整寿命年			
非洲	14.91	6.99	7.13	0.80
东地中海地区	1.06	0.61	0.06	0.39
拉丁美洲	0.26	0.24	0.03	0.00
东南亚	4.53	2.34	0.02	2.18
西太平洋地区	0.35	0.27	0.08	0.00
北美与西欧	0.02	0.02	0.00	0.00
全球平均值	3.09	1.56	0.85	0.69
作为基线死亡率百分比的增加的风险	总量	腹泻病	疟疾	营养不良
	气候变化损失在所有损失中的百分比（%）			
非洲	2.92	1.37	1.40	0.16
东地中海地区	0.61	0.35	0.04	0.22
拉丁美洲	0.16	0.14	0.02	0.00
东南亚	1.71	0.88	0.01	0.82
西太平洋地区	0.23	0.18	0.05	0.00
北美与西欧	0.01	0.01	0.00	0.00
全球平均值	1.31	0.66	0.36	0.29

[1] 预期寿命数据来自世界银行，世界发展指标。

表 3 中显示的气候变化引起的健康风险可以在发展中国家全面健康改善的背景下接受评估。可以把撒哈拉沙漠以南的非洲作为一个例子。这个地区在最近 40 年间预期寿命增加了 10 岁左右。表 3 中显示的气候变化引起的健康损失上限是，在下一个 40 年间人均预期寿命减少 1 岁左右。这意味着，气候变化导致的健康风险，相当于历史比率下 4 年左右的健康改善的损失。在其他地区，估算的损失要少许多。[1] 而且，正如在下一节中讨论的，这些健康影响反映的是不现实的假设，可能被夸大了。

适应与缓解因素

表 3 中的数字可能高估了健康影响，因为它们并没有考虑到医疗技术进步与收入提高。首先，它们只假设了对温度增加和相关健康负担的最低适应性。例如，我们预期人们随着收入增加，会通过空调这类手段，来使自己的建筑物和生活方式适应更高的温度。你可以认为这利弊并存。

一个关于印度空调使用急剧增长的报道，指向了驱动空调引起的电力需求和 CO_2 排放增长。这种增长的能源需求的确是以上分析的情景中 CO_2 排放增长和迅速变暖的一个核心因素。同时，我们不应该忘记，空调增进了人类的福祉——它在像印度和中国这

[1] 计算结果由作者得出。

样迅速增长国家的炎热地区使人们的住房凉爽，并使他们更健康，更有生产力。

但是，WHO 的分析假设在热应激面前根本没有适应。同样，也没有做出适应来与变暖导致的潜在疟疾传播进行斗争，尽管随着收入提高可以获得更广泛的适应性选择。此外，对营养不良增加的预测，与第 7 章中对相对稳定的收成和下降的农产品价格的评估也不一致。

更为普遍的层面，WHO 的健康分析没有考虑到医疗和预期寿命的重大进步，由于收入增加，这已经出现而且预期还会持续下去。正如我们在上一节所见，收入与预期寿命之间存在着强有力的历史关系：越富裕，越健康。国家有了更高收入，就可以改善公共医疗服务和其他与健康相关的基础设施，而且家庭也有更多的资源用于医疗。更高的收入可以担负起更多的医生和护士，更多的诊所，和更高的教育水平，而这一切都是对更好健康的有力贡献。而且，两者互为因果，因为更好的健康也会加速增长。

看看表 3 这两组国家所受影响的差别就可以明白这一点。表的下半部显示，非洲国家因气候变化遭受的健康损失在以 DALY 概念衡量的所有损失中占 3% 左右。与此相比，高收入国家的损失是微不足道的。中等收入国家的预计损失（参看上一节注释中的表 N-2）远远小于非洲国家。在某种程度上，穷国增长迅速，它们未来所受的影响可能会更像中等收入国家，甚至富裕国家。

但穷国的增长速度真的能快到超过气候变化带来的不利健康

影响吗？我们并不能确定，但在气候预测中暗含了这个假设。综合评估模型的平均预测是，在2000—2100年期间，印度的人均GDP将增加到现在的几乎40倍。到下个世纪末，低收入地区的收入预计将接近于今天的高收入地区。而且关键的是回忆一下，这种迅速的经济增长本来就是引起变暖的情景（参看图9）的一个主要特征。

由于这一点如此重要，我们看看腹泻病这种重要案例的细节，这种病几乎构成了非洲所受的健康影响的一半。回忆一下，WHO的研究假设，腹泻病只会影响年人均收入低于6 000美元的国家。我回过来审视构成DICE模型基础的预测，这包括了对撒哈拉沙漠以南非洲的一组地区性估算。把这些与详细的地区性数据结合在一起，这个模型就估算出在近期与未来的收入低于6 000美元门槛的非洲人口比例。在2000年有超过90%的人口低于这个门槛，但模型的预测指出，到21世纪中期只有一半左右的人低于这个门槛。到这个世纪末，据预测只有不到10%的非洲人口低于6 000美元门槛。[1]

虽然这些只是估算，但它们的优点是，与用于预测温度增加的综合评估模型的假设一致。因此，对气候—健康情景中的营养不良和相关疾病增长的预测，有悖于对引起排放（正是它导致迅

[1] 这个估算用了详细的地区人口与收入估算，并根据了GEcon数据集在1°×1°分辨率时的人口与人均GDP。它假设每一格中的收入都按在RICE-2010年模型中撒哈拉以南非洲地区的平均数增长。有2 597个观察值。GEcon数据库可以在gecon.yale.edu.上找到。

速变暖）的收入增长的预测。

疟疾的预计发病率提供了 WHO 研究中的悲观偏见的另一个例子。IPCC 第四次评估报告指出，到 2100 年，非洲的疟疾发病率将增加 16%—28%。[1] 这个比例略高于表 3 中的估算。但是，这些估算假设，未来不会有社会经济方面的适应。这种假设与公共健康研究人员的观点是矛盾的，他们认为贫穷对疟疾的发生有实质性推动。随着收入提高，人们会从蚊虫滋生的乡村迁到城市。更高的收入也使人们可以花钱买“杀虫剂浸泡蚊帐”，治疗肾病以及买防疟疾药。[2] 而且，如果下个世纪的医疗研究能带来更经济的疟疾疫苗或治疗方法，那么，这个预测就是完全错误的。我们可以怀疑比尔·盖茨减少飓风强度的专利（参看第 6 章），但的确应该严肃地看待盖茨基金会旨在消灭疟疾的项目。

这些例子表明，气候变化的许多严重健康影响，在收入迅速增加的世界上有可能可控和受控。WHO 和 IPCC 的报告这类预测的局限性突显了在未来经济——实际上引起气候变化情景的经济——的背景下评估影响的重要性，而不是仅仅根据当前的经济状况作出预测。

此外，这种讨论说明了当考虑到气候变化影响时，关于受

---

[1] IPCC, Fourth Assessment Report, *Impacts*, p.409. 这是许多说法中的一种，其中有一些是不一致的。

[2] Robert W. Snow and Judy A. Omumbo, “Malaria,” in *Disease and Mortality in Sub-Saharan Africa*, 2nd ed., ed. D. T. Jamison et al.（Washington, DC: World Bank, 2006）, Chapter 14.

控系统的更为普遍的观点。医疗是所有人类体系中最密切受控的系统之一。对于可能由于气候变化而恶化的疟疾和其他疾病，我们预期政府会采取举措，通过研究、预防措施和治疗计划来减少脆弱性。这种分析与最近几十年的疟疾发生趋势是一致的。根据 WHO 的统计，在从 2000 年到 2010 年的最近十年中人均死亡风险下降了 33%。[1]

关于健康影响的总结类似于上一章对农业的总结。在展望未来时，我们必须记住，随着收入增加，人类社会把越来越多的资源用于保护自己的生命与财产免受环境状况影响。在人类活动的所有领域——有适应能力的住房、风暴预警系统、更多和受到更好训练的医生和护士，以及得到改善的公共健康基础设施——这都是正确的。永远不能保证这种趋势会持续下去，或者它总是成功的，或者意外不会偶尔击破防卫。因此，虽然排除气候变化对人类健康的不利影响是鲁莽的，但对于市场经济而言，脆弱的程度看来非常不同于将在第 9 章中开始讨论的未受控系统。

[1] 参看 World Health Organization，*World Malaria Report 2011*（Geneva：WHO Press, 2011）。

第9章 | 对海洋的危害

前两章论述的农业与健康属于全面受控的系统。虽然这些领域所受的影响可能是不利的，特别是对它们的控制不好时，但风险还是在正常时期所经历的经济冲击范围之内。全面的分析超出了本书的范围，那还要加上其他受控的或可控的部门，例如国家安全、森林、渔业、建筑以及能源生产。但是，关于全球变暖的忧虑在其他地方——在日益受控，并隔绝于不利的环境条件的经济部门之外。

在下面几章我将转向四个最严重，而且不可控的威胁：海平面上升（SLR）、海洋酸化、飓风的加剧以及生态系统的丧失。与以前讨论的临界点一起，这些议题是在未来几十年中真正最值得关注的领域。这些领域中正在发生作用的力量最不可控，其影响可能被证明特别危险，而且适应的障碍也可能最难克服。

上升的海平面

我们对气候变化的不可控影响的分析，从观察对海洋的影响开始，而这又从 SLR（海平面上升）开始。对政策的挑战之一是 SLR 如此之慢。对农业和健康的影响可能较快到来，但海平面是在许多个世纪里缓慢上升的，因为海洋中存在热惯量，而且巨大冰盖的融化很慢。时间的延长带来特殊的挑战，因为它们要求我们构想我们的自然景观和社会在遥远未来的面貌，并在今天采取在本世纪之后才产生大部分成效的举措。

模糊的望远镜：构想未来的社会

当我是一个孩子时，我爱高倍望远镜。我曾经买过一个广告说有 20 倍的廉价望远镜。当我得到它时，我失望了。虽然我可以看到远处的桑迪亚峰，但它模糊而失真。

我称这为模糊望远镜问题。在目前背景下，我们探索越是遥远的未来的经济、社会和政治估算时，事情就越是模糊和不确定。因此，在开始对 SLR 的实质性讨论之前，我要暂停下来考虑模糊望远镜问题。这引起了分析气候变化影响的严重困难，因为这要求我们考虑，气候变化对已经演变了几十年甚至几百年的人类社会的影响。

为了理解这个任务的困难，想象一下 1910 年左右你的家乡，并思考从那时以来的所有变化。我的家乡阿尔布开克刚刚有第一条铁路。美国还没有中央银行，没有所得税，而且也没有飞机。最先进的计算工具是门罗计算器，每秒钟它可以完成 3 次运算，我现在用的电脑与之相比要快 1 万亿倍。美国的工资是约每小时 19 美分。社会网络建立在邻里间的闲言碎语之上。

看看 1910 年的地图。欧洲在三个现在已经消失的政权控制之下：奥斯曼帝国、沙俄帝国和奥匈帝国。实际上整个非洲大陆分为比利时、法国、英国和德国控制的殖民地。原子核的模型还没有被了解。科学家并不知道，性状如何从父母传给孩子。

你可以看到，尝试预测全球变暖对 2110 年世界的影响的任务多么使人沮丧。在模型主要依靠基本物理学定律的领域内，我们可以合理地确定我们的估算。例如，如果我们对我们关于温度的预测有信心，那么海洋的热膨胀所引起的 SLR 就是直截了当的。而且实际上我们看到关于这种影响的物理模型有高度的一致性。[1]

在光谱的另一端，是高度取决于未来经济和社会结构的潜在影响。我们的城市将是什么样？我们如何运送人和物品？我们将吃什么生物工程食物？会发明出什么可怕的武器呢？电脑会负责从监控到金融市场的每一件事吗？

---

[1] 参看第 15 章。关于气候模型之间差异的图示，参看 IPCC，Fourth Assessment Report，*Science*，p.812，Figure 10.31。对 A1B 情景的海洋热膨胀的估算值范围是，到 2100 年达到 14—38 厘米。我猜测，范围过宽是由于温度轨迹的差别。

环境移民的情况

在有巨大不同的世界上预测影响的挑战，可以用“环境移民”来说明，它在许多气候变化的讨论中都占重要地位。一份报告说：“从现在到2050年之间，除非采取强有力的预防性行动，否则气候变化将推动全球离乡背井人数达到至少10亿。”[1]另一份报告声明：“更多的贫穷，更多的被迫迁移，更高的失业。这些情况成为极端主义者和恐怖主义者的温床。”[2]

在现实中，我们实际上对全球变暖带给未来人类移民的影响一无所知。考虑一下，我们为了预测未来一个世纪的移民，需要理解的一些问题。我们需要知道主要国家的国境、人口以及人均收入。欧盟和欧元区的边界将是什么？甚至会不会有欧元区？（我怀疑在一个世纪中会有清晰可辨的欧元区，但我留给未来的读者来提供最新的答案。）非洲的经济与政治结构会是怎样？运输成本会不会大幅降低，也许用私人飞机就可以刹那间越过边界？假想的虚拟社会网络装置“脑书”，它产生的虚拟现实逼真到人们不关心自己生活在什么地方，它对移民的影响会是什么？

此外，我们需要猜测未来的移民政策以及实施这些政策的

---

[1] Christian Aid, *Human Tide: The Real Migration Crisis*, May 2007, www.christianaid.org.uk/images/human-tide.pdf.

[2] Center for Naval Analyses, *National Security and the Threat of Climate Change* (Alexandria, VA: CNA Corporation, 2007), www.cna.org/nationalsecurity/climate/.

技术。边境上的漏洞比今天更多，还是更少？会有哪一种个人身份识别系统呢？电子检测和监控会不会特别先进，以至于先进的水陆空综合无人机将巡视边境，并准备用某种目前未知的手段攻击越境者，这种武器如此可怕，以至于甚至郊狼对越境也犹豫不定？

也许我们可以努力回答这些问题。但即使这样，我们的工作也仅仅做了一半。回想一下，人们移民主要是为了改善经济命运。因此，我们需要衡量全球变暖对未来各国收入的影响，并推断这些收入变动对移民趋势的影响。为了现实一些，我们也许可以对全球变暖对今日世界、收入、边境和技术的影响进行估算。但这些因素可能在下个世纪剧烈改变。因此，我们在关于中远期的未来全球变暖对移民的影响的任何评估中，必须极为谨慎。

环境移民体现了预测气候影响的困难。人类社会和经济是全面受控的体系。如果气候变化增加了暴露在热浪之下的风险，或者面对海平面上升的脆弱性，我们可以预期，社会会采取举措，通过空调和海岸政策来减少脆弱性。而且，如果大多数国家都继续改善技术和生活水平，我们就可以预期，大多数穷国（今天它们很难承担这些投资）就会不断增加抵御气候极值的能力，像今天迈阿密和鹿特丹所做的一样。虽然没有一个经济学定律可以保证历史趋势会持续下去，但看来有可能穷国将跟随富国的路径，并保护自己的人民和社会抵御环境的压力。

这里的教训是，如果我们简单地将预估的气候变化强加给当前社会，我们就有可能高估经济影响。如果考虑气候变化在 21 世纪后期的影响，可以看出两个主要趋势——即使是通过模糊的望远镜。第一个是，在引起危险气候变化的情景中，大多数国家将比它们现在富裕得多。显而易见，我们不应该假设非洲国家的收入将可以与今日的北美相比，但也不能假设，还有大量横跨荒野放牧的游牧人。

第二个，经济发展的规律之一是，社会能日益保护它们的人口抵御各种不利的冲击。我们在公共与私人保健、农业冲击、环境灾难和退化以及暴力事件等领域中看到这一点。我们可以预期，适应未来气候变化的危害，将增加到现代国家的这份任务清单上。

海平面上升与海岸系统

在未来几十年及几百年中，值得关注的一个主要问题是，SLR 对海岸系统和靠近海岸的人类居住地的影响。我从科学背景和预测开始，然后讨论潜在的影响。

自从末次冰期以来，海平面的长期变动是显著的。大约在 2 万年前，地球达到了盛冰期。在那时，全球的温度要比今天冷 4—5 ℃。海平面比现在低 120 米（400 英尺）左右。如果你站在今天的佛罗里达东海岸，海平面就低于地平线 100 米。

海平面上升有两个主要成分：热膨胀与陆地上冰的融化。热膨胀的出现是因为不同温度、盐度和压力水平引起的水的密度的变化。平均而言，随着海洋变暖，它们将扩大，从而提高了海平面。对 SLR 的这一部分已有充分了解，并可以准确地做成模型。

自从末次冰期以来，海洋在缓慢上升。目前的估算是，SLR 速度是每年接近 3 毫米（0.1 英寸）。根据标准的气候变化预测，到 2100 年，热膨胀将提高海平面 0.2 米（8 英寸）。这只略微快于 20 世纪的 SLR 速度。[1]

SLR 的另一个主要组成部分是来自冰川和冰盖的融冰，但这里的估算是十分不确定的。科学家最担心的是大量的水锁定在三个主要冰盖上。第一个是格陵兰冰盖，它有相当于 SLR 的 7 米（23 英尺）的冰。这意味着，如果格陵兰岛的冰盖完全融化了，海平面将上升 7 米左右。第二个担忧是南极洲西部的冰盖，它拥有的水量相当于 SLR 的 5 米（16 英尺）。南极洲冰盖的其他部分还有远为大量的冰，但那里的冰既严寒又有坚实的基础，以至于看来几百年中融化的风险并不大。

第 5 章讨论了与格陵兰冰盖融化相关的过程与可能的临界点。根据这个领域专家的看法，冰帽的模型编制是极为困难的。最近的估算是，融化的冰川和冰帽到 2100 年对 SLR 的贡献是 0.2 米（8 英寸）。其他预测用了统计技术，并得出更大的估算值，但这些

[1] 对 SLR 的现有估算来自多个来源。关于陆上的冰的影响，最近的研究显示约为每年 1.5 mm，而对热膨胀的估算是每年 0.5 mm 左右。图 16 中显示了 RICE 与 IPCC 情景的比较。这些估算从 IPCC 第四次评估报告中得出，*Science*；第 5 章与第 10 章，用最近的估算更新。对 21 世纪的估算是针对 IPCC-SRES 情景 A1B，表 10.7，同上，参看第 820 页。针对 B2 情景发现了类似的结果。模型中热膨胀的范围是在一个世纪中 0.12 至 0.32 米。

并没有被冰盖建模确认。[1] 这个数字表明，陆地上的冰与热膨胀对 SLR 的贡献相当。但应该强调的是，这是一个科学研究活跃的领域，我们必须准备面对未来“不可避免的意外”。[2]

正如我上文强调的，气候研究的主要目的是把经济与环境预测结合起来。这对于 SLR 也适用。但标准的 SLR 情景是与经济隔离的，反之亦然。

综合的经济—SLR 模型会如何表现呢？为了说明这个问题，我用 DICE 模型来预测，在未来几百年中气候变化对不同情景的影响。这个模型包括了 SLR 的所有来源，尽管冰帽的动态是极其不确定的。预测与标准的海洋—气候模型一致，但此外还与经济和排放模型相联系。[3]

针对这次运用，我们可以注意两个不同的排放轨迹。一个情景是用基线（无限制的）排放。我在前几章中讨论了基线的概念。第二个模型贯穿了关于全球温度增加将限于在 1900 年水平上增加 2 ℃的假设。这个目标是《哥本哈根协议》所认可的，并将在以后

---

[1] 一份广泛引用的研究显示了更快的 SLR 估算值，见 Stefan Rahmstorf, “Sea-Level Rise：A Semi-Empirical Approach to Projecting Future Sea-Level Rise,” *Science* 315（2007）：368–370。我曾试图重新估算方程式并发现，它们在统计上是不可靠的。温度系数有一个 P 值为 0.26。对 21 世纪 SLR 的预测误差接近 ±2 米。有个讨论收于 William D. Nordhaus, “Alternative Policies and Sea-Level Rise in the Rice-2009 Model,” Cowles Foundation Discussion Paper No.1716, August 2009。2013 年的进一步估算显示了比以前估算更大的误差。

[2] 这句话是美国国家科学院一个委员会的一份报告的惊人题目，*Abrupt Climate Change: Inevitable Surprises*（Washington，DC：National Academies Press，2002）。

[3] RICE-2011 年模型预测到 2100 年 SLR 为 0.73 米。这是现在模型的高点，但仍略低于 Rahmstorf 的预测："Sea-Level Rise," n.89。

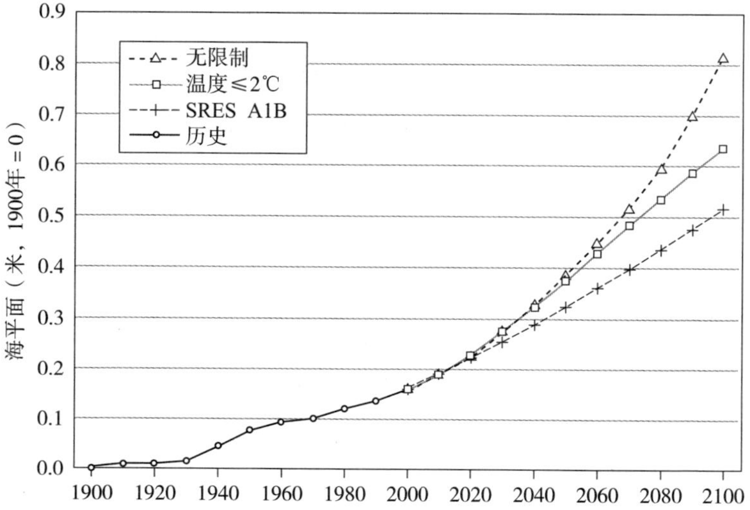

图 16

无排放限制和有温度限制情景的海平面上升的历史与预测，1900—2100 年。该图显示了历史情况；以及针对下个世纪，两个 DICE 模型的预测（无限制的排放与全球温度的 2 ℃增加上限）与无限制排放下的 IPCC 模型预测平均数的比较。注意，即使有雄心勃勃的限制变暖的政策，SLR 也将是大幅度的。

各章得到进一步分析。

图 16 和图 17 显示了 DICE 模型针对两种政策的预测，以及与这种预期最接近的相关 IPCC 走势（IPCC SRES 情景的 A1B）。图 16 显示了上个世纪全球海平面的历史情况加 21 世纪的三个情景。[1] 针对无限制排放的 DICE 模型对 SLR 的估算值，比可比较

[1] 这些估算是由作者提供的，依据了耶鲁 G-Econ 数据库，它形成了全世界面积、人口和产量的数据集。参看 Yale University，"Geographically Based Economic Data（G-Econ），" http://gecon.yale.edu。

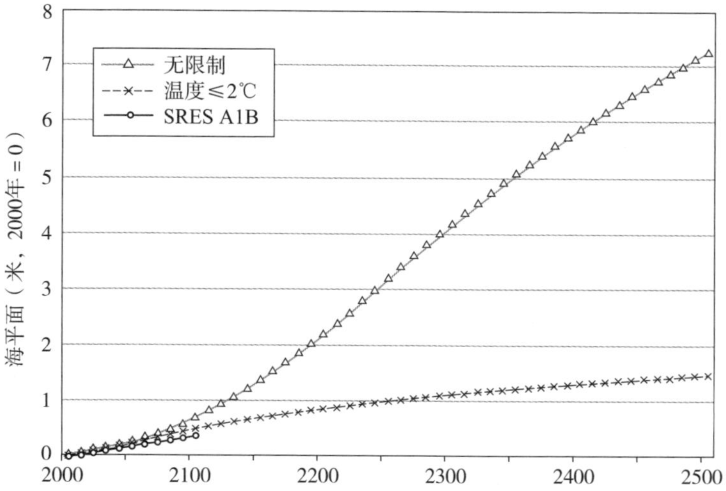

图 17

无排放限制和有温度限制情景的相对于 2000 年的海平面。这个图显示了根据 DICE 模型对未来 500 年中海平面的预测。注意，即使在强有力气候变化政策的情况下，由于海洋反应的惯性，预测 SLR 也将是大幅度的。

的 IPCC 气候情景更高。这个结果的出现是因为，DICE 模型包括了所有冰盖，并使用了相比大多数模型对温度增加的敏感度更高的参数。

注意在下面几十年，不同模型和情景间只有很小的差别。在这个世纪前几十年中不同轨迹之间的相似性，表明了许多地球系统的巨大惯性，这是气候变化一个反复出现的话题。

图 17 显示了对以后 500 年的预测。这里的不确定性甚至比图 16 中还大，因为冰盖反应的模型编制是困难的，但这些预测与现

在的气候估算是一致的。[1]这些清醒的预测表明，即使有极其雄心勃勃的气候政策，在未来几个世纪中也会有相当大的 SLR。模型表明，把气候变化限制在 2 ℃，仍然会引起未来 500 年中 SLR 最终上升 1.5 米（5 英尺），在那以后还会上升更多。

但真正让人担忧的预测是针对无控制排放情景的影响。预测在未来 500 年中，这会引起 SLR 超过 7 米（23 英尺）——在预测包括的时期之后，还会进一步上升。这种上升的最终结果是由热膨胀、格陵兰冰盖大规模融化以及南极洲西部冰盖的解体结合所引起的。虽然这些预测来自高度模式化的综合评估模型，但它们与更为详细的模型编制研究的预测是一致的。[2]

影　响

SLR 在下一个世纪和以后的潜在影响是什么呢？我们知道，在地质史中海洋有上升与下降。当人类第一次到达美洲时，海洋至少比今天低 90 米（300 英尺）。（冰期时人类对新世界的发现，是环境变化能如何引起创新行为的一个例子。）在最后一个温暖期，当时全球温度比今天暖 1—2 ℃，海平面比现在高了 3 米（10 英尺）左右。在更早时期，恐龙时代的海平面也许比现在高出了

[1] 对耶鲁 RICE 模型中 SLR 部分的描述可获取于 William Nordhaus，Yale Department of Economics，http://nordhaus.econ.yale.edu/RICEmodels.htm。

[2] 特别参看 James Hansen et al.，"Target Atmospheric CO_2：Where Should Humanity Aim?" *Open Atmospheric Science Journal*（2008）：217—231。

180 米（600 英尺），当时冰川大都融化了。

但是，在未来一个世纪和以后，SLR 的速度对于人类文明时期是空前的。重建表明，在过去 4 000 年间，海平面的变动小于 1 米（3 英尺）。生态学家特别关注海平面上升的影响，因为它与海岸生态系统相互影响。这里我集中在社会范围内展开讨论。

我以前讨论过模糊望远镜的问题——针对越遥远的未来，预测影响变得越困难。这对于 SLR 尤其显著。在许多地方，城市建立起来，成长，又在一个世纪后衰落。因此，虽然我们可以轻而易举地衡量 SLR 对现有居住地的影响，但在一个世纪或者更长时间内的影响，看来的确模糊。

但是，我们可以通过观察今天人们生活和工作的地方来审视现在面对 SLR 的脆弱性程度。世界人口与产量的 4% 左右在沿海地区和低于海拔 10 米（33 英尺）的地方。我称这些地方为 SLR 风险的“红区”，尽管这么做也许扩大了受威胁的人口和产量的范围。由于人口和经济活动容易集中在接近海岸线的地区，红区的人口和产量比例就会多于土地比例。

但这些地区的脆弱性不仅由它们的海拔决定。在易于受飓风或强风暴影响的地区，洪水甚至对较高位置的地方也有重大的风险。然而大部分情况下，在下个世纪或下两个世纪中，在海平面以上 10 米的地区，面对 SLR 相对不脆弱。

如果人口、产量和生态系统可以自由地在全世界移动，全球整体情况就可能不太受关注。在那种不现实的情况下，孟加拉国受到洪水威胁的人们，就可以直接迁移到印度或泰国，或其他一些地势 高的地方，并在新的地方继续他们的生活。或者用浦东做例子，它是中国上海的一部分。它位于长江三角洲，地质学家可能会担心这里不是建设中国最高建筑物的好地方。但浦东的人口已从 1950 年的 30 万人增加到今天的 500 万人。在海洋上升时，他们会直接放弃下沉的建筑，还是建一座防波堤，或者离开？

以上我强调了在长时间中预测移民形态的困难。在不到 10 年的短时期内，大多数国家的国际移民相对极少。我们可以用一种极端情况——在 SLR 的时间框架内也许是不现实的——那里的人们不能移居国外，或者移居的成本极大。对这个问题，我们可以分国家考察位于红区的人类社区分布情况。表 4 显示了处于危险中的国家。[1] 这个计量考虑的是，2005 年每个国家居住在海拔 10 米及以下的人口比例。表 4 的上半部分显示了由于 SLR 处于最危险境地的 10 个国家。这些国家的一半以上人口和产量在 10 米红区中。这些处于危险中的国家大部分是比较小的，但有两个人口众多：荷兰和孟加拉国。

表 4 的下半部分列出了 11 个人口最多的国家，并显示了它们处于危险中的人口、产量以及面积的比例。除了孟加拉国，大国只有不到 10% 的人口与产量处于危险中。但是，3 个人口最多的国家有 5%—10% 的人口生活在红区。

[1] 作者的计算依据了耶鲁 G-Econ 数据库，它形成了全世界面积、人口和产量的数据集。参看 Yale University，“Geographically Based Economic Data（G-Econ）”。

表 4　由于海平面上升而处于危险的国家

国　家	处于危险的比例			总人口 2005 年（千）	处于危险的人口 2005 年（千）
	人口 2005 年	产量 2005 年	面积		
最高危的国家					
巴哈马	100.0	100.0	100.0	323	323
马尔代夫	100.0	100.0	100.0	295	295
巴林	91.9	60.3	65.9	725	666
基里巴斯	91.8	91.2	9.0	99	91
荷兰	74.9	76.9	76.3	16 300	12 200
汤加	69.0	58.1	17.5	99	69
冈比亚	63.2	62.9	30.5	1 620	1 020
孟加拉国	60.1	58.0	50.6	153 000	92 100
科威特	48.8	9.5	7.8	2 540	1 240
几内亚比绍	48.2	48.2	29.2	1 600	770
人口最多的国家					
中国	9.0	14.4	1.8	1 300 000	117 000
印度	7.3	7.2	2.8	1 100 000	80 100
美国	6.1	5.9	2.9	297 000	18 100
印度尼西亚	2.8	3.6	7.5	221 000	6 270
巴西	2.9	1.7	1.4	187 000	5 410
巴基斯坦	6.8	3.5	2.4	156 000	10 500
孟加拉国	60.1	58.0	50.6	153 000	92 100
俄罗斯	1.8	1.0	2.4	143 000	2 520
尼日利亚	3.7	12.9	2.3	141 000	5 170
日本	0.0	0.0	0.0	128 000	0
墨西哥	3.2	2.9	3.3	103 000	3 260

说明：这个表显示了 2005 年位于海拔 10 米及以下的人口、面积和产量。

表 4 还说明了不同地区所受的气候变化影响的巨大不同。一些国家受 SLR 的影响很大（孟加拉国、荷兰和巴哈马），而另一些国家完全不受触及（内陆国家奥地利、哈萨克斯坦以及玻利维亚）。对于波及农业、人类健康、国家安全以及风暴加剧的其他影响，影响与收入之间的弱相关是正确的。虽然人们往往会相信穷国最容易受到影响，但这在 SLR 上是不准确的。美国极为脆弱，而加拿大不是。孟加拉国很脆弱，而乍得不是。认真看这些数据就会明白，低海拔地区往往有高于高海拔地区的人均收入。[1]

世界遗产地

浦东的人们可以重新安置，但建筑和滑雪场不行。这就提出了全球变暖会不会威胁到相当多世界文化与自然珍宝的问题。许多地方对人是珍贵的：威尼斯对于艺术家，黄石国家公园对于美国人，以及新墨西哥州的隐士山峰对于我。这些地方有多脆弱呢？

我们可以评估这些问题，因为联合国教科文组织（UNESCO）《世界遗产公约》对登录主要珍宝有一套系统的程序。这些遗址是 UNESCO 强调的“无论对各国，还是对全世界而言……都是无可估价和无法替代的财产”。这个名单目前包括了 153 个国家的 936

[1] 所有人口密集地区的海拔与人均收入之间的相关度是−0.09。2000 年红区的人均收入是 6 550 美元，而高于红区的地区是 6 694 美元。

处遗产地，包括了宗教的、生态的和建筑的遗迹。

如果这些遗产“面临严重的、具体的危险威胁”，《公约》就把这些遗产列入濒危名录，这是《保护世界文化与自然遗产公约》的规定。[1] 我在写下这一点时，35 处遗产已在濒危名录中。一项综述显示，主要威胁是武装冲突和战争，地震和其他自然灾害，污染，盗窃，不受控制的城市化，以及不受限制的旅游开发。对任何一个处于危险中的遗产地，全球变暖都未被作为一个问题提出来，但这也许反映了设置优先事项和确定威胁当中的惯性。

对《世界遗产公约》的审议正在赶上今天的关注，而且最近也审视了气候变化对不同遗迹群的影响。一份报告得出的结论是，有重大危险在逼近四类遗址：大型冰川、海洋与陆地生物多样性、建筑遗址，以及历史城市和居住地。出于对 SLR 的考虑，报告列出的主要受威胁的遗产是伦敦和威尼斯城以及几个处于低处的海岸生态系统。[2]

从经济观点看，这里的挑战是如何评估这些独一无二的系统的价值。我将在第 11 章中回头处理棘手的估值问题，在这一章讨论了物种保护。从以后的讨论中得出的结论是，要评估独一无二的自然与文化遗产遗址的经济损失的可靠价值是极大的挑战。不

[1] 参看 World Heritage Convention，“Operational Guidelines for the Implementation of the World Heritage Convention，” http://whc.unesco.org/en/guidelines。

[2] 案例研究可见于 UNESCO，World Heritage Convention，*Case Studies on Climate Change and World Heritage*（Paris：UNESCO World Heritage Centre，2007），unesdoc.unesco.org/images/0015/001506/150600e.pdf。

过，在评估成本与收益时，我们需要取得平衡，这应该列入这个领域经济学家的议程。

海平面上升是气候变化最令人担忧的影响之一，因为它有全球效应，而且一旦发生就难以停止。大多数研究发现，相对于全部产出或者其他一些损失，经济成本不算大。[1] 但是，虽然在全球范围内，经济与土地损失并不大，但受威胁的地区在我们的自然与人类遗产中是最珍贵的部分。因此，SLR 引起的损失不能像银行注销一笔不良抵押贷款那样简单勾销。

尽管制止 SLR 是艰难的，但人类社会可以采取减少损失的举措。一个好的例子是选择面对海平面上升是要“退却还是守卫”。守卫往往是采用修建大坝与防波堤保护现有建筑和城镇的形式。荷兰人采用这种战略已经有几百年了。对于人口稠密或有极高价值的地方，如荷兰和曼哈顿岛，这是一种适用的方法

在其他情况下，退却的战略在长期中更适用。应对海平面上升最好的经济战略，由维思大学（Wesleyan University）的经济学家加里·约赫（Gary Yohe）在一系列开创性研究中提出。它谨慎，而不是失败主义者，因为它通过适应自然力量，而不是与它斗争，

---

[1] 例如，Andrea Bigano，Francesco Bosello，Roberto Roson，and Richard S. J. Tol，“Economy-wide Impacts of Climate Change：A Joint Analysis for Sea Level Rise and Tourism，” *Mitigation and Adaptation Strategies for Global Change* 13（2008）：765—791，预测 2050 年的损失将小于世界产量的 1%。

最终有可能保护社会价值。[1] 自然系统曾在地质时间中适应了甚至大于未来几十年或几百年中的预计海平面变化。滨海区的房地产不会随 SLR 而消失——滨海区会移动。天哪，这对沿海房地产的所有者可没有什么安慰，他们发现，他们的房子被冲走了，他们的房地产价值被毁了，而他们的内陆邻居发了横财。但是在几十年或更长的时期中，允许自然过程改变海滩、池塘和海边沙丘，将能比保护每一块地方的马其诺防线思路更好地保护土地和生态系统的整体价值。这还是在减少气候变化的长期成本当中，（人民、资本，以及这个案例中的沙滩和生态系统的）迁移的价值的另一个例子。

海洋酸化

我们考察的气候变化影响的主题之一是：未受控或不可控的体系属于最麻烦的问题。从生态的角度看，人越来越能控制他们的环境。在过去 1 000 年间，我们清理了土地和森林，从洞穴搬到房子里，把商品交换集中在市场上，并采用了控制我们个人和工业气候的技术。

但有一些领域很难或不可能被控制。根据传奇故事，国王克努特发现当他命令潮水停止时，它们并不服从他的命令。在现代，我们可以修建大坝和防波堤，但海洋继续在它们周围上涨。我们

[1] 这个重要的观点是 Gary Yohe 以及其同事的一系列开拓性研究发现的，例如，参看 Gary Yohe et al.，"The Economic Cost of Greenhouse-Induced Sea-Level Rise for Developed Property in the United States，" *Climatic Change*（1996）：1573—1580。

将在这一章讨论的酸化以及在下两章分析的飓风和物种丧失中看到类似的问题。

在人类活动的上述每一项非预期后果中，我们都会重复克努特国王的悲哀。“让所有人都知道国王的权力多么空洞与无价值，因为除了上帝，没有谁配得上这个名字，无论天空、大地还是海洋都要服从他永恒的律法。”如果我们不采取有力的举措去扭转 CO_2 和其他温室气体上升的趋势，这将成为我们子孙后代的哀嚎。

碳化与酸化

CO_2 浓度上升的另一个特别不可控的后果，是海洋的碳化和酸化。在这里，问题与全球变暖完全不同，因为这个问题主要并不是来自变暖，而是来自碳本身。大气中上升的 CO_2 浓度很快混合进海洋的上层。虽然碳转入海洋中减少了大气中的浓度，它也引起海洋化学的变化。

化学是较为直接的。当 CO_2 溶于海洋中时，它使海洋更酸，并降低了碳酸钙的浓度。[1] 许多海洋生物用碳酸钙形成壳，包括

---

[1] 对海洋碳化的研究是一个新领域。它是由 Ken Caldeira 在大约十年前几乎偶然发现的，第一批研究之一是 Ken Caldeira and Michael E. Wickett，“Oceanography：Anthropogenic Carbon and Ocean pH，” *Nature* 425（2003）：365。这里有一个对化学的简化解释。大气中的 CO_2 与海水结合形成碳酸（H_2CO_2），这种化合物会释放出正氧离子进入水中，因此降低了 pH 值（向酸性转变）。这种趋势通常由于水中的负碳酸根离子（CO_3^{2-}）的缓解效应得以平衡。但当更多的 CO_2 进入系统时，起缓解作用的碳酸盐的量就减少了。这也引起碳酸钙（$CaCO_3$）的饱和状态下降。

珊瑚、软体动物、甲壳类动物，以及一些浮游生物。由于气候变化和海洋酸化都是由大气中 CO_2 的增加引起的，酸化有时被称为“另一个 CO_2 问题”。

海洋酸化有几个重要特点。第一，它主要取决于碳循环，而且并不具有与编制气候模型相关的不确定性。因为化学是很难挑战的，或是因为趋势是明显的，对海洋酸化没什么争论。我还没有见过谁认为海洋酸化是一个骗局。

第二，整个现象是最近才被认识到的。第一本主要著作是在最近十年间才出现的。[1] 的确，甚至在 2001 年 IPCC 第三次评估报告中，酸化的生物学问题还没有被认识到。这是我们称为“不可避免的意外”的一个严肃例子。

第三，对海洋酸化假设的主要预测被对世界海洋的测量所证实。大气与海洋的 CO_2 浓度跟海洋的 pH 下降（酸度提高）之间有密切的联系。[2]

海洋科学家刚刚开始考虑酸化带给海洋生物和生态系统的后

---

[1] 最早的研究之一是 Richard A. Feely et al.，“Impact of Anthropogenic CO_2 on the $CaCO_3$ System in the Oceans，” *Science* 305（2004）：362—366。对这个问题的一份很有可读性的非技术概述，可见于 Scott C. Doney et al.，“Ocean Acidification：The Other CO_2 Problem，” *Annual Review of Marine Science*（2009）：169—192。

[2] 可以在 C. L. Sabine，R. A. Feely，R. Wanninkhof，and T. Takahashi，“The Global Ocean Carbon Cycle” 中找到一个例子，*Bulletin of the American Meteorological Society* 89，no.7（2008）：S58。可以在 S. Neil Larsen，“Ocean Acidification—Ocean in Peril” 中找到一个图示，Project Groundswell，January 24，2010，http://projectgroundswell.com/2010/01/24/ocean-acidification-ocean-in-peril/。

果。我在第 5 章讨论了来自海洋生物学家的警告，珊瑚的毁灭性减少已经开始了，而且如果在二三十年中 CO_2 的浓度保持现有趋势，就有可能变得不可逆转。

野外试验显示了对海洋酸化的一系列复杂的反应。在许多接受研究的有机体中（特别是珊瑚和软体动物），随着 CO_2 浓度提高，钙化与再生的速度会减慢，而且这在高纬度地区特别明显。这些变化将引起物种的重大重新分布，依赖于钙化的生物将减少，非钙化生物将增加。有证据表明，在 5 500 万年前的所谓古新世—始新世极热事件（PETM）中，海洋中的 CO_2 急剧增加。根据以前像 PETM 这样 CO_2 剧增事件的数据，看来大多数物种还会存活，但我们应该预期目前 CO_2 的增加会导致一些物种的灭绝。

对于渔业而言，人类和经济所受的影响最显而易见。最可能受到伤害的物种是牡蛎、珊瑚、浮游生物以及贝类。损失的程度，以及多大范围内人类消费中的损失可以由鱼类或其他食物代替，目前并不明显。一些研究发现，随着 CO_2 的浓度上升到现在水平的三倍，鱼类的死亡率将急剧增加。[1]

海洋酸化是 CO_2 积累最令人头痛的特征之一。它是不可控系统的一个极端例子。到 2100 年，人类可能会把 30 亿—40 亿吨

[1] 参看 Philip L. Munday et al.,"Replenishment of Fish Populations Is Threatened by Ocean Acidification," *Proceedings of the National Academy of Sciences* 107, no.29（2010）：12930—12934。报告称："暴露在升高的 CO_2 中的幼鱼更活跃，并在天然珊瑚礁栖息地中表现出更有风险的行为。因此，它们在捕食行为中的死亡率比现在的对照标准高 5—9 倍，死亡率随 CO_2 浓度而增加。"

CO_2倾入海洋的上层。这里没有一种轻而易举的技术解决方案。我们后面会看到，针对气候变化问题的地球工程解决方案可以减缓变暖，但它对应对海洋酸化几乎无用。

此外，虽然令人稍许安心的是，地球过去也经历了类似于人类现在引起的CO_2浓度的高峰，但早期的物种分布是不同的，而且我们对于这些时期不同物种的命运也没有可靠的记录。由于海洋如此复杂，即使最有才能最勤奋的科学家正努力理解其后果，我们也不可能在海洋酸化迫近之前完全理解它们。

第 10 章 | 飓风的加剧

没有什么比变暖对热带风暴的影响更能说明气候赌场的特征。当它们开始形成时，我们并不知道它们会变得多强烈，它们要袭击哪里，以及它们会引起多大损失。一个主要问题是，在未来几十年中，全球变暖会多大程度上令飓风加剧和再分布——以及这些变化将导致多大损失。

你不可能看到海洋上升的视频，因为上升是难以察觉到的。在大多数地方，几小时中的潮汐变化大于下一个世纪的海平面上升。与此相比，飓风是迅速的、局部性的、戏剧性的事件，扫荡城市，并把房子淹没在水墙下。电视会播放“飓风追踪”，也许很快会有“飓风频道”，但你不可能看到过“海平面上升频道”，即使有 1 万个台。

我目睹过我家附近一个接一个的飓风。只有极少的人还记得 1938 年新英格兰大飓风。当暴风雨淹没了陆地低处的岬湾时，罗德岛西南部纳帕特里角的一个社区，全被从地球上抹去了。2012

年超级风暴“桑迪”袭击纽约地区，并造成至少 750 亿美元的损失。飓风是一个特别棘手的问题，因为它们是一个显然受到全球变暖影响的不可控系统。飓风不同于海平面上升和海洋酸化之处，在于其极端的地方性与影响上的高度差异。

全球变暖对飓风的影响

飓风是一种称为热带气旋的特殊自然现象的北大西洋版本的名字。如果一个北大西洋热带风暴的持续风速达到每小时 74 英里，这种风暴就被归为飓风。[1] 飓风是巨大的发动机，它们用来自暖水的热量为旋风提供动力。它们是用一种增强的反馈环路维持的，在这个环路中，更强风引起更低压，这增加了蒸发和凝结，又反过来引起更强烈的风。生成飓风的主要因素是海洋中温暖的表层水。催生飓风要求海表温度最少为 26.5 ℃（80 ℉）。随着全球变暖，暖水的面积将增加，这就会增加飓风产生地的面积，并使它们更强烈。

我们可以用基本的物理学与历史数据来估算全球变暖对飓风

[1] 这一章的内容采用了 William Nordhaus，“The Economics of Hurricanes and Implications of Global Warming，” *Climate Change Economics* 1，no.1（2010）。重要的科学研究包括 Kerry A. Emanuel，“The Dependence of Hurricane Intensity on Climate，” *Nature* 326（1987）：483—485；and Thomas R. Knutson and Robert E. Tuleya，“Impact of CO_2-Induced Warming on Simulated Hurricane Intensity and Precipitation：Sensitivity to the Choice of Climate Model and Convective Parameterization，” *Journal of Climate* 17，no.18（2004）：3477—3495。

的影响。美国的数据是最完整的，我收集了 1900 年到 2012 年间在美国登陆的 234 次飓风的特点与经济损失的信息。数据包括了 1933 年以前的 30 次风暴，以及从那时以来的所有风暴。图 18 显示 1900 年以来每年标准化飓风损失（美元损失除以 GDP）的趋势。[1] 在这期间，飓风导致的损失平均每年为 GDP 的 0.05%，最大的是 2005 年，占 GDP 的 1.3%（这个高点主要是由“卡特里娜”飓风引起的）。

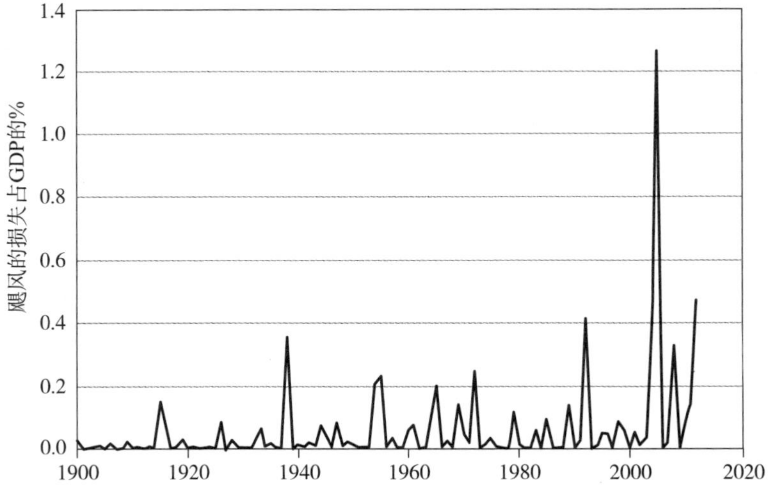

图 18

美国的标准化飓风代价，1900—2012 年。这个图显示了在某一既定年份所有飓风损失与 GDP 的比率。损失是高度不平衡的，因为在少数年份有高损失，但在大多数年份很少或者没有损失。

[1] 数据来自作者，并利用了美国国家气象局的估算，National Hurricane Center，archives。

一个有趣的特点是——与许多其他环境影响不同——飓风损失相对于整体经济表现出一种上升的趋势。统计分析指出，在根据风暴的次数和它们的强度校正之后，损失的增速每年比 GDP 快 2% 左右。这种脆弱性的增加还没有得到完整解释。显而易见，并不能主要归于全球变暖，也可能是人们钟情于靠近海岸生活的结果。（我承认我有那种综合征。）

全球变暖对热带气旋的影响已经得到认真研究了，而且基本的物理学原理是清楚的。全球变暖可能会影响飓风的几个方面，包括频率、规模、强度、持续时间以及地理分布。五者当中，从基本物理学来看，只有一个有明显的联系，这就是全球变暖与强度之间的联系。当海表温度上升，而其他因素不变时，风速的“潜在强度”或者上限会增加。最近的计算表明，变暖 4 ℃就使平均强度提高一个级别（比如说，从 2 级飓风提高为 3 级飓风，或者使风速每小时加快 16 英里）。

一个进一步的问题是，其他极端风暴事件，例如龙卷风和雷暴雨，是否有可能增加频率与强度。这里的答案不如对于飓风清晰，因为基本原因（不同于更暖的水对飓风的影响）并没指向一个直接的答案。一些气候科学家相信，雷暴雨的强度将增加，但这仍然是一个有争议的问题。

变暖的影响

有几个关于全球变暖对飓风影响的评估。如同上升的海平面，物理效应可以用模型来估算，但社会经济影响取决于人们如何适应风暴强度的增加与海平面上升。我估算，如果不采取减少脆弱性的措施，在21世纪变暖的影响将引起美国的飓风损失增加一倍略多一点。这就相当于GDP的0.08%，或者按现在的产量水平为每年120亿美元左右。在21世纪，这并不是GDP中相当大的比例。但是，这种影响是高度地方性的，并对单个社区是毁灭性的。正如2012年“桑迪”飓风袭击新泽西和纽约地区的情况。

气候科学家和经济学家关于全球变暖对飓风影响的一个认真研究，按国家和地区估算了飓风影响的范围。图19显示了主要地区所受的影响。[1] 中美洲（包括加勒比地区）被预测为最脆弱的地区，接着是北美（主要是美国）。一些地区受的影响是微不足道的（西欧和南美）。

如果我们看国家数据（由该研究的作者提供），这种研究预测的全球变暖引发的飓风损失小于其他一些研究。但有趣的发现是，在一个更暖的世界，一些重要国家经历的飓风损失可能下降。例如，孟加拉国预计将经历飓风损失的减少。这种悖论结果的出现，是因为变暖不仅引起飓风加剧，还引起重新分布。

另一个有趣的发现，与第9章中关于海平面上升的发现平行，是飓风损失与富裕程度只有微弱的联系。美国受的影响相当严重，

[1] Robert Mendelsohn, Kerry Emanuel, Shun Chonabayashi, and Laura Bakkensen, “The Impact of Climate Change on Global Tropical Cyclone Damage,” *Nature*, *Climate Change*, published online January 15, 2012, doi: 10.1038/nclimate1357. 由作者提供数据。

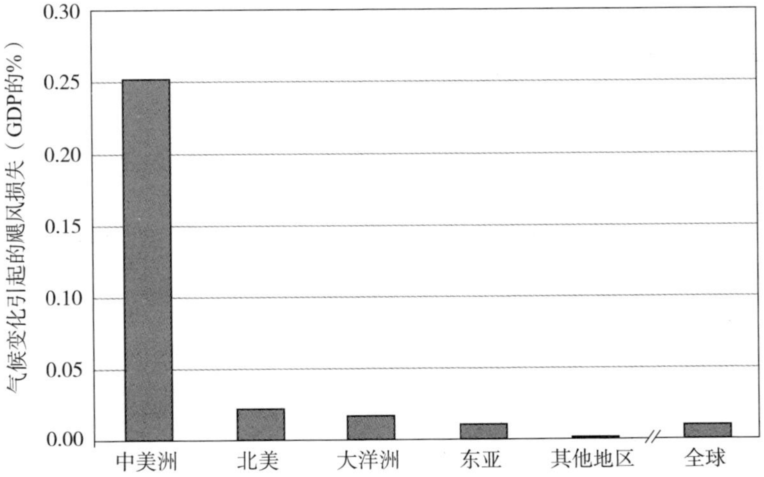

图 19
气候变化引起的飓风加剧和重新分布对不同地区的影响。哪些地区可能受到全球变暖引起的飓风加剧的最不利的影响？一份研究发现，中美洲比其他所有地区脆弱得多，随后是北美（主要是美国）。

而飓风加剧对非洲的影响基本为零。这些结果又一次说明，气候变化的影响如何广泛分布与不可预期。

适　应

人类社会可以采取许多措施来减少面对更强的飓风的脆弱性。例如在过去半个世纪中，更好的预报就大大减少了飓风导致的灾难。虽然更好的预报保护了人民，他们可以撤离，但它不能保护房屋和其他不可移动的建筑。在长期中，脆弱而不可移动的建筑物会贬值，此时应当提供激励，以便人们在更高、更安全的位置重建自己的房子。

小比例的资本流动可以抵消飓风强度加剧的影响。美国资本存量的 3% 左右是在海拔 10 米以下的地方，并在大西洋沿岸的飓风区。假设主要脆弱项目是建筑物，就相当于今天 6 000 亿美元左右的资本。建筑物的平均寿命是 50 年左右。为求简单，假设所有脆弱的资本存量（例如房子、道路以及医院）都在它们贬值时给迁到了安全的地方。唯一的成本应该是重新安置。如果重新安置的成本是重置资本成本的五分之一，那么在下半个世纪，保证国家的资本避开飓风的成本约占每年 GDP 的 0.01%。这大大小于没有做出这种适应时的成本。[1]

这个例子说明了，针对气候变化的战略计划可以如何大大减少损失。但这一点必然受到现实状况的限制，即赢家与输家的分配令有序的计划变得艰难。内陆人可能很少同情住在海边精美公寓中的富人，后者脆弱的海边财产受到威胁；住在高处的人也不希望用他们的税金为受洪水威胁的人修建大坝和防洪堤；繁荣的

[1] 对脆弱资本的估算来自 Nordhaus, "The Economics of Hurricanes and Implications of Global Warming"，对资本存量的估算来自 U.S. Bureau of Economic Analysis, "National Economic Accounts"（www.bea.gov/national/index.htm#fixed）。折旧率来自 Barbara M. Fraumeni, "The Measurement of Depreciation in the U.S. National Income and Product Accounts," *Survey of Current Business*（July 1997）: 7—23, www.bea.gov/scb/pdf/NATIONAL/NIPAREL/1997/0797fr.pdf。重置估算方法也用于 Gary Yohe et al., "The Economic Cost of Greenhouse-Induced Sea-Level Rise for Developed Property in the United States," *Climatic Change*（1996）: 1573—1580。

城镇也不愿意把自己珍贵的资源转给税基正在衰落的城镇。把一个海边城镇的所有设施搬到更安全的地方可能会减少脆弱性，但这对那些依恋自己的家园和社区的人也提供不了什么安慰。

面对飓风或海平面上升，需要有远见的战略来解决海边居民区问题，这是应对气候变化中的重大挑战之一。有序的计划可以大大减少最危险的影响，但适应的过程可能构成政治上的争议与麻烦。

第 11 章 | 野生动物与物种丧失

最后，气候变化对野生动物，以及更一般地说，对全世界的物种和生态系统有危险的影响。生态系统有两个有趣的特点。首先，它们主要是未受控的或不可控的系统；然后，它们在经济上远离市场。

非市场方面对影响分析提出了新问题：我们如何衡量生态系统或濒危物种的“价值”？我们应如何把这个领域的损失放入一个度量系统，并以此与市场部门的损失，如农业和减排成本，相比较呢？本章从评述气候变化对物种灭绝和生态系统的可能影响开始，然后转向为这些影响估值的棘手问题。

是第六次大灭绝吗？

根据生物学家的看法，在最近 5 亿年间，地球上已经有五次大灭绝。保护生物学家警告我们，气候变化与其他人类影响的结合在下个世纪将导致第六次大灭绝。[1]

生命的历史已见证了地球生命的几次明显激增和灭绝。图 20 显示了对海洋生物灭绝率的估算，这里的记录比陆地上更完全。[2] 主要的灭绝发生在峰值所示的时期，科学家把它们归因于诸如小行星

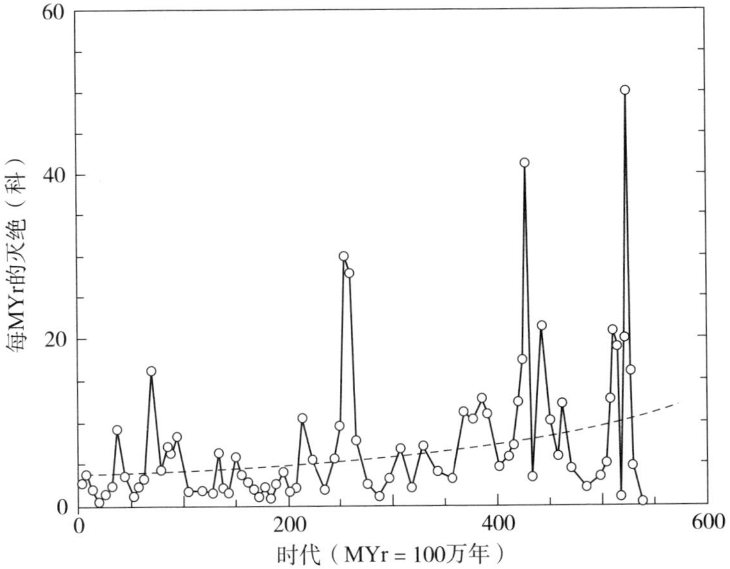

图 20

对最近 6 亿年中海洋生物灭绝率的估算。灭绝率是每一单位时间的已知灭绝海洋生物的“科”的数量。峰值代表主要的灭绝事件。虚线是时间趋势。

[1] Anthony D. Barnosky et al., “Has the Earth’s Sixth Mass Extinction Already Arrived?” *Nature* 471（2011）: 51—57. 这篇文章有一个优秀的讨论，而且参考书目列出了重要的背景文件。

[2] M. E. J. Newman and Gunther J. Eble, “Decline in Extinction Rates and Scale Invariance in the Fossil Record,” *Paleobiology* 25, no. 4（1999, Fall）: 434—439.

撞击、火山喷发、冰山作用和海平面上升等事件。2.5 亿年前二叠纪至三叠纪的大灭绝使所有物种的 90% 左右消失。

图 20 中所显示的海洋生物年表中，最近 1.5 万年的灭绝率是比较低的。的确，在最近时期中，许多突然的灭绝是由于人类的干预。例如，美洲的一大半大型哺乳动物是在 1.3 万年前人类第一次到达美洲前后的短时期内消失的。而且，它们也许是被我们拿矛的祖先消灭的。在其他大陆与岛屿上，都有人类对物种造成类似灾难性影响的证据。在早期，物种保护无利可图，当一个物种消失，如渡渡鸟的情况，没人哀悼，有时甚至没人谈论那个事件。

气候变化与灭绝的可能性

我们知道，过去迅速的气候变化有时也伴随有大规模的灭绝。在未来的几十年或之后会再发生这些事吗？这里特别难以明确估计。首先，对目前灭绝率的估算差别极大。所观察到的灭绝数相对较小，而理论上的计算给出了一个大得多的数字。[1]

[1] 对目前灭绝率的估算差别极大。有个计算了实际数量的估算记录显示，从 1600 年以来丧失的物种为 1 100 种左右，或者每年 3 种左右。参看 Fraser D. M. Smith et al.,“How Much Do We Know about the Current Extinction Rate?” *Trends in Ecology and Evolution* 8, no.10（1993）: 375—378。一个使用模型的理论计算的估算值是，每年有 12 万种丧失。N. Myers,“Extinction of Species,” in *International Encyclopedia of the Social and Behavioral Sciences*（New York: Pergamon, 2001）, 5200—5202. 最后，我们可以审视由世界自然保护联盟（IUCN）编的红色名录中的详细计算。从 2011 年到 2012 年，9 个物种被从绝灭重新归入极危或以下，而 4 个物种又从极危归入了绝灭或可能绝灭。高估算与低估算之间的差别是大约 10 万种。因此，对实际绝灭的测算首先就是极其不准确的。

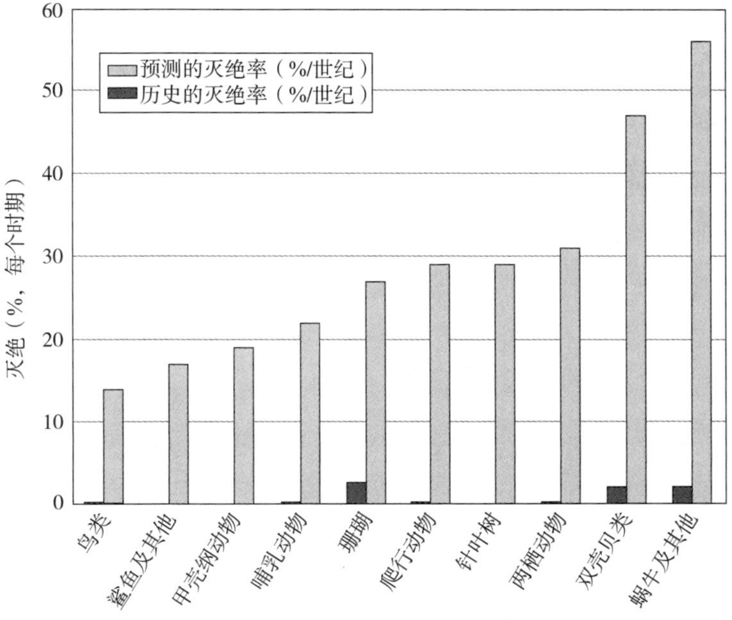

图 21

不同类群的历史与预测灭绝率。这个图显示了对主要类群的历史与预测灭绝率的估算的新汇编。历史估算是针对在野外已经灭绝的物种。预测是针对受威胁的类群。

那些研究潜在灭绝的科学家预测了在迅速变暖情况下的可怕结果。一个评论指出，正如图 21 表明的，许多类群的灭绝威胁将从当前每个世纪 0 到 0.2% 的灭绝率，在下一世纪左右上升到 10%—50% 的物种。[1]IPCC 最新的总结推断，在没有限制的气候

[1] 因为确认灭绝或确定灭绝的概率的困难，对物种所遇威胁的估算也特别不确定。世界自然保护联盟（IUCN）的红色名录提供了最全面的估算。IUCN 提供了几个不同的级别：绝灭、野外绝灭、极危、濒危、易危以及低风险。 （转下页）

变化情况下，在全球范围内将有大约 25% 的物种处于灭绝的高度危险中。对这个展望，我们应该加上海洋酸化对海洋生物构成的危险，它一般并没有被包括在这些计算中。[1]

虽然这些数字是可怕的，但我必须强调，正如我们在以下将看到的，估算同样要受到许多条件的限制。

为非市场服务估值的挑战

奥斯卡·王尔德（Oscar Wilde）曾经说过，犬儒主义者就是

（接上页）对灭绝威胁的大多数分析包括了从极危到易危的全部。下面是对级别的简单描述。绝灭与野外绝灭在理论上是明显的，但正如在上个注释中所解释的，要确定往往很困难。其他的定义很复杂。“极危”的定义是满足了五个标准中的任意一个，这些标准是以缩写的形式给出的：（a）在近期或不远的未来种群数至少减少 80%；（b）出现的范围估计小于 100 平方千米，或者占有的范围小于 10 平方千米；（c）种群的成熟个体数少于 250 个并正在减少；（d）种群的成熟个体数少于 50 个；（e）定量分析表明野外绝灭的概率在十年或三个世代内（以较长者为准）至少达到 50%。

“濒危”与之类似，但指的是满足了五个近似的定量标准中的任意一个。例如，(e) 定量分析表明野外绝灭的概率在 20 年或五代之内（以较长者为准）至少达到 20%。“易危”有一些类似的标准，用第五个就是野外绝灭的概率在 100 年内至少为 10%。这种分级方案的一个重要弱点是它主要考虑野外的种群。因此，植物在野外可能会受威胁，但在种植的花园里仍然茂盛。

2012 年 IUCN 估计总共有 63 837 个物种，其中有 19 817 个受到灭绝的威胁。在这个计算中，3 947 种被归入“极危”，3 766 种是“濒危”，而其余的被列为“易危”。

[1] 数字基于 Anthony D. Barnosky et al.,“Has the Earth’s Sixth Mass Extinction Already Arrived?” *Nature* 471（2011）：51—57。正如世界自然保护联盟所确定的，受威胁的物种是列入极危、濒危或易危的物种。这些类群的生物学名称从左到右是：鸟纲、软骨鱼纲、十足目、哺乳纲、石珊瑚目、爬行纲、松柏纲，以及两栖纲。作为参考，已知的物种数量包括哺乳动物（5 490），鸟（10 027），珊瑚（837），以及针叶树（618）。对一些类群，已知物种数量远远小于估算的数量。

知道每件事物的价格，而不知任何事物的价值的人。这个话有时被错误地应用于经济学家身上，因为他们主要研究市场过程——股票价格和利率，食物和住房——这些可以用现金来衡量的领域。

在讨论为什么这种刻板印象大错特错之前，我们必须承认，食物和住房并不是微不足道的。只需要问问在最近的衰退期间失去住房的1 000万美国家庭，或者在2012年靠食品券生活的4 600万人。也许钱买不来幸福，但可以买食物。

经济学家长期以来认识到，人不仅仅靠面包生活——非市场活动也有确切的价值。人们关心的许多事物并不是在市场上生产并销售的。其中的一些与市场密切相关，例如在家做的饭菜，或自制木器。其他一些本质上是非市场的，例如，照料我们的家庭，或到大峡谷旅游。

为了说明这一点，试做以下练习：取出一张纸。写下十项你认为最珍贵的活动。然后问一问，这里面有多少你可以在当地商店或网上买到。一般情况是，许多有价值的事物都无法在市场上得到，而这正是我们在这里遇到的挑战，因为它们并没有货币价格标签。

理解非市场活动的经济学很重要，因为气候变化的许多影响都在市场之外。考虑这四个主要关注领域——海平面上升、海洋酸化、飓风以及物种丧失。这些主要是自然系统，而不是市场过程。其中没有一项是在任何真正意义上由企业生产，或者像食物和住房一样在市场上得到衡量的。

气候变化的许多重要影响发生在市场之外，并不是偶然的。市场是社会控制和管理自然资源及其他系统的机制。建筑师设计住房以保护住户抵抗炎热和寒冷，洪水和地震，昆虫和野兽。农业专家设计灌溉系统、农药与种子以保护作物，对抗过去让农民破产的自然灾害。大坝和防波堤是用来抵御风暴引起的水灾。所有这些系统有时会令人吃惊地失灵，正如在 2011 年海啸期间日本的防波堤，因为人类的设计虽然明智，但并不完美。

我们考察的所有领域中，气候变化对物种和生态系统的影响是离市场最远的。因此它们引起了最深层次的分析与估值问题。

为生态系统与物种估值

大多人同意，我们应该防止物种和有价值的生态系统的丧失。但是在我们努力衡量这些系统的价值时，主要的困难就产生了。人们会支付或牺牲多少来防止野生动物和物种的丧失？为北极熊这样的标志性动物要花多少钱呢？对珊瑚礁要花多少钱呢？我们如何考虑保护尚未发现的估计 70 万种蜘蛛呢？

一些人会批评，仅仅是问这些问题，就表现出了一种赤裸裸的物质主义——尝试权衡生命与金钱是一种不道德的行为。但这种批评实际上是错误的。真正不道德的行为之一是，当我们汇总气候变化的损失时，忽略这些物种的价值。一些人认为，当我们权衡成本与收益时，生态系统遭受的影响的确是应该放入天平的最重要损失。

而且，防止生态系统与物种的丧失，特别是与CO_2浓度上升和全球变暖相关的部分，并不是一件简单的事。正如我们在未来几章中要看到的，它需要采取改变能源系统的举措。而且，这些又涉及极其巨大的成本。因此在减排成本，跟生态系统与物种丧失的风险之间，不可避免地存在取舍。

经济学家和生态学家如何去衡量这种取舍呢？这又变成估算气候变化引起的经济损失当中最困难的领域。自然和社会科学在可信地估算保护生态系统和物种的价值时有巨大困难。有两个困难——可靠地估算出丧失，然后为丧失估值。

从第一个问题开始：做出一定时期内物种丧失的可靠预测的困难。我通过审视托马斯等人对物种丧失与全球变暖的一个重要研究来说明这种困难。这个研究的结论是，在当前气候变化的趋势既定时，有18%—35%的物种“注定灭绝”。[1]

他们如何得出这个结论呢？研究从估算一个特定地区现有物种（包括哺乳动物、鸟类和两栖动物）生长的气候范围开始。然后这个团队估算了，在一个特殊情景中气候范围将变动多大。例如，他们考察了变暖3 ℃对南非山龙眼科物种的影响（山龙眼是一科美丽的开花植物）。

下一步他们运用了被称为“物种—面积曲线”的方法。这是一个经验规律，认为随着生长区域的增加，物种的数量将增加。

[1] 参看Chris D. Thomas et al.,“Extinction Risk from Climate Change,” *Nature*（2004）：145—148。

就这个团队考虑的地区而言，据估计随着全球变暖，大多数物种的气候范围将缩小，这意味着物种的数量也会缩减。例如，在假设南非升温 3 ℃的情况下，研究者得出结论，有 38% 的山龙眼科物种将由于适宜生长的气候范围减小而灭绝。也许得到过最认真研究的可能灭绝的领域是造礁珊瑚。[1]

虽然这些研究被广泛引用，但方法有严重局限性。首先，大多数研究同时考虑“脆弱的”以及处于灭绝边缘的物种。此外，一些物种可能通过人类的干预而保存下来，因此，灭绝一般是指在野外的物种。而且，在这些研究中使用的方法是极有争议的，且可能不适用于物种已适应于人类居住地的状况。在另一些情况下，损失也是由于栖息地被破坏、过度使用、过度捕捞、过度捕猎以及污染，这些即使在没有气候变化的情况下也可能发生。最后，对气候范围的估算往往在统计上有偏差，假定范围只会缩小，而不会扩大，这就引起假设的物种数量减少。在现实中，一些气候范围将移动，而且一些区域也会变大，因此，可以预期有增长的范围的物种数量将增加而不是减少。

也许我们可以解决第一个问题。也许我们可以设计对不同物种灭绝危险的可靠估算。现在我们必须面对第二个问题：生态学家和经济学家都没有开发出为生态系统和物种丧失估值的可靠方

[1] 展示这种方法的一个示范性研究是 Kent E. Carpenter et al.,“One-Third of Reef-Building Corals Face Elevated Extinction Risk from Climate Change and Local Impacts,” *Science* 321（2008）：560—563。

法。并没有反映一个物种或一个稀有生态系统的价值的价格标签。

我们谈谈一些受到气候变化威胁的物种的特殊例子：北极狐、棱皮龟以及考拉熊。想想澳大利亚的大堡礁或者南非的弗洛勒尔角等濒危的生态系统。我们如何才能为这些物种和生态系统确定一个价值，以使我们可以权衡不同气候变化政策的成本与收益呢？

通过比较这个问题与以前讨论过的小麦产量损失的经济影响，可以说明这个困难。当小麦产量减少时，经济学家一般都按小麦的市场价格来为损失估值。如果气候变化引起小麦产量减少了1亿蒲式耳，而小麦价格不变仍为每蒲式耳5美元，那么，社会损失就计算为5亿美元。（还有许多进一步的改进，例如，这种减少是否会提高小麦的价格，以及这种影响是不是对低收入家庭特别严重，但我们现在忽略这些。）

我们应如何评估这些自然系统的价值呢？专家关注市场或准市场价值，以及“外部性”的价值。从这些丧失的市场与准市场价值开始，用术语表述通常称“使用价值”。市场价值是一种物品在商店或网上确定的价格。准市场价值是在市场之外获得的东西的市场价格，例如家庭维修工作的价格。对于关注生态系统及物种丧失的科学家来说，指出物种丧失时可能产生的使用、市场与准市场损失是有诱惑力的。一种看法是，潜在的损失是很大的，因为相当大部分西方药物都来自雨林原料。[1] 这种论断仿佛是在说，

[1] 经常会遇到这种说法，但它没有证明材料，而且是明显错误的。

当一个蕨类物种消失时，我们就是在丧失隐藏在巴西森林中的艾滋病神奇疗法。

现实更加复杂。一份关于新药物的近期综述发现，天然产物对开发新药的确重要。例如，在最近60年间开发的几乎一半抗癌药物都是天然产物，或直接来源于天然产物。但从在试验室开发的药物到古代中国的草药，自然来源也差异极大。在最近30年中只有一种新药来自雨林（紫杉醇），而它也是来自温带雨林，而不是热带雨林。如果我们追溯药物的家谱足够远，许多药物的祖先都是天然产物，但它们后来都在试验室得到完善，而且一旦分析出它们天然产物的结构，它们就经常被合成。[1]

整体上说，我在与一队学生花一个夏天合作研究这个问题后发现，无法评价重要的药物财富将随世界雨林消失而消失这个假说。在正反两方面都根本没有令人信服的证据。但我们可以有信心地提出一个观点：受威胁的物种与生态系统的大多数经济价值在市场上找不到。也许保存物种是重要的，但保存的价值在股票市场上找不到。在今天的市场经济中，生态系统和物种根本没有太多现金交易价值。

它们的价值来自哪里呢？来自外部性以及“非使用”价值。虽然我们通常把外部性视为负的（例如污染），这却是正外部性价

[1] David J. Newman and Gordon M. Cragg, “Natural Products as Sources of New Drugs over the 30 Years from 1981 to 2010,” *Journal of Natural Products* 75, no.3（2012）: 311—335. 我从由耶鲁学生 Hesu Yang 和 Gang Chen 准备的一份研究报告中受益。“Economic Aspects of Natural Sources of New Drugs,” April 2012, unpublished，是这一段的基础。

值的一个例子。正外部性的一个经典例子是灯塔。它通过警告船只注意潜在的危险，而拯救了生命与货物。但灯塔的看守者无法伸手向船收费。即使可以，对使用服务的船只施行经济惩罚也对社会毫无意义。灯光在免费提供时最有效率，因为它警示一百艘船注意附近礁石的成本不会大于警示一只船。[1]

物种和生态系统在生物学上与灯塔有相似性。北极狐或大堡礁的价值不能通过向到访和观察它们的人收费来获取。保存这些处于危险中的系统的收益，主要是让地球留有这些美丽动物和地方的非使用性快乐。对于北极社区，北极熊可能会有一些货币意义的旅游价值，但相对于它们的外部性价值，这可能是极小的。

若是试图估算处于危险中的物种和生态系统的外部性价值，困难就来了。也许在某种虚拟的世界中，有让人能看到北极狐或探访大堡礁的市场。我两样都没有做过，但我可能会支付100美元来确保它们可以在未来成真。但是，由于这种市场根本不存在，我们没有可靠的标准来衡量，为了未来而保护这些事物的价值。

在没有市场的情况下，环境经济学家设计了一些模仿缺失的市场的方法。最重要的方法被称为条件价值评估法（CVM），它是为了估算非市场活动和资源的价值。CVM使用对相关人口的一个代表性样本的调查，问他们愿意为某种物品或服务支付多少。实际上人们所接受的这些调查基本是高度结构化的："你愿意为保护

[1] 这一段的大部分取自 Paul Samuelson and William Nordhaus, *Economics*, 19th ed.（New York: McGraw-Hill, 2009）。

或保存北极狐支付多少钱?”或者“对你来说，未来能去探访大堡礁值多少钱呢?”

我们已经看到气候变化会影响生态系统的正常状态。下面是 CVM 如何可以用于确定价值的一个特殊例子。[1] 当美国政府决定是要建设还是取代大坝时，就要确定这对鱼类种群的影响。在考虑华盛顿州的水坝项目时，一个问题是鲑鱼、虹鳟以及其他洄游鱼群的价值。我们可以估算超市里水产品的市场价值，但那会遗漏非使用价值。

莱顿（Layton）、布朗（Brown）和普卢默（Plummer）的一个研究可以说明，如何用 CVM 来估算在不同情景下鱼群的变化对当地住户的价值。具体地说，作者运用了条件价值调查，来估算让鱼群在 20 年内回到现在水平，而非任由鱼群继续减少的价值。作者估算，平均而言，华盛顿的居民愿意每年为洄游鱼群增加支付 736 美元。[2] 如果 500 万人受影响，则总计为一年 37 亿美元。

虽然 CVM 技术已运用到许多领域，但到现在为止还没有以必要的规模与范围用于估算全球变暖的影响。要全面为气候变化对丧失的物种与受损的生态系统的价值的影响估值，存在难以克服

[1] 我感谢 Kerry Smith 在一份较早的手稿上的评论，以及他关于如何改进这一节的建议。一份有用的评估是 National Research Council，*Valuing Ecosystem Services: Toward Better Environmental Decision-Making*（Washington，DC：National Academies Press，2004）。

[2] 参看 D. F. Layton，G. M. Brown，and M. L. Plummer，“Valuing Multiple Programs to Improve Fish Populations，” prepared for Washington State Department of Ecology，April 1999，www.econ.washington.edu/user/gbrown/valmultiprog.pdf。

的，甚至无法逾越的障碍。一个困难是，科学家在确定需要估值的变化上面临重大困难。我们在上面看到了，对丧失的物种数量的估算有多大差异，而丧失的时间又增加了另一种复杂情况。第二个困难是任务的范围。它需要估值的不只是华盛顿州的洄游鱼，还有全世界的物种和生态系统，尤其在遥远的角落很少有可以利用的监测结果。

此外，对 CVM 的使用在经济学中也有高度争议，并不被普遍接受。一些人认为“有些数字总比没有数字好”。另一些人认为，在没有可靠方法的情况下，“没有数字也比一个不可靠的数字好”。多年的争论和进一步的研究并没有形成对这种方法的共识。[1]

一些专家认为，鉴于在思考相关问题时存在固有困难，反应就是不可靠的。人们被问及他们不理解的反事实状况。回答是假设性的，和实际行为并不一致。此外，如果人们感到一种关于对象的“温情效应”（warm glow effect）——例如他们可能想到鲑鱼跃动的美丽图画，而这与所涉及的实际的鱼没有关系——他们可能会夸大挽救受到威胁的物种或生态系统的价值。有许多应该克服的主观偏差。

---

[1] 对争论的一个出色总结包括在 *Journal of Economic Perspectives* 26（2012，Fall），www.aeaweb.org/articles.php?doi=10.1257/jep.26.4。下面是一个不确定性的突出例子。在 1989 年埃克森公司瓦尔迪兹油轮石油泄漏之后，两个研究团队被要求为诉讼提供损失估算。一方得出损失的经济价值是 49 亿美元。另一方发现的损失估值只有 380 万美元。主要的差别是前者包括了非使用或外部性价值，而后者没有包括。关于这个讨论，可以参看 Catherine L. Kling，Daniel J. Phaneuf，and Jinhua Zhao，“From Exxon to BP：Has Some Number Become Better Than No Number?” *Economic Perspectives* 26（2012，Fall）：3—26。

怀疑者进一步指出，来自 CVM 研究的数量有时不可思议地大。我们可以审视上文描述的对洄游鱼的调查结果，作为例子。在调查时，华盛顿家庭收入中值是 46 400 美元，因此鱼群的价值按估算占到收入的 1.6%，这看来太多了。我们可能想知道人们关于其他环境问题所说的话。假设我们调查华盛顿的候鸟、其他受到威胁的物种、华盛顿的水质和空气污染，以及从全州的核废料场消除危险的价值。这些可能也会得出类似量级的答案。我们可以进一步询问，黄石国家公园或者喜马拉雅冰川等偏远地方，以及北极狐和北极熊的价值。很有可能，某些创造力从所有这些潜在丧失中造就的总价值将大于家庭收入。

如果我们回过头问人们，他们愿意为所有环境问题整体支付多少钱，看来他们愿意支付的钱不可能近于个别问题答案的总和那么大。或者如果让他们参加税收全民公决，他们可能会投票支持根本什么都不用支付。

这里我个人的评价是，CVM 和类似的调查型的方法能说明一些问题，但现在将其用于评估 CO_2 浓度上升和气候变化引起的生态系统影响的成本时，极不可靠。以上讨论的两个缺点——作为对风险的科学评估，不完整；以及作为用于评估的经济学工具，充满争议——显示了从拥有对野生动物、物种和生态系统丧失的经济影响的可靠估算，到将其用于对全球变暖影响的估算，我们还任重道远。

这并不意味着，我们应该简单地举手放弃，并对问题置之不理。至少我们需要一种更好的方法把迫切需要保护的生态系统和物种跟那些优先度较低的分开。一些生物学家提出，简单地估算有危险的物种的数量，是一种不合适的衡量生物学重要性的度量标准。

另一些度量标准则会强调功能多样性或行为多样性，以及在环境冲击之后恢复的能力等特点。这些方面由生物学家肖恩·尼（Sean Nee）和罗伯特·梅（Robere May）作出了分析。他们研究了在过去的灭绝中失去了多少基因多样性，或者 DNA 中的编码信息——用查尔斯·达尔文的话是生命之树。他们的观点是，并不是所有物种都是同样重要的。例如，渡渡鸟的灭绝，没有基因上的近亲，所引起的多样性的丧失就要大于 3 000 种蚊子物种之一的丧失。他们令人惊讶的发现是，即使当 95% 的物种消失时，大约 80% 的根本性的生命之树仍保留下来了。[1]

哈佛大学经济学家马丁·魏茨曼（Martin Weitzman）等其他学者已经发展了对不同物种“重要性”的度量标准。[2] 这是一个重要的任务。现代生物学需要开发更好的对物种与生态系统重要性

---

[1] Sean Nee and Robert M. May, “Extinction and the Loss of Evolutionary History,” *Science* 278, no. 5338（1997）: 692—694.

[2] 特别有趣的是 Martin Weitzman 的一系列研究，包括他所说的挪亚方舟问题。这涉及选择保留哪些物种。参看他的“Noah’s Ark Problem,” *Econometrica* 66（1998）: 1279—1298。一个关于替代性度量标准的重要研究，参看 Andrew Solow, Stephen Polasky, and James Broadus, “On the Measurement of Biological Diversity,” *Journal of Environmental and Economics Management* 24（1993）: 60—68。到目前，在把这些度量标准用于估值工作上少有成功。

的度量标准，以指导我们在全球气候变化背景下的保护决策。

而且我们应该鼓励生态学家和经济学家共同工作，以开发出对丧失的物种与生态系统的价值的更全面评估，尽管这是一个使人沮丧的任务。

关于物种与生态系统所受影响的估值，做一个简单的总结是，估算这些影响是最困难的任务之一。我们对危险的认识并不充分，而且的确，我们甚至不知道在当今世界上存在多少物种。我们今天还不能用一种可靠的方法为生态系统估值，也不能按它们的重要性为它们排序。

而且，许多人感到在灭绝的生命中涉及强烈的伦理问题。许多人感到，人类作为地球这个星球的管家，有一种基本责任。任由第六次大灭绝在我们的注视下发生是不道德的。我们已经接到了关于风险的公正警示，我们不能为无知与疏忽辩解。北极熊、黑脉金斑蝶、克拉克大马哈鱼、南非山龙眼——以及，对了，甚至那些灵敏又烦人的蚊子——的进化是自然界最伟大的奇迹。让这个遗产的相当大部分在一个世纪内消失，是可怕的一步。正如哲学家叔本华所言："假定动物没有权利，并幻想我们如何对待它们都没有道德意义，这是展现了西方世界的粗鲁和野蛮的一个绝对骇人的例子。"[1]

[1] Arthur Schopenhauer, *On the Basis of Morality*, trans. E. F. J. Payne（Providence, RI: Berghahn, 1955）.

这就结束了特别棘手的对气候变化影响的讨论。它们并不一定对人类构成灾难，尽管它们可能会对其他物种和珍贵的自然体系造成严重的后果。主要的障碍是人类不能有效地控制这些领域中的影响。也许有一天，人类社会将能做到克努特国王做不到的事，驯服海洋。也许未来的生物学家能使来自过去时代的渡渡鸟重生，而且如果北极狐灭绝也让其复活。但是，在那之前，气候变化和升高的 CO_2 水平对自然系统的大规模影响有可能无处不在，并以不受欢迎的甚至有害的方式改变自然界。

第 12 章

对气候变化所致损失的总结

以上几章多方面考察了气候变化的主要影响。我把这种情况描述为科学上的“逐屋战斗”，因为每一个领域都有自己特殊的动态，以及和气候变化的关系。土壤的水分对农业是关键的，海表温度对飓风是关键的，大气 CO_2 浓度对海洋酸化是关键的，等等。

但在“逐屋战斗”之后，现在我们可以退一步，并着眼于全面的情况。我们可以判断的全面影响是什么呢？从我们对影响的回顾中，可以得出五个关键的主题，而且强调它们是值得的。

- 我们发现，气候造成的损失与经济学密切相关。它们是迅速的经济增长引起的不合意的副产品，或者外部性。零经济增长会大大减少变暖的威胁。

- 此外，我们看到了受控系统（如工业经济）和不可控系统（如海洋酸化）之间重要的区分。我们强调我们关注的主要焦点应该是未受控或不可控的影响。

• 我们看到了，高收入国家的市场经济日益免于气候恶化和自然界的其他困扰。这部分是因为像农业这样的以自然为基础的部门相对于服务业正在缩小，而部分是因为以自然为基础的部门对未减缓的自然影响的依赖变小了。

• 这一点又引起了与影响相关的第四个和更深层次的问题。如果正如所有经济学家与气候模型所预测的，我们的社会在未来几十年中的确会迅速地进步与增长，我们如何预测从现在起的一个世纪或者更长时期内，那些不同的结构所受的影响呢？评估是困难的，因为在农业、人类健康和移民这些领域，技术的变化是迅速的。评估我们经济的状态，并对遥远的未来作出可靠的影响分析，就像通过模糊的望远镜看风景一样。

• 最后一点，我们发现，最麻烦的影响在远离市场，从而远离人类管理的领域。这一点特别适用于人类宝藏与自然宝藏、生态系统、海洋酸化以及物种这类领域。在这些领域为影响估值是加倍的挑战，原因是估算影响的困难，以及缺乏衡量影响的可靠方法。经济学在我们最需要它的领域却贡献最少。

不同经济部门的脆弱性

利用对我们背后的单个部门的这些观察，让我们着眼于全局。我们首先对 1948—2011 年的美国市场经济这样做。美国的产业构成是今天高收入经济的代表，而且本世纪中期的中等收入国家可能会有类似的结构。

为着这个目的，我把美国的产业分为三组：受严重影响的部门，受中等影响的部门，以及受轻微或可忽略影响的部门（表 5）[1]。对影响的详细研究表明，受影响严重的或脆弱的部门可能是农业和林业。在这些部门，在极端的情景下生产率会大幅度下降（回想一下第 7 章中关于农业的讨论以及图 14 的产量图示）。

第二组产业包括受到天气与气候影响，但能以适当的成本适应的产业。一个例子是运输业。雪或洪水这类极端天气会引起延误并导致成本，但气候变化对公路与空中旅行的影响可能相对小一些，在下个世纪的影响最多也就是产量的几个百分点。

第三组中的行业可能经历的来自气候变化的直接影响很小或完全没有。它们主要包括医疗、金融、教育和艺术等服务业。例如，神经外科，这是医疗的一个主要科目。门诊和手术发生在高度受控的环境中，而且气候变动不可能对这些活动产生可衡量的影响。服务业从 1929 年占经济的 25% 增长到今天占 52%，这表明市场经济日益免疫于天气和气候。

[1] 数据根据部门的增加值（等于总销售减去从其他部门的购买）。因此对农业，这不包括燃料与化肥的购买。一个主要的统计决策是如何划分介于中等脆弱与轻微脆弱部门之间的不动产业。我假设位于低处的不动产业易受风暴和洪水影响，因而是中等脆弱。用耶鲁 G-Econ 数据库，我估算有 6% 的美国产量与人口处于海拔 10 米以下（参看表 4），而且，我以之为确定受中等影响的不动产业份额的基础。工业产量的数据来自 U.S. Bureau of Economic Analysis，“Gross-Domestic-Product-by-Industry Accounts，1947–2010，” www.bea.gov/industry/gpotables/gpo_action.cfm。空间数据来自 Yale University，“Geographically Based Economic Data（G-Econ），” http：//gecon.yale.edu。

表 5 美国经济面对气候变化的脆弱性（按部门，1948—2011 年）

部门（按影响）	部门在国民总收入中的份额		
	1948 年	1973 年	2011 年
受严重影响的部门	9.1	3.9	1.2
农业	8.2	3.4	1.0
林业，渔业	0.8	0.5	0.2
受中等影响的部门	11.6	11.4	9.0
不动产业（沿海）	0.3	0.4	0.5
运输业	5.8	3.9	3.0
建筑业	4.1	4.9	3.5
公用事业	1.4	2.1	2.0
受轻微或可忽略影响的部门	79.3	84.7	89.8
不动产业（非沿海）	7.2	9.3	10.8
矿业	2.9	1.4	1.9
制造业			
耐用品	13.5	13.5	6.0
非耐用品	12.7	8.5	5.4
批发贸易	6.4	6.6	5.6
零售贸易	9.1	7.8	6.0
仓储	0.2	0.2	0.3
信息	2.8	3.6	4.3
金融与保险	2.5	4.1	7.7
出租与租赁服务	0.5	0.9	1.3
服务与其他	10.5	14.0	27.2
政府	11.1	14.6	13.2
总计	**100.0**	**100.0**	**100.0**

表5中显示的数字提供了关于美国经济在过去60年中脆弱性变化的一幅惊人的图画。第一点是，受严重影响的部门的份额现在只有美国经济的1%。受中等影响的部门——沿海不动产业、运输业、建筑业以及公用事业——构成了经济的不足十分之一。到2011年，受气候变化影响最少的部门构成了整个市场经济的90%。

第二个重要的历史特点是，面对气候变化最脆弱的部门急剧变小。受严重影响的部门的份额，从1948年占经济的9%下降到今天占1%。这种趋势主要是由于美国经济中农业份额的下降。到2012年，只有1%的劳动力从事农业。

在表5中显示的趋势也可以在世界上大多数其他地区发现。随着经济成熟，人们从乡村农业转移到城市工业和服务业。在所有高收入国家，农业在产量中占1%左右，在就业中占3%左右。在低收入和中等收入国家，农业在其经济中的份额，也从1970年的25%下降到2010年的10%。下面是一个引人注目的历史事实：在世界银行提供了农业占GDP份额数据的166个国家中，只有4个国家在过去40年中表现出上升趋势——刚果民主共和国、塞拉利昂、中非共和国以及赞比亚。所有其他国家都表现出一种稳定的或更多是下降的趋势。[1]

在气候—经济模型的长期经济预测中，这些趋势被假定会持

[1] 数据来自World Bank，World Development Indicators，http：//data.worldbank.org/data-catalog/world-development-indicators。

续下去。如果各国确实表现出标准预测中假设的产量和排放的迅速增长，那么，当经济活动从农业和以土地为基础的活动转向工业和服务业时，市场经济面对气候变化的脆弱性就会越来越小。这种模式并不是必然出现的。但它跨越时空普遍存在，而且我们应该把它作为气候变化经济学的主要发现之一。

对总损失的估算

经济学家许多年来勤奋地估算气候变化造成的总损失。他们收集关于不同部门和不同国家研究的所有可以得到的发现。研究涉及了农业、林业、渔业、能源、海平面上升以及健康等市场或准市场领域。不可避免的是，分析主要考察了有丰富数据的地区，例如美国和西欧。对发展中国家和非市场部门的估算只覆盖了少数国家的少数部门。

图 22 显示了关于不同的变暖水平时，气候变化导致的总损失的一份全面综述的结果。小圆圈显示了由这一领域的主要学者理查德·托尔（Richard Tol）汇编的不同研究的结果。[1]

[1] 作者画的这个图用的数据来自 Richard Tol，“The Economic Impact of Climate Change,” *Journal of Economic Perspectives* 23，no.2（2009）：29—51。使用 RICE-2010 年模型的估算来自作者。IPCC 的估算来自第三次评估报告，并在第四次评估报告中引用，*Impacts*，Section 20.6.1。

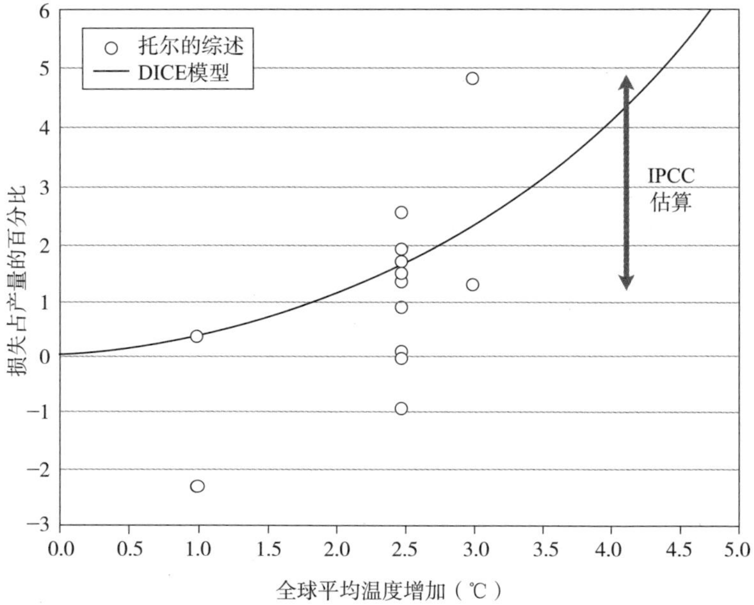

图 22

关于全球变暖对全球经济影响的估算。这个图显示了对不同升温水平时，全球变暖导致的总损失的一组估算。小圆圈是个别的研究。实线是 DICE 模型中使用的全球损失函数。箭头是最近 IPCC 对影响的总结的估算。估算一般只包括对非市场部门所受损失的部分估算。

这些结果中有几个有趣的发现。第一个意外是，在所计算的变化范围内，估算的气候变化影响是较小的。最大的损失估算值是产量的 5% 左右。得到最认真研究的情景显示的变暖是 2.5 ℃（我们预计会出现在 2070 年左右）。由于这种变暖，主要损失的估算值是全球产量的 1.5% 左右。

此外，图 22 用一条实线显示了 DICE 模型的估算。这些总估算值得自诸多不同领域（农业、海平面上升、飓风等等），而且计算了不同升温水平时，全球损失占全球产量的百分比。正如我在前几章中强调的，它们要受限于巨大的不确定性，因为在丧失的物种和生态系统损失的价值等领域，估算影响还存在困难。

4 ℃位置的垂直箭头显示了最后一个估算。这个估算是由IPCC在第三次评估报告中提供的一个范围。它主要是从托尔综述的同样研究得出的，因此是一份专家评估，而不是一个独立的估算。[1]

最后，注意估算出的影响是非线性的和凸形的（由于递增的斜率）。一些研究发现，变暖1 ℃左右可能有经济利益（参看第7章中农业的例子）。但到某一点以后，损失就开始上升，而且上升越来越快。换句话说，据估算每继续升温1 ℃，成本都在增加。托尔的估算指出，变暖的首个1 ℃的影响可能是有利的，而不是有害的，主要因为CO_2对农业的施肥效应。但是，高于这个温度，影响就变为有害的。而且，变暖3 ℃时，递增的成本接近于变暖2 ℃时的两倍大。这些研究没有以一种可靠的方法把潜在的临界点

[1] 一些研究对估算运用了“平等加权”，因此，低收入地区的1美元损失大于高收入地区的1美元损失，这一般就会提高损失率。下面向有兴趣的读者解释这一点。假定我们有两个地区，A与B。它们的人均收入是10 000美元与5 000美元。为了反映平等，我们对B的损失的加权就两倍于A地区（如果社会福祉函数是对数性质，这里社会福祉就是消费的对数）。RICE-2010年模型中的相对加权略有不同，但答案与这里所报告的计算只有微不足道的差别。图22中所显示的这种不加权的计算简单地采用了总损失，并除以全球总收入。一种平等加权的计算是采用每一个人（或者更加现实的是每一个地区）的损失，并用平等加权进行加权。

结合进来，临界点可能使损失曲线进一步向上倾斜。[1]

对气候赌场上的危害的风险贴水

贯穿本书的主题，是在 CO_2 和其他气体积累以及气候变化时，埋伏着等待我们的未知危险。其中一些危害是充分确定的，例如，气候对温室气体积累的敏感度的不确定性。但随着科学家更深入地研究这个题目，其他危险仍无法预测。继续处于争论的问题还包括格陵兰岛和南极洲西部的巨大冰盖的未来，气溶胶对全球和地区气候的影响，大量沉积的冻结甲烷和冻土融化的风险，北大西洋环流模式的变动，失控增暖的可能性，以及海洋碳化与酸化的影响。

[1] 表 N-3 说明因变暖增加的损失（来自 Tol, “The Economic Impact of Climate Change”）。这计算了温度增加每一度时增加的损失。计算用了与托尔的估算一致的二次函数，并外推到 4 ℃。注意，数据只包括了到 3 ℃的范围，因此，超过那一点的估算就是一种外推。增加的损失显示了温度每变化 1 ℃时损失的变化，而且所计算的是从低于显示温度 1/2 ℃到高于 1/2 ℃的损失增加情况。也就是说，对 3 ℃的估算等于 3½ ℃时的损失减去 2½ ℃时的损失。括号中的数字是用最小二乘回归时对每一度估算的标准差。

表 N-3

温度	增加的损失（产量的 %/℃）
1	−0.2（±1.5）
2	2.0（±1.5）
3	4.2（±1.5）
4	6.3（±3.2）

说明：括号中的数字是对每度估算的标准差。

我们的经济模型在以一种可靠的方式结合这些主要的地球物理变化及其影响上，面临巨大的困难。考虑一下我们应当如何保证，我们的星球可以应对我们在气候赌场上遇到的风险，或许是有用的。

为了说明气候赌场中的风险，我们可以将大规模风险看成一种地球轮盘赌。我们把更多的 CO_2 排入大气的每一年，我们都旋转了地球的轮盘。当轮盘停止，我们就会发现，我们是得到一个有利的结果，还是一个特别危险的结果。在第一局时，一个黑袋子里的球引起了排放的缓慢增加，而一个红袋子里的球引起了排放的迅速增加。在下一局时，我们发现了当 CO_2 浓度加倍时出现的情况。这种加倍将使全球平衡温度增加 3 ℃。但对这个数字的估算范围很大。再下面一局，可能发现农民会充分适应，而且全球的食物生产未受影响，而一个红袋子里的球可能给现在的世界谷物带造成特别不利的影响，并因此造成比我们预期大得多的损失。

但在气候赌场上，球也可能停在零或两个零上。如果它停在零上，我们发现了物种、生态系统和威尼斯等文化地标的重大损失。如果它停在两个零上，我们看到了那些影响，以及甚至更严重的影响。我们可能开始看到南极洲西部冰盖的迅速崩溃，或者大块的永久冻土融化，或者现在使北大西洋地区增温的洋流发生变化，或者海洋酸化的突然影响造成的海洋生物大灭绝。

我们还会担忧气候的轮盘赌有一种古怪的构造。我们甚至可能不会知道数量是多少，而且也许红袋的数量之多远远大于我们所想的，因为我们低估了临界点的数量。数量可以根据以前旋转轮盘的结果而改变。我们还发现，当有多个不利的赌局时，结果甚至会代价更高，这是由于物理系统中的非线性。连续三个红袋加上双零可能引起更为不利的结果，就像排放迅速增加，积累出大于预期的气候影响，加上会进一步影响印度次大陆的季风形态的转变。在气候赌场上，总的气候影响大于个别部分的总和。

合理的战略应提议一份保险贴水，以避免气候赌场上的轮盘赌。我们应该在我们的损失估算中加入一份贴水，以反映图 22 显示的已确定危险顶端的赌场风险。我们需要纳入一份风险贴水，不仅弥补气候敏感性和健康风险这类已知的不确定性，而且弥补已知和未知的临界点这样的零或双零的不确定性。

应该增加多少风险贴水呢？这是今天专家们广泛研究并讨论的题目，而专家的答案也迥异，从很少到损失估算值的两倍或三倍。唯一有把握说的是，我们不应该忽略气候赌场上的风险。

对估算的谨慎保留态度

这里提出的对气候变化影响的估算代表了目前的研究水平，而且它们是一种用于计算经济上有效的气候变化政策的必要策略。但是，应该极其谨慎地使用它们。

我的一些保留态度与前几章中对个别部门的讨论相关。首先，这些估算只包括可量化的影响，而且主要集中在农业、不动产、土地、森林和人类健康这些市场或准市场部门。由于我们发现经济中许多部门在气候变化面前相对并不脆弱，并不令人惊讶的是，市场损失相对不大，特别是在高收入国家。

了解这些研究遗漏了什么也是重要的。它们没有包括几个小的负面和正面的项目：对能源支出的影响（取暖支出减少，冷却支出增长），更低的冬装支出，发电站冷却装置的成本，北极港口增加的可达性，为滑雪而造雪的更多成本，减少的冬季娱乐设施与增加的暖日娱乐设施，渔业的收入损失，等等。可能的情况是，许多小的影响可以积累成庞大总量——实际上，气候的千刀万剐会造成经济死亡。虽然这在我看来未必会发生，但必须强调的是，考虑到所有可能情景中的所有地区的所有部门，这些为数众多的小伤害的总影响很难得到可靠评估。

更重要的保留态度涉及太不确定或太难可靠地估算的影响。例如，我讨论了计算物种丧失与生态系统损失的经济影响的困难。而在这里，估算影响是加倍困难，因为物理影响一般太复杂，以至于无法确定，而经济学家还没有形成对生物多样性损失的代价的可靠估算。

主要限制条件集中在评估临界点——潜在的间断性的、突发的以及灾难性的气候变化与后果——的影响的困难。正如物种和生态系统丧失一样，潜在异常事件的经济影响难以估算。它们是难以预测的，物理影响是未知的，而且后果一般远离市场之外。这里的挑战是更加严峻的，因为影响可能威胁到人类和自然社会的生物学与物理学基础。在这方面它们类似于关于国防的存在主义争论，在这里要衡量不同战略的成本与收益是困难的。在这个阶段，物理科学还远远不能理解来自大规模临界点的威胁。一旦更好地了解了这些，我们就可以努力理解它们对社会和自然系统构成的危险，以及防止这些地球物理方面的“银行挤兑”所需要的举措。

在评述未来气候变化影响的最后，我们得出的结论是什么呢？要强调的第一点是，估算影响是困难的。它们结合了排放预测和气候模型的不确定性。即使我们略去未来气候变化的不确定性，人类和其他生命系统对这些变化的反应也非常鲜为人知。某种程度上，社会系统的反应是难以预测的，因为它们太复杂了。此外，人们日益增加了对自己环境的控制，以至于对适应的少量投资有可能抵消气候变化对人类的影响。而且，几乎可以肯定，气候变化会发生在与今天有巨大不同的技术和经济结构背景下。

但是，我们应该通过模糊的望远镜尽全力观察。第二个结论涉及气候变化对我们可以可靠地测算的部门的预计经济影响，特别是对今天或未来的高收入国家。这里的估算结果是，相对于下半个世纪和一个世纪经济活动可能的全面变化，气候变化的经济影响将比较小。我们估算的影响是，在变暖 3 ℃时，占产量的 1%—5% 之间。相比之下，预计同一时期贫穷与中等收入国家的人均 GDP 会增加 500%—1 000%。收入上的损失大约相当于未来几十年大多数国家一年的增长。

这种预测会使许多人惊讶。但是，它是基于这个发现：如果受控体系有适应的时间与资源，它们就对气候变化有惊人的适应力。这个发现特别适用于农业部门极小的高收入市场经济。虽然一些人可能担心这会使穷国注定由于气候冲击而受重创，但这种关注忽略了构成主要气候变化预测的基础的经济增长。有超过 25 亿人口的中国和印度，在过去半个世纪中人均收入几乎增加了 10 倍。[1] 在今后半个世纪中，类似的增长将使印度和中国的人均收入达到 5 万美元左右，这样大多数人将在服务业工作，只有很少人还留在农村务农。到 21 世纪结束时，今天的穷国面对气候变化影响的脆弱性有可能大大下降。

第三个主要结论是气候变化的大多数破坏性影响——在未受控与不可控的人类和自然系统中——处在传统的市场之外。我确定了应特别关注的四个特殊领域：海平面上升、飓风加剧、海洋酸化以及生物多样性的丧失。对其中每一种，变化的规模现在超出了人类努力制止的能力。对于这个清单，我们必须加上对地球系统异常与临界点的关注，例如不稳定的冰盖以及改变的洋流等等。

---

[1] 根据 Penn World Table 6.3，从 1950 年到 2010 年印度的人均收入增加了 5.9 倍，而中国的人均收入增加了 15 倍到 33 倍，取决于所用的衡量标准。参看 Alan Heston, Robert Summers, and Bettina Aten, "Penn World Table Version 7.1," Center for International Comparisons of Production, Income and Prices at the University of Pennsylvania, November 2012, from https://pwt.sas.upenn.edu/php_site/pwt71/pwt71_form.php。

这些影响不仅难以在经济方面衡量和量化，从经济学和工程学的角度看，它们也难以控制。但是，说它们难以量化和控制并不意味着应该忽略它们。恰恰相反，这些未受控或不可控的系统应得到最认真的研究，因为它们在长期中有可能是最大的危险。

客观地看，处于危险的冰帽中的总冰量相当于约 160 亿亿加仑水。这远远不是人类可以轻松地打包，并存在某个方便的地方的。海平面上升和更强烈的飓风的后果很容易理解，而且在现实中，人类社会可以免于灾难性损失适应它们。但对于海洋酸化和大量物种潜在丧失的后果还难以可靠地理解和估值。我们不能排除未来技术会改变这些令人担忧的领域的前景的可能性——类似于比尔·盖茨缓和飓风的专利。但这里的障碍比在健康和农业这样的受控系统要高得多——而且慎重的做法是假设，在下个世纪左右这些仍是不可控的。

最后，鉴于对影响的已有了解，是否存在一个自然的极限，对此我们可以说“到此为止，不可再进一步”？如果我们可以发现某种焦点，气候政策的某种精确的数字目标，政策就简单化了。2009 年科学家和决策者在哥本哈根确定，与工业化前相比温度增加 2 ℃，是地球系统的安全界限内的最大值。我们关于影响的研究对哥本哈根目标有什么启示呢？

一个平衡的方法认为，2 ℃的目标既太低又太高。鉴于以上分析的已认定的损失以及在第三编中讨论的达到这种目标的高成本，这就太低了。但如果我们像其他许多地球科学家一样相信，地球已经跨过了某些危险临界点的门槛，这个目标就太高了。

我们如何解决政策目标到底是太高还是太低的两难处境呢？答案在成本领域。面对在太高与太低之间做决定的两难处境，我们需要考虑减缓气候变化与达到不同目标的成本，下面我将论述这个问题。完成这一点后，我们就可以比较成本与收益，并提出一种向前的解决办法——这种政策可以平衡两个目标，既为了未来而保护我们的环境，又在这么做时减少生活水平方面蒙受的损失。

PART 3

减缓气候变化：战略与成本

SLOWING CLIMATE CHANGE: STRATEGIES AND COSTS

赌博：为了有所获而一无所获的不二法门。

——威尔逊·米兹纳

Gambling: The sure way of getting nothing for something.

—— *Wilson Mizner*

第 13 章 |

应对气候变化：适应与地球工程

前文解释了，二氧化碳及其他气体不受控制的增长，是如何引起我们的气候系统，及人类和自然系统的巨大变化。大部分变化可能是逐渐出现的，像是一班集速度与动量于一体的货运列车。我们不能准确地预测其影响，但即使最理想情况下它们也不受欢迎，最糟糕时更堪称危险。而且，正如加速的货运列车一样，它们一旦上路就难以停止。

这一编的几章将探讨应对气候变化威胁的措施。有三种主要的方法。第一种方法是适应，它是指我们要学会应对变暖的世界，而不是企图防止它。仅仅依靠适应，是那些反对采取高成本措施来减缓气候变化的人，以及那些相信气候变化的影响可能微不足道的人所支持的，但适应理应是任何战略组合中的一部分。

第二种方法是地球工程，即通过引进变冷的因素来抵消 CO_2 引起的变暖。地球工程可能至少是部分有效的，但并没有得到证明，而且可能有危险的副作用。

第三种方法经常被称为减缓，包括采取行动减少排放 CO_2 与其他温室气体，并降低其大气浓度。减缓方法已经是国际磋商的关注焦点，从环境的角度看，是最安全的解决方法。但短期而言它也是最昂贵的，因而是最难实现的。

进入对可供选择的战略的讨论之前，我将提供一个对结果的简单摘要。经济学的证据表明，如果各国及时并以接近一致的方式，采取有效的控制策略，减缓气候变化是比较便宜的。必要的措施——包括迅速开发新技术，以及提高碳排放的价格以激励减排——可以依靠许多年来在全世界有效运行的经济机制。但可靠又正确的，并不一定能受到欢迎并实现。实际上正如我们将在第五编看到的，这些政策会遇到激烈的抵制。

第三编大部分讨论减缓战略。它探讨了技术、高参与度的必要性、减缓成本的估算以及新技术的作用。但在真正转向减缓战略之前，我要用这一章来说明仅仅依靠适应或地球工程战略的迷惑性。这两种截然相反的方法从远处来看都极有吸引力：它们是诱人的，因为它们看来都是实现我们环境目标的低成本方法。在现实中，它们可能会缓解打击，但不能完全抵消碳积累和气候变化的危险影响。它们可能成为风险管理战略的一部分，但即使是最好的地球工程和适应战略，也将给这个星球留下重大而不可接受的风险。

适应：学会与气候变化共存

如果气候模型的预测是正确的，那么，在未来一个世纪及以后，世界将剧烈地变化。我们在前文已经看到了许多重要的影响：海平面上升、海洋酸化、冰盖融化、更猛烈的风暴、变化的农业区，以及生态灾难。一些人认为，我们应该学会与这些变化共存，而不是采取代价高昂的措施去防止它们。换句话说，他们提出，我们主要应该适应，而不是防止全球气候变化。

“适应”这个词，指可以避开或减少气候变化对人类和其他生命系统的有害影响的调整。例如，农民可以改变他们的作物和播种时间，并修建灌溉系统。如果热浪变得更加频繁，人们就可以安装空调。在一些情况下，适应可以实际上让影响消失殆尽。在另一些情况下，适应可能收效甚微。

但是，适应很少毫无成本。当农民修建并使用灌溉系统，以适应较为干旱的气候时，他们必须投入真金白银。你和我都必须投入金钱，以安装与运转空调。但至少对美国来说，估算表明，适应适度的气候变化（比如说，增加 2—3 ℃），将抵消人类及其企业的大部分潜在损失。[1]

在其他一些领域，包括海洋酸化、海平面上升及受威胁的物

---

[1] 参看 William Easterling，Brian Hurd，Joel Smith，*Coping with Global Climate Change: The Role of Adaptation in the United States,* Pew Center on Global Climate Change，2004，http://www.pewclimate.org/docUploads/Adaptation.pdf。他们写道：“文件表明，如果变暖出现在预测范围的低端，假定气候的变动性不变，并对适应做普遍的乐观假设，美国社会整体上可以以净收益或付出某些成本来适应。但是，在变暖的幅度大得多时，即使对适应做相对乐观的假设，许多部门也会遭受净损失，并承担高成本。将给适应造成困难的气候变化的幅度和变化率（包括可能的非线性反应）的门槛，是不确定的。此外，美国可以忍受的极端天气事件的频率、强度或持久性将增加多少，也是不确定的。”

种与生态系统等未受控或不可控的系统，必要的适应是极其昂贵，或者不可能的。我们来对海平面上升异想天开一下。某些人会建议，我们的适应战略可以是通过把多余的水抽到南极洲最高点，来防止海平面上升。一些计算表明这就要求每年抽水 80 亿亿加仑，而且是天文数字般昂贵。[1] 同样，我们可以努力储存受威胁物种的 DNA，直至新的生物技术可以复制它们，但并不能保证我们确实能完成这个任务。因此，如果考虑到未受控与不可控的系统，适应充其量是对未来几个世纪可能发生的巨大变化的一种不完全解决方案。

专家们对适应形成了两个基本观点。第一，适应是地方性的，而防止是全球性的。我们可以通过减少全球排放与浓度来防止气候变化。如果你或我减少我们的排放，而世界的其他人像平常那样继续其能源业务，就没有效果了。另一方面，适应是地方性的，因为会给那些进行适应的人带来成本与收益。如果一个农民改变作物或修建灌溉系统，这个农民就要为适应付费，并从中得到利益。如果我把我的海边小屋迁到更高的地方，以减少飓风的威胁，我付出代价并受益。因为存在政府补贴、对邻居的影响以及市场

---

[1] 考虑一下，把海水抽低 1 000 英尺，并倾倒在南极洲冰盖上，以抵消预期的海平面上升的成本是什么。我假设抽水的效率是 85%，而且按每英尺水柱的压强每分钟抽取每加仑水需要 0.003 69 kW 的电力。我假设，这一操作需要抽掉相当于海平面的 10 厘米，总计为每年 8×10^{17} 加仑水。把每年抽的这些海水量代入一个公式就得出需要的能源为每年 5×10^{13} kWh。这大约为现在全球总发电量的两倍，而且成本将近为今天世界 GDP 的 10%。

扭曲这类现实的复杂性，这些例子过于简单化了。但它们在基本的“成本—收益”的模式中更趋复杂。适应的地方性意味着，大多数必要的决策可以由地方或者也许由国家，而不是由全球来做。

第二，适应完全不同于减缓、地球工程或除碳。适应强调与气候变化共存，而其他选择强调了防止。我们可以用家庭火灾的类比来说明。假设我住在新墨西哥州有高度火灾风险的偏远山间房子里。这个房子在森林附近，极易发生野火。我可以考虑防止或适应。防止就包括清理我房子附近的树木，铺设金属屋顶，以及使我的院子没有可燃材料等。这些措施的重点是防止我的房子着火。

另一种方法也可能用于应对火灾。它包括一份撤离计划，把我的贵重物品放在偏僻位置或防火保险箱里，并留心本地的火灾报告。这种战略是为了适应火情。虽然这两者在某些情况下都是有效的战略，而且实际上大多数人会同时采用，但它们本质上是不同的方法。

因此，适应可能是减少全球变暖危害的行动组合中必要，且有用的一部分。对于减缓而言，适应是补充，而非替代。特别是在人类严格控制的领域，如医疗与农业，适应可以消除许多有害影响。但认真的观察表明，一些最重大的危害是不可控的，而且也不能通过适应来切实消除。这些包括诸如海洋碳化和生态系统丧失等影响。避免这种长期危害的唯一可靠方法，是降低 CO_2 和其他温室气体的浓度。

地球工程：用人造火山来对抗全球变暖

仅仅依靠适应来应对气候变化不是一种值得推荐的选择。但是现代技术可以通过对地球的物理或化学进行干预来减缓，或者制止全球变暖吗？这种方法被称为地球工程。地球工程一般分为两类：第一类是从大气中清除 CO_2 的技术；第二类是把阳光和热量反射回空间的太阳辐射管理技术。[1] 在这一节，我将探讨太阳辐射管理这个选项，而真正有吸引力的清除 CO_2 的选项则推迟到以后几章。

构成太阳辐射管理基础的原理，是通过改变地球能量的平衡来减缓或扭转变暖。你可以把这个过程视为使地球“更白”或更有反射性，从而使到达地表的阳光更少。这种冷却效应将抵消大气中 CO_2 积累引起的变暖。

“白化”过程类似于火山爆发之后出现的变化。在 1991 年皮纳图博火山把 2 000 万吨火山灰喷射到平流层之后，全球的温度下降了 0.4 ℃左右。地球工程可以被视为创造人造火山爆发，每年可能需要创造 5 或 10 次人造皮纳图博火山爆发，才能抵消 CO_2 积累造成的变暖效应。

近年来也有许多通过太阳辐射管理实施地球工程的建议。一

[1] 对地球工程的第一次全面讨论出现在美国国家科学院委员会 1992 年关于气候变化的报告中。参见 National Research Council, *Policy Implications of Greenhouse Warming: Mitigation, Adaptation, and the Science Base*（Washington, DC: National Academies Press, 1992）。一份有用的、更新的报告，讨论了不同地球工程战略，以及太阳辐射管理与去除 CO_2 间的区别，Royal Society, *Geoengineering the Climate: Science, Governance and Uncertainty,* September 2009, RS Policy document 10/09。

些建议涉及直接让地球的颜色变得更白（比如说，用白色的屋顶和公路）。也许最容易想象的是，把几百万镜子般的小颗粒放在地球上空 20 英里处。例如，我们可以在本底水平上人工增加平流层的硫酸盐气溶胶。这可以增加地球的行星反射率或者白度，并减少来自太阳的辐射。气候科学家计算出，反射出 2% 左右的太阳能量可以抵消 CO_2 加倍带来的变暖效应。在正确地方的正确数量的颗粒可以减少太阳的辐射，并按需冷却地球。

成本估算指出，如果成功，地球工程的成本可能比减少 CO_2 排放的成本要低得多。现有的估算数据表明，要达到同等冷却水平，地球工程的成本是减少 CO_2 成本的 1/10 到 1/100。从经济角度看，把地球工程视为基本无成本是有用的。与这种方法相关，要解决的主要问题是它的效率和它的副作用。

现在，在我们地球上还没有大规模的地球工程实验（除了火山本身），因此，关于其影响与副作用的估算是根据电脑编制的模型。地球工程实际上不能完全抵消温室效应，这是主要的问题。小颗粒或镜子会减少入射辐射，而温室效应会减少出射辐射。两种效应会引起净变暖为零，但它们在物理学上是极为不同的。

一个有用的类比是在热浪期间打开你家的空调。也许平均而言，你的屋子和平时是同样的温度，但一些房间会冷一些，而另一些房间会热一些，而且你肯定会在电费上花一大笔钱。

那么，CO_2 变暖与“小镜子”变冷共同作用下的净效应是什么呢？以下是目前研究成果的总结：它肯定解决不了海洋酸化问题，因为改变地球的能量平衡对大气 CO_2 浓度几乎没有影响。到目前为止气候模型编制的结果表明，通过向大气中注入反射颗粒，地球可以冷却到现在的水平。但模型也显示了一些重要的副作用。由基础物理学所预测，并由模型证明的一种效应是，降雨量普遍减少。换句话说，随着 CO_2 增加，通过地球工程来回到现在的温度和降雨模式看来是不可能的。一项研究发现，增加平流层的气溶胶会改变亚洲和非洲的夏季季风。[1]

另外，积极的气候管理会引起一系列全新的政治问题。在当今世界上，每一个人都应该对引起全球变暖负责，但没有一个人能承担责任。然而，如果某些国家积极进行气候管理，那么，一旦不合意的天气模式出现，受到影响的各方就会指责它们。这就意味着，任何一项负责任的地球工程方案都需要在各国之间进行谈判，而且，如果某些地区受到伤害，就可能需要某种补偿计划。

这就引起关于地球工程的战略层面的一项警示。它同时具有潜在的破坏性和建设性作用。它可以被善意地用于给地球降温，也可以用于恶意地破坏另一个国家的好收成。这种气候战前景是博弈论奠基人约翰·冯·诺依曼（John von Neumann）所强调的：

> 最具建设性的气候控制方案，必须以远见和技术为基础，

[1] 一套有用的模型运作与讨论，可参考 Katharine L. Ricke，M. Granger，and Myles R. Allen，“Regional Climate Response to Solar-Radiation Management，” *Nature Geoscience* 3（August 2010）：537—541。

> 而这种远见与技术本身也将涉及目前未曾想象的气候战模式……有用与有害的技术在每一个地方都如此紧密相连，以至于绝不可能把“狮子”和“羊”分开。所有努力尝试将机密的科学或技术（军事）与公开的科学或技术区分开的人都明白这一点；成功从来就是，也注定是转瞬即逝的，也许会持续五年。同样，在任何技术领域对有用与有害的对象的区分，也许在十年中就化为乌有了。[1]

在我看来，地球工程类似于医生所说的“抢救疗法”——当所有其他治疗方案都失效时，才能使用的有潜在危险的治疗方案。医生规定，只有对那些病情十分严重，而且危险性较低的治疗方案并不适用的病人，使用抢救疗法。没有一个负责任的医生会将抢救疗法用于那些刚刚诊断出疾病，且处于病变早期阶段的患者。同样，没有一个负责任的国家会把地球工程置于防止全球气候变暖的第一道防线。

地球工程之所以特别有价值，正因为它是抢救疗法——它可以用于最需要它的情况。在这方面，它更像一辆消防车，而不是火灾保险。地球工程的消防车可以用于减缓，或扭转迅速且存在潜在危险的变暖。但这不是灵丹妙药。当消防车扑灭火灾时，我们许多值钱的财产也被水毁坏了，而且后续需要做很多清理工作。

---

[1] John von Neumann, “Can We Survive Technology,” *Fortune* (June 1955).

因此，消防车和地球工程在最坏的紧急情况下是有用的，但不能成为第一道防线。

换个说法，提供一系列地球物理措施，应如同对待绝症一样谨慎。不幸的是，许多人耻于严肃地研究地球工程。他们担心，考虑地球工程会引起“道德风险”。他们说的道德风险的意思是，依赖地球工程将消除迫切减少 CO_2 和其他温室气体排放的压力。

在许多政府政策中都存在道德风险，但在这里它的影响力也许被夸大了。社会采取了许多措施来减少面对风险时的脆弱性，但这些措施也可能会增加风险承担。消防队员、中央银行和滑雪营救服务都用于减少应对风险的脆弱性，而这样做也会鼓励风险承担。但总的来说，我肯定更愿意生活在一个有中央银行与滑雪营救服务的社会里，即使它们使银行家和滑雪者增加了风险承担。

因此，地球工程的资产负债表好坏参半。仔细权衡成本与收益后可知，为地球工程做准备，将减少出现最危险的气候结果的风险。但它也留下许多未解决的问题，而且可能产生危险的副作用，因此，我肯定倾向于把削减 CO_2 排放与浓度作为第一道防线。然而，我们需要更好地了解作为抢救疗法的地球工程，应当制定一份谨慎的研究与实验计划。同样重要的是，各国应该考虑一项条约，把地球工程置于国际管制与控制之下，以防止个别国家为着自己狭隘的利益而战略性地利用它。[1]

---

[1] 地球科学涉及的不仅仅是气候科学或设计巧妙的太空镜。一篇重要的评论强调了其政治与社会层面，见 Edward A. Parson and David W. Keith，“End the Deadlock on Governance of Geoengineering Research，” *Science* 339（2013）：1278—1279，参见：www.keith.seas.harvard.edu/preprints/163.Parson. Keith.DeadlockOnGovernance.p.pdf。

第 14 章 | 通过减排来缓解气候变化：减缓

讨论到现在可见，适应和地球工程都不是令人满意的解决全球变暖威胁的方法。从长远来看，唯一真正的解决方法是扭转温室气体（GHGs）的积累。这一般被称为“减缓”，或者更准确地说，防止。

减缓包括降低 GHG 排放的浓度。最重要的 GHG 是 CO_2，它主要是由燃烧化石燃料产生的。还有长期存在的 GHGs，如甲烷（用于供暖的天然气）。其他 GHGs 是短期存在的，包括颗粒物（也称为气溶胶）。其中有一些会使全球变冷，这使情况更加复杂。

在这里详细说明以下数据将会很有帮助。科学家估算，大气中的 CO_2 加倍，会使地球表面的辐射强迫增加（相当于增暖）3.8 瓦特每平方米（W/m^2）。这接近于地球从太阳得到的辐射的百分之一。从 1750 年到 2011 年，由人类引起的辐射强迫总计为 2.4 W/m^2。

这个总量是许多正数和一些负数的总和。在 2011 年，最大的单项“贡献”者是 CO_2，它贡献了 1.7 W/m^2 热量。其他长期存在的 GHGs，如甲烷，贡献了另外的 1.1 W/m^2。CO_2 和其他长期存在的气体的贡献是完全可以测量的，而且我们可以相信这些计算。

其他导致气候变暖的因素就不太容易测量了。最难测量的因素是气溶胶。人类产生的气溶胶主要来自发电厂和燃烧生物质燃料。最佳估算表明，在 2011 年这些因素贡献的负强迫约为 0.7 W/m^2。换句话说，气溶胶会让地球冷却，并掩盖变暖的力量。

大多数预测指出，到 2100 年，CO_2 将是导致全球变暖的主要因素。其他因素的贡献，特别是气溶胶，是高度不确定的。预测气溶胶的困难之一，是我们并不知道有多少电力来自煤炭，也不知道煤炭工厂的排放未来能被清除多少。

在目前分析中，我一般通过集中于 CO_2 排放来简化论述，这是本质的问题。当其他因素进入画面时，我再讨论它们。[1]

CO_2 的排放来自何处?

减少 CO_2 排放的任务在原则上是简单的，但在实践中是困难的。它“简单”地要求世界各地要么减少使用化石燃料，要么在燃烧化石燃料的情况下找到一种去除 CO_2 排放的方法。图 23 显示了 CO_2 排放的主要贡献者。[2] 煤和石油各占全球能源 CO_2 排放量

[1] 长期预测来自 Goddard Institute for Space Studies，“Forcings in GISS Climate Model,” http://data.giss.nasa.gov/modelforce/ghgases/。

[2] 数据来 Carbon Dioxide Information Analysis Center，“Fossil-Fuel CO_2 Emissions,” http://cdiac.ornl.gov/trends/emis/meth_reg.html。

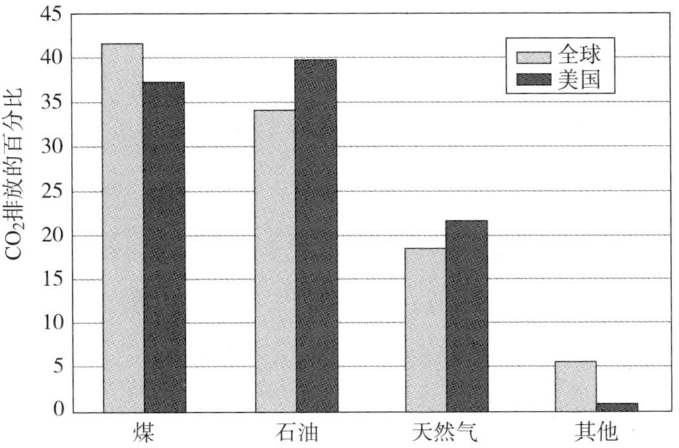

图 23

2010 年 CO_2 排放的来源。这个图显示了 2010 年所有国家（左边的柱）与美国（右边的柱）CO_2 排放量的百分比情况。

的 35%—40%；天然气贡献了总量的五分之一左右。美国的百分比与整个世界的百分比相差不大。还有其他排放 CO_2 的部门，如水泥生产，但聚焦于化石燃料是最有用的，这里的经济影响最大，而且对变暖的作用也最大。

图 23 显示了实际的 CO_2 排放量，我们还可以由此研究 CO_2 排放的相对经济价值。这指的是市场赋予产生 CO_2 的燃料的美元价值。一些燃料比其他燃料更昂贵。例如，当你的车使用汽油时，每支出 1 美元所释放的 CO_2 量比较低。而相比之下，当电力公司燃烧煤炭时，每支出 1 美元所释放的 CO_2 量就比较高。

这里是每 1 000 美元的燃料开支排放出的 CO_2 吨数的估算值：

- 每 1 000 美元汽油燃料排出 0.9 吨 CO_2。
- 每 1 000 美元天然气燃料排出 2 吨 CO_2。
- 每 1 000 美元煤燃料排出 11 吨 CO_2。

结果是惊人的：每 1 美元成本煤的 CO_2 排放量是天然气的 6 倍左右，是汽油的 12 倍左右。煤是每单位能源极为便宜的燃料，但它的缺点是每 1 美元的支出都会释放大量的 CO_2。[1]

上述清单所示的排放的经济情况具有重要意义。它表明，减少能源排放的最经济方法是减少煤的使用。这一点并没有得到详实的数字证明，因为它要求对使用不同燃料时所涉及的资本与劳动力成本进行进一步的经济分析。但是，正如我们在下一节所看到的，这个初步结论经受得住最仔细的检验。这一点值得反复说，因为它是如此关键：减少 CO_2 排放最具成本效益的方法，就是首先，并最大幅度地减少煤的使用。

从家庭的角度看 CO_2 排放

这是极为抽象的。因此让我们看看统计上的美国家庭的平均情况。我们可以用全国总排放量除以 1.15 亿美国家庭来计算家庭的

[1] 价格是按原油的批发价格来计算的。排放率和价格来自 Energy Information Administration，2011 年的数据来自 www.eia.doe.gov。排放数据来自 www.eia.gov/environment/data.cfm#intl。价格来自 Annual Energy Outlook，相关数据来自 www.eia.gov/forecasts/aeo/er/index.cfm。

排放。表 6 显示了每一户家庭不同活动中的 CO_2 排放。[1] 开车是最大的单一排放源，约为每年 8 吨。加热和冷却也是大项目。如果我们把所有列出的来源加起来，每个家庭每年总排放量为 20 吨。

但每年大约还有 32 吨用于其他用途。你可能很想知道表 6 中的“其他”是什么。实际上，家庭生活的每一方面都涉及 CO_2 的排放，因为化石燃料直接或间接地用于家庭使用的所有商品和服务的生产。煤炭被用于生产制造餐桌时用的钢铁；天然气被用于为医院供暖，以提供急救服务；柴油燃料被用于驱动拖拉机，以种植烤面包所用的小麦——以上这些都会排放 CO_2。

但是，不同活动的 CO_2 密集型程度并不相同。在美国，用煤发电是 CO_2 排放的最大单一来源，因此，主要依靠这种电力的活动属 CO_2 密集型。其他 CO_2 密集型的活动包括水泥、生铁和钢的生产。还有更多的非 CO_2 温室气体影响着气候。其中一个例子是通过“肠内发酵”释放出的甲烷，即牛消化道排放出的甲烷。甚至看来无害的一杯牛奶，也对未来气候有影响。

CO_2 排放比较少，或者每美元支出对气候的影响最小的部门是什么呢？每美元产出的排放量最少的是服务业。例如，医疗、建筑、会计、保险、金融和法律服务，每单位产出的排放是整体经济的十

---

[1] 表中的估算值是由作者得出的。考虑到经济中相互作用的复杂性，这种计算出奇地困难。该计算始于 Energy Information Administration 的居民部门能源消费数据。我假设，CO_2 的排放与能源使用成比例，这并不完全准确。对航空旅行和汽车的估算值来自 Energy Information Administration。

分之一左右。因此，你可能不喜欢你的银行，但它的优点是碳排放量很少。[1]

表 6　2008 年美国家庭不同活动的排放量。哪些家庭活动产生了最多的 CO_2 排放量？开车是最大的单一来源。大多数排放（“其他”）并不是来自直接使用燃料，而是来自间接使用或者“隐含的”CO_2，这里排放的 CO_2 是用于生产家庭所用的商品与服务。

最终用途	每户 CO_2 排放（吨，2008 年）	排放的百分比
汽车旅行	7.9	15.2
供暖	3.2	6.2
航空旅行	1.6	3.0
空调	1.3	2.5
热水	1.3	2.5
照明	1.1	2.2
冰箱	0.8	1.5
电器	0.8	1.5
清扫	0.5	1.0
电脑	0.1	0.2
其他（包括非家用）	33.4	64.3
总计	51.9	100.0

---

[1] 关于在不同商品与服务中含有多少 CO_2 和其他 GHGs 的信息，统计机构并没有对美国做有详实依据的统计。它涉及对不同行业的投入—产出分析，例如——需要确定有多少石油流向了你跑步鞋的橡胶中，以及跑步鞋的使用寿命有多长。大多数估算不包括资本投入。如果一种商品是进口的，那么进口品的 CO_2 含量数据就无法得到。书中的估算使用了美国商务部编制的 CO_2 投入—产出表，但它们存在多种解释上的问题。参看 U. S. Department of Commerce, “U. S. Carbon Dioxide Emissions and Intensities over Time: A Detailed Accounting of Industries, Government and Households,” *Economics and Statistics Administration*, September 20, 2010，背景文件见 www.esa.doc.gov/Reports/u.s.-carbon-dioxide，特别是表 A-63。

减少 CO_2 的技术

假定我们决定减少 CO_2 排放与浓度。如何才能做到这一点呢？以下是一些主要方法：

- 我们可以减缓经济的整体增长。例如，在 2009 年美国经济衰退期间，排放减少了 7%。引起经济衰退是完成这个任务的一种痛苦的方法，肯定不建议这么做。
- 我们可以减少能源消耗。能源服务是表 6 中列出的有用活动，例如开车或为我们的家供暖。这种思路是一种可能的方法。我们一定可以在这里减掉一些脂肪。但大多数人都抵制主要生活方式的改变，而且我们肯定不能通过减少我们消费的 50% 或 60% 来把碳排放减少到零。
- 减少商品和服务生产中的碳排放强度。这将涉及改变如何生产，而不是生产什么。例如，我们可以用天然气代替煤来发电，这可以减少大约一半的 CO_2 排放。或者我们可以更进一步，用零碳的风力发电。研究表明，不断改变生产技术与流程，特别是当我们开发低碳技术时，可以找到真正的黄金。而且，也许会发现一些神奇的、从未听说过的技术，它们不仅能在不含碳的情况下生产我们的能源，而且比目前的燃料更便宜。
- 从大气中去除碳。最后一种方法是借二次燃烧去除 CO_2。这里有几种策略，但大多数很昂贵且规模庞大，我们将在后文讨论。

我不讨论这些方法的细节。专家们已经在许多场合对它们进行了分析，读者可以看这些专家的详细描述。[1] 相反，我在这一章剩下的部分要提供一些例证：第一个是燃料转换的短期例子，第二个是借二次燃烧去除 CO_2 的例子，之后是一些未来的例子。最后一节讨论在气候赌场的背景下，潜在的技术突破进入分析的方式。

天然气是最清洁的化石燃料，发电时每千瓦时（kWh）的 CO_2 排放约为煤的一半。更多地用天然气发电是减少 CO_2 排放的重要途径。根据专家的报告（参看表 14），新建天然气联合循环电厂的发电成本比新建燃煤电厂更便宜。例如，一个新的传统燃煤电厂每千瓦时的发电总成本估计为 9.5 美分左右，而天然气发电厂每千瓦时的总成本估计为 6.6 美分。与此同时，燃煤电厂每千瓦时的 CO_2 排放量大约是天然气发电厂的两倍。[2]

我们自然会问，如果用煤发电如此昂贵，为什么美国的发电厂还用煤发电？答案是，煤的短期成本要远远低于天然气。对于

[1] 美国国家科学院的一个小组报告是一个好的起点：*Limiting the Magnitude of Future Climate Change*（Washington，DC：National Academies Press，2010），可以在 www.nap.edu. 上免费获得。特别要参看第 3 章的摘要。还有针对不同行业的小组报告提供了更多细节。

[2] Energy Information Administration，"Levelized Cost of New Generation Resources in the Annual Energy Outlook 2011，" www.eia.gov/oiaf/aeo/electricity_generation.html。对每千瓦时排放的估算来自 Environmental Protection Agency，www.epa.gov/cleanenergy-and-you/affect/air-emissions.html。

高效的现有发电厂，用天然气发电的成本大约是用煤发电的两倍。长期与短期的差别是，与新建天然气发电厂相比，新建燃煤电厂的资本成本更高。你不用惊奇，美国的在建或计划建造的大多数新电厂都是烧天然气，而不是烧煤的。但现有的发电厂仍然有大量的排放，而且将在没有环境管制或税收的情况下运营许多年。

那么从大气中去除 CO_2 呢？自然过程最终会消除人类活动排放到大气中的大部分 CO_2。但这个过程进行得极为缓慢——以数万年为时间尺度，这对防止迅速的气候变化及其影响来说太长了。例如，假设各国继续沿着排放快速增长的路径走到 2100 年，然后完全停止所有排放。CO_2 的浓度仍然会在未来的一千年中高于工业化前的水平，而且全球的温度也会比 1900 年高 4 ℃左右。这种惊人的结果表明了碳循环和气候系统的巨大惯性。[1]

也许我们应该考虑一种完全不同的减缓方法。有在化石燃料燃烧后去除 CO_2 的可能吗？这个过程既可以通过组合工艺实现，也可以在气体已进入大气以后实现。二次燃烧处理的优点是我们可以继续使用丰富的化石燃料来为我们的经济发电，同时还可以减少它们对气候的影响。

今天最有前途的二次燃烧技术被称为碳捕获与封存技术（CCS）。这种技术能燃烧化石燃料（例如天然气或煤），然后捕获

[1] 这些计算是用耶鲁 DICE-2012 年模型做出的。其他 5 个中等复杂度模型对此情景的估算，可以参见 IPCC，Fourth Assessment Report，*Science*，p.826。

CO_2。燃烧容易，而经济地捕获就困难了。

CCS 如何运作呢？以下的描述是基于麻省理工学院（MIT）一个工程师和经济学家团队认真研究的成果。[1] 其基本思路很简单。CCS 将在燃烧时捕获 CO_2，然后把它装船运走，并储存在某个地方，CO_2 将在这个地方存留数百年，因此不会进入大气。

我以煤为例，因为这是最丰富的化石燃料，也是大规模 CCS 应用的首要候选者。工程师认为，按今天美国天然气的价格，用天然气的 CCS 将比较便宜，但用煤和天然气的基本原理类似。我们可以通过假设煤是纯碳来简单化。然后基本过程是：

$$\text{碳} + \text{氧} \rightarrow \text{作为热量的能源} + CO_2$$

因此，燃烧时产生了一种合意的产品（可以用于发电的热量）和一种不合意的外部性，CO_2。

诀窍是在 CO_2 分子进入大气之前捕获它们。目前，CO_2 分离已应用于石油与天然气领域。但现有技术的运营规模较小，并不适用于大规模燃煤发电厂。有一项很有前途的技术，是可以捕获 CO_2 的整体煤气化联合循环技术。这个过程从煤粉开始；气化它以产生氢气和一氧化碳；一氧化碳的进一步反应，就产生了高浓度的 CO_2 和氢气；用一种溶剂把 CO_2 分离出来；然后压缩 CO_2；最后，运送 CO_2，并把它储存起来。这一切听起来很复杂，确实如此，但它其实并不比现在用煤发电的技术复杂多少。

---

[1] 参看 *The Future of Coal: Options for a Carbon-Constrained World*, Massachusetts Institute of Technology, 2007, http://web.mit.edu/coal/The_Future_of_Coal.pdf。

CCS 的主要问题是成本和储存。当使用了 CCS 时，电力的成本会增加，因为把 CO_2 从排放流中分离出来需要能源。根据麻省理工学院的研究，使用 CO_2 捕获技术，每千瓦时的发电成本将增加 3—4 美分。现有技术条件下，这将使发电成本增加约 60%，但麻省理工学院团队预测，在采用先进的技术后，发电的成本将只增加 30%。[1]

CO_2 的捕获是这个过程中昂贵的一部分。而运输和储存可能是最有争议的部分。一个难题就是要储存的东西的规模。最有可能的储存地点是多孔的地下岩层，比如枯竭的油田与天然气田。另一个难题是泄漏的风险。这不仅会降低这个项目的价值（因为 CO_2 将进入大气），还会引起健康与安全问题。我中意的选择是使用深海重力储存。如果把 CO_2 存放在深海中，CO_2 会比水重并在那里留存许多世纪。[2]

现在 CCS 面临着许多障碍。它花费巨大，未经试验，而且需要扩大规模，以应付每年排放的几百亿吨 CO_2。我们没有有关地下储存效果的充分数据，而且为了保证科学与公众的接受度，必

---

[1] 参看 *The Future of Coal: Options for a Carbon-Constrained World,* Massachusetts Institute of Technology，2007，http://web.mit.edu/coal/The_Future_of_Coal.pdf。

[2] 一份技术性描述以及一些有用的参考材料，参看 D. Golomb et al.，"Ocean Sequestration of Carbon Dioxide: Modeling the Deep Ocean Release of a Dense Emulsion of Liquid CO_2-in-Water Stabilized by Pulverized Limestone Particles," *Environmental Science and Technology* 41（2007）：4698—4704，http://faculty.uml.edu/david_ryan/Pubs/Ocean%20Sequestration%20Golomb%20et%20al%20EST%202007.pdf。

须有大量的经验。人们害怕 CO_2 的巨大喷发会造成不可预见的损失。

与许多其他大规模，且资本密集的技术一样，CCS 也陷入了一种恶性循环。企业不会大规模投资于 CCS，因为它有金融风险；但它之所以有金融风险，是因为公众接受程度低，而且大规模部署还存在很大障碍；公众接受程度低，是因为还没有什么大规模实施 CCS 的经验。和其他新的、大规模的能源系统一样，打破这种恶性循环，是公共政策面临的一个主要困境。

一些未来的技术

其他从大气中去除 CO_2 的提议听起来更像科幻小说，而不是讲究实际的工程。一个诱人的例子是种植几十亿棵树，砍伐这些树，并把它们连同它们吸收的碳，放在一些遥远的地方以防止分解。著名的物理学家弗里曼·戴森（Freeman Dyson）提出了这种看法的一个变体：

> 在我们掌握了生物技术之后，气候博弈的规律会显著地改变。在以生物技术为基础的世界经济中，一些低成本的、环境友好的碳排放支持措施很可能变为现实……（例如，）我们可能在 20 年内，甚至几乎肯定可以在 50 年内，培育出“基因工程食碳树”。食碳树可以把它们从大气中吸收的大部

分碳，转化成某种化学上稳定的形式，并埋在地下。[1]

科学家正在研究可以加速自然储存 CO_2 过程的其他技术。哥伦比亚大学的克劳斯·拉克内（Klaus Lackner）已经在研究一种可以从大气中去除 CO_2 的“合成树”。[2] 一些科学家还提出了用海洋来吸收过剩的碳的方法。

所有这些想法都面临两个主要障碍。它们可能成本高昂，而且所需去除的范围是巨大的。可以用一个今天肯定可行的例子来说明这些观点。加拿大的不列颠哥伦比亚省有大量的林地，其中大部分还未被开发。假定不列颠哥伦比亚要用它一半的林地，将近 30 万平方千米，去除碳。这就包括种树，在它们成熟后砍下，并以一种不让 CO_2 泄漏入大气的方式储存它们。不列颠哥伦比亚很快就会有一座巨大的树山，但即便将这个省的一半用于这个项目，也只能抵消未来几年世界 CO_2 排放的不到 0.5%。

也许大量食碳树、不列颠哥伦比亚类型的树计划以及拉克内型的合成树，可以使 CO_2 的排放轨迹向下倾斜，但这是一个巨大

---

[1] Freeman Dyson, “The Question of Global Warming,” *New York Review of Books* 55, no.10（June 12, 2008）.

[2] 几年来合成树一直处于“信息”阶段。现在的建议实际上已到一个工业化学阶段，需要大量的土地和设备来降低 CO_2 浓度。该方案还有待大规模的验证。Lachner 树的讨论来自他的“Air Capture and Mineral Sequestration,” February 4, 2010, unpublished，可获取于 http://science.house.gov/sites/republicans.science.house.gov/files/documents/hearings/020410_Lackner.pdf。

无比的工程。这些努力更像是对减排的补充，而不是替代，除非发现了一些完全不同且更有效的除碳工艺。

正如第 15 章的计算将显示的那样，大多数急剧减少 CO_2 排放的选项看来成本高昂。由于今天的技术是在未关注气候变化的情况下开发的，我们过度悲观了吗？提供适当的激励措施，并让足够多的科学精英从事这项任务，全球变暖就可以由一场能源技术革命简单地解决，这可能吗？

现在回顾一下图 3。这个图说明，过去 80 年间，美国经济中的碳排放强度每年减少 2% 左右，在趋势上只有微不足道的变动。一场重要的能源技术革命是否有可能将脱碳率提高到每年 10% 或 20%，从而大幅降低碳排放轨迹？我思索这种情景可能会如何发展，然后讨论它对全球变暖政策的影响。

预测未来的技术发展有固有的困难。如果我知道未来何种技术会成功，那么正如能预测未来股票市场的变动一样，我就可以变得非常有名与富有了。但让我们想想某些技术类的科幻小说吧。那些预测未来趋势的科学家和技术专家一般都预测，突破会出现在先进的计算、机器人和新材料的某种组合上。

发明家、未来主义者拉伊·库日韦尔（Ray Kurzweil）提出了一个低碳，但能源丰富的未来愿景。他提出，分子纳米技术可以使太阳能发电机的制造成本降到当前水平的很小比例。这就使在建筑、汽车甚至衣服上安装便宜的太阳能电池成为可能。他还设想在太空中使用太阳能，把大量能源通过微波发射回地球，其设备材料可以通过太空电梯运至太空。[1]

正如对其他革命性突破的预测一样，很难知道应该多严肃地看待它们。在下半个世纪，这种突破的可能性能达到 20% 吗？或者 2%？或者 0.002%？

首先，我们肯定不应该排除这类重大的技术突破。一个世纪前，没有一个人会想到今天的互联网、人工智能或者 DNA 测序。此外，如果我们看图 39，我们就能发现，在过去 50 年间，太阳能光伏发电的成本已经急剧下降了。

但稍加思考就能明白，潜在的重大技术突破并不能解决全球变暖的困境。原因是，我们需要保险是为防范坏结果，而不是针对好结果。火灾保险是一个有用的类比。我们为了防范房子被焚毁而买火灾保险，这并不能用于火灾中幸存的房子，或者是价值大幅度上升的房子。我们交的保险费应对的是最坏的情况，并不是最好的情况。

这里有一个寓言可以说明这一点。假设某人培育了某种独特的昆虫，它能吃掉大气中的碳，并在吃饱后飞进太空。我们应该

[1] 参看 Ray Kurzweil：*The Singularity Is Near: When Humans Transcend Biology*（New York: Viking，2005）。那些持怀疑态度的人应该记得，1960 年电脑的功率比手机小得多，却占满整个房间。Kurzweil 认为，薄膜太阳能电池板将会非常便宜，我们可以把它们放在我们衣服上发电。此外，我们可以把大型太阳能电池板放在太空，并通过微波把电力送回地球。Kurzweil 想如何将这些材料送入太空呢？用太空电梯，它被描述为“一条细带子，从船上的锚一直延伸到地球同步轨道外的平衡物，由碳纳米管复合材料制成”。让这种讨论回到地球，对太空电梯的近期研究表明，它们几乎和太空飞行器一样昂贵，把每千克材料投入太空大约需要 1 000—5 000 美元，因此，在它们有所应用之前，在学习曲线上还有漫长的路要走。

就此放松我们减缓气候变化的所有努力吗？稍微思考一下就会发现，不应该。昆虫可能实际上根本就不吃，也飞不去哪里，而我们将面临无法控制的气候变化。我们需要应对昆虫不能吃，而不是它能吃时的政策。因此在某种程度上，全球变暖政策大体是在气候赌场中，应对不确定但极危险的后果的主要保险，潜在革命性突破带来的有利结果，并不能大大减少用于应对全球变暖不利影响的保险贴水。

因此，关于减缓的结论是什么呢？要减少 CO_2 和其他温室气体有许多选项。一些是现在可以实现的，如把发电能源从煤换成天然气以及其他低碳能源。其他一些更有推测性，如碳捕获与封存技术。还有一些只是梦想，如食碳的树和昆虫。那些研究这个问题的经济学家普遍同意：如果严肃地对待这个任务，并加以高效管理，我们可以通过减缓来缓解全球变暖。它并不一定意味着毁灭性的代价，使用市场友好型工具就能减少费用，并减少政策对我们日常生活的干扰。如果减缓措施能得到高效管理，其对下半个世纪生活水平的影响将非常有限。所有这些都是大的假设，在之后章节我将加以讨论。

第 15 章 | 减缓气候变化的成本

上一章的结论是，限制气候变化要求我们将焦点集中在降低 CO_2 和其他温室气体（GHGs）的浓度上。我们看到了，有四种基本方法可以实现这一点。第一种实际上并不是我们想要的，它是通过减缓经济增长，而这将降低我们的生活水平。

其他三种是值得严肃考虑的。我们可以通过约束我们碳密集型的活动来改变我们的生活方式，例如决定不再环球飞行。此外，我们可以用低碳或无碳的技术或燃料，生产我们的商品与服务，例如，我们在发电时用天然气或风力代替煤。最后，我们可以烧化石燃料，但在燃烧后去除 CO_2。

气候变化政策的目的是鼓励所有这三种行为。切实而有效的政策必须能影响全球数十亿人民、企业和世界各国政府的决定，去引导他们进行低碳消费，并使用低碳技术。一些技术是效果显著的，如减少燃煤发电的净 CO_2 排放量。另一些则是微妙的，如提高工厂的运营效率。还有一些从长远来看是最有前景的，包括鼓励开发新的和改良的技术。

但是，以上每一种通常都涉及成本。新的风力发电厂比高效燃煤发电厂更昂贵。混合动力汽车比普通汽车更昂贵。而且，从幸福的角度看，由于我们真的很想到新墨西哥旅行，留在家里就代价高昂。其中一些替代品可能很便宜，而另一些将成本高昂。但从经济学中得出的核心结论是，达到气候变化政策的目标——特别是雄心勃勃的目标——需要相当大的投资。

衡量成本的标准

在这个领域中，衡量成本的常用途径是“每减少 1 吨 CO_2 的美元数”。乍一看，这很奇怪，但它正是一种价格。我们通常会为每 1 磅土豆付出美元。而这里的差别是，我们为不生产某种东西付费，而不是为生产某种东西付费。这就像是为请某个人运走垃圾付费。逻辑很简单。假设你可以通过支出 1 000 美元，减少你 10 吨的 CO_2 排放，那么每吨的成本就是 100 美元（=1 000 美元 /10）。

让我们举两个具体的例子。

例 1：新冰箱。我有一台旧冰箱，并正在考虑买一台价格为 1 000 美元的新节能型冰箱。每台冰箱的寿命都是 10 年，并且尺寸与制冷功能相同。新冰箱使用的电少，我计算出每年节省的成本为 50 美元。因此（不计贴现），新冰箱的净成本是 500 美元。一点研究表明，新冰箱每年排放的 CO_2 比旧冰箱少 0.3 吨左右。

因此，在未来10年中我可以减少3吨CO_2排放，而成本是500美元。这就意味着减少每吨CO_2需167美元。按投资时的应有做法，如果对成本贴现，成本还会高一点。[1]

例2：天然气发电。通过更换我的旧冰箱来减少排放，被证明成本很高。让我们转向另一个例子，这个例子是我在第14章中讨论用天然气替代燃煤发电的优点时想到的。假设旧的燃煤电厂是低效率的，而且每千瓦时的可变成本高于新天然气发电厂1美分。CO_2排放量的差别大约为每1 000千瓦时半吨CO_2。做除法，我们就得出消除每吨CO_2的成本为20美元。算式是（10美元/1 000千瓦时）/（0.5吨CO_2/1 000千瓦时）= 20美元/吨CO_2。所以这比换冰箱的成本小多了。[2]

估算减少CO_2排放的成本

减少CO_2排放的成本是气候变化经济学中最重要的课题之一。

[1] 计算的细节如下：（1）我的旧冰箱每年用1 000千瓦时电，而新冰箱每年用500千瓦时电，因此每年节约500千瓦时电。（2）假设每1 000千瓦时发电排放0.6吨CO_2。那么我的新冰箱每年节省0.3吨CO_2。（3）电力的成本是每千瓦时0.1美元，而我的新冰箱成本是1 000美元。我十年的总成本（不计贴现）是新冰箱1 000美元减去每年节约的电力50美元，总共是500美元。（4）因此，在不计贴现的情况下，节省每吨CO_2的成本是500美元/3 = 每吨CO_2 167美元。（5）贴现就使故事复杂多了，因为电力的节省与CO_2的节省都在未来发生。我们来考虑下更换冰箱的成本的现值。这等于$V = 1\ 000 - 50/(1.05) - 50/(1.05)^2 - \cdots - 50/(1.05)^9 = 595$美元。因此，在贴现的情况下，节省的$CO_2$的成本是595美元/3 = 每吨$CO_2$ 198美元。这个计算并没有对减排CO_2贴现。

[2] 计算由作者提供。

基本思想很简单。你需要能源来维持照明、加热或开车之类的服务。你可以用不同的方式得到这些服务。你可以使用便宜的、低效的灯，也可以用昂贵的、高效的灯照明。你可以驾驶耗油量大的汽车，也可以驾驶混合动力的汽车。

如果你用的能源少，你使用的化石燃料就少，从而排放的 CO_2 也少。然而在每一种情况下，你都要预先为高效节能设备多支出一点。问题就是，当你全盘考虑时，减少既定量 CO_2 的净成本是多少？

能源专家对减少 CO_2 和其他温室气体排放的成本进行了许多研究。以下是一些重要发现。

- 经济中蕴藏着许多成本低廉的机会。有时甚至可能出现“负成本”，因为节省下的能源成本贴现后超过了前期投资。
- 当我们对排放的限制越来越严时，成本会开始急剧增加。一些研究表明，各国可以用较低的，甚至可能用零成本，来实现减排10%—20%。但在短短几年内减少 80%—90% 的排放，成本极其高。
- 现在没有可以一次性解决气候问题的“银弹”技术。另一方面，在世界上，实际上在每一个国家的每一个部门都有无限的机会。
- 最后，尽管我们在这里聚焦于化石燃料产生的 CO_2，但全面的政策组合不应该忽视燃烧化石燃料以外的来源。有许多 GHG_S 来源可以低成本地减少。例如，替换掉破坏臭氧层的氯氟碳化合物，会使有重大变暖效应的 GHGs 减少。在其他领域也可以使用类似的措施，本页注释对其中一些进行了讨论，但我把它们放在一边，以简化现在的论述。[1]

许多全球变暖的科学研究极为详细地提出未来的技术情景。这里我不用那种方法。一个原因是我们实际上并不知道答案。经济学家和决策者并没有足够的信息来为了 3.15 亿美国人或 70 亿地球人，对能源系统进行微观管理。经济极为复杂又瞬息万变。正如我们将在第四编中讨论的，确切地说经济学家们强调，应当设计政策来为减少 CO_2 排放和开发新的低碳技术提供强有力的激励。

即使我们可能不知道全球变暖战略的技术细节，我们也确实对未来减排的主要领域有一些有根据的预感。我用对一项具体政策建议的分析来说明这一点。在这个例子中，我研究了一项建议，

---

[1] 对减少甲烷与“黑碳”的影响，一项重要研究可参见 Drew Shindell et al., “Simultaneously Mitigating Near-Term Climate Change and Improving Human Health and Food Security,” *Science* 335, no. 6065（2012）：183—189。据估计，采取所有措施后，到 2070 年全球平均温度将下降约 0.5 ℃，这与一组成本高得多的减少 CO_2 排放的措施一样。作者建议的措施如下：控制牲畜甲烷的排放，主要通过对牛、猪粪便进行农场规模的厌氧消化；给公路车辆和越野车辆安装柴油微粒捕集器，并以此作为推动全球采用欧 6/VI 标准的一个部分；禁止露天焚烧农业废物；用使用现代燃料的清洁燃料炉灶来代替发展中国家传统的生物质燃料炉灶；对伴生气（油田气）的延伸回收与利用，而不是直接排放，并改进对石油与天然气生产中非计划的无组织排放的控制；通过循环再利用、堆肥、厌氧消化，以及对垃圾填埋气的收集、燃烧和利用，实现城市可生物降解垃圾的分离和处理。这些方法中，有一些要求广泛干预千百万个家庭的活动，而另一些则更容易进行。（这一段是一个清单的一部分，几乎一字不差地引自上述参考文献，Supporting Online Material，Table S1。）

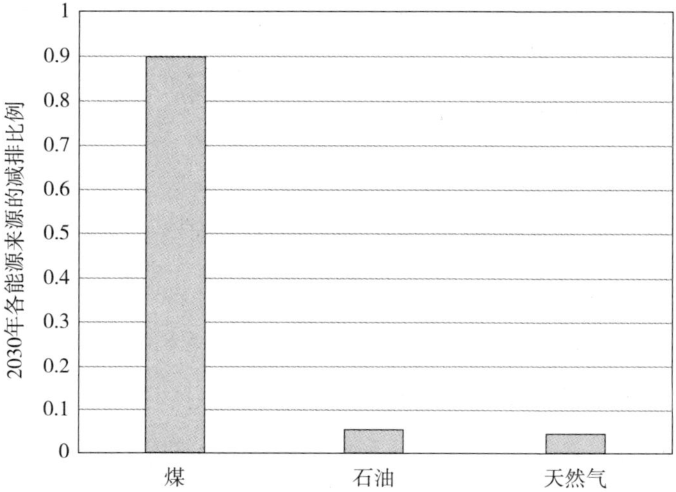

图 24

对美国减少 CO_2 排放的最经济方法的预测，按燃料类型。根据美国能源信息署的研究，我们应该大幅减少煤的使用。这些结果与其他经济模型的结果类似。

其目标是，在 2030 年美国的 GHG_S 排放量相对于无控制的基线减少 40%。这个建议的细节对我们的目标并不重要，重要的是达到这个雄心勃勃的目标的高效方法。

我使用了美国能源信息署开发的一个极为详细的能源模型来分析该政策。图 24 说明了，大多数排放的减少将来自减少煤的使用。[1] 煤的消耗量将减少 90%，而石油和天然气的消耗量各减少

[1] 该估算比较了基准轨迹与无国际补偿的轨迹。来源：U.S. Energy Information Administration，“Energy Market and Economic Impacts of H. R. 2454，the American Clean Energy and Security Act of 2009，” Report SR-OIAF/2009-05，August 4，2009，www.eia.doe.gov/oiaf/servicerpt/hr2454/index.html。

5% 左右。造成这个结果的原因是，每 1 美元能源中，煤的 CO_2 排放量要高得多。此外，正如我们在本章前面的例 2 中看到的，在发电时天然气可以经济地替代煤。最后，近年来天然气的价格在大幅下降，进一步降低了减少使用煤的成本惩罚。

详细的能源模型的结果，显示了一个重要而又令人头痛的结论。如今大多数国家最青睐的政策是对汽车，还有冰箱等电器的能源效率管制。但是，这类管制并没有触及最经济的减排领域——燃煤发电。能源效率管制可能会得到广泛认同，而减少煤的使用，一定会遭到来自煤产区以及它们雇用的枪手的激烈反对。然而认真的分析表明，在减少 CO_2 排放方面，煤是最重要的。

这又引出了一个问题。减少 CO_2 排放引起的成本可能非常大。排放的大幅度减少，不可能轻而易举地、迅速地，或便宜地用今天的技术或准备大规模部署的技术做到。设计出减少排放的廉价方法，需要相当大的独创性。但我们需要确保社会能依靠最便宜的方法减排。回到我们举的冰箱与发电的例子。我们看到其成本几乎相差 10 倍。当我们谈论减少几十亿吨的排放时，经济赌注就是巨大的。

总的成本降低曲线

以上讨论以家庭冰箱以及发电厂等典型决策为例，说明了降低 CO_2 成本的方法。但最终我们关心的是整个经济的成本。许多年来，专家们一直在研究降低 CO_2 减排成本的问题。我总结了研究的结论，但也应该强调这种分析的难点与动态特性。

已有许多估算值，它们大不相同。图 25 显示了来自两种不同方法的结果——工程学法或叫自底向上法，以及经济建模法或叫自顶向下法。[1] 从自底向上的模型开始。自底向上的方法通过观察一组不同技术来估算成本，例如，使用于汽车、高炉、发电厂等的

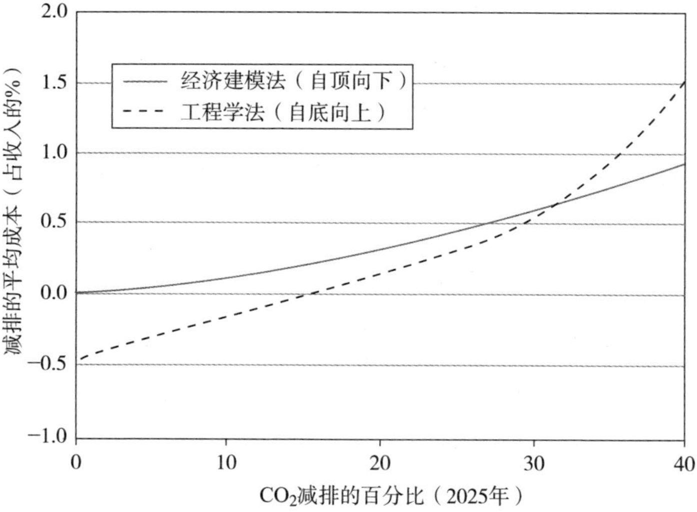

图 25
2025 年减少 GHG 排放的平均成本。这个图显示了对全球用最高效的方式减排的平均成本的估算值。对美国的估算值略为不同，但有同样的走势。

---

[1] 曲线由作者整理的各种来源推导而来。自底向上模型主要来自 IPCC，Fourth Assessment Report，*Mitigation*，p. 77。自顶向下模型是 RICE-2010 年模型以及 EMF-22 研究结果的结合。

技术。然后它问，我们可以如何减少每个部门的排放，以及成本是多少。我们举的冰箱和发电厂的例子，就是基本的自底向上估算。这些是工程师解决问题的典型方法：观察不同的产品或流程，并询问应如何对它们进行重新设计，以高效地减少碳排放。

现在来看图 25。纵轴表示减少排放的平均成本占收入的百分比，而横轴表示在某一年（这里是 2025 年）CO_2 减排的百分比。以 CO_2 排放减少 30% 的成本估算为例。两种方法的估算结果一致，在这一条件下的减排平均成本略高于国民收入的 0.5%。如果我们以 2012 年美国经济的减排成本来看，每减少 1 吨 CO_2 成本为 15 美元，每年的总成本为 1 000 亿美元左右。如果提高减排速度，将增加减排成本。

在自底向上的研究中，有一个有趣的发现：有看法认为，存在许多负成本的措施，也就是说，这些措施可以省钱。它们包括使用天然气发电厂和提高汽车燃料效率等。根据大多数自底向上的研究，我们实际上可以在节约资金的同时，减少 15% 的排放量。而再减排 15% 也可以用较低的成本实现，但对美国来说，总成本仍高达 1 000 亿美元。

另一条曲线显示了自顶向下或经济模型的成本估算。它们典型地使用了将能源使用和排放跟价格和收入挂钩的统计估算。这种方法被描述为“自顶向下”，以反映它关注的是总量或总体，而不是个别技术的事实。经济模型一般假设没有负成本选项。经济学的方法假设，如果存在负成本技术，它们早就被采用了，并不需要气候变化政策来鼓励。

注意这两条曲线有不同的斜率。工程学法或自底向上法的估算从负成本的较低处开始，但比经济建模法或自顶向下法上升得更快。我把自底向上法从低出发点开始，解释为其反映了负成本技术的工程发现。较高斜率的结果是因为自底向上模型一般只分析有限数量的技术。它们可能会忽略某些减排选项，因为它们不可能面面俱到，不过经济模型在原则上考虑了所有可能的方法。大多数自底向上的评估在计算中集中在几十种技术上（汽车、冰箱、发电等等）。但除了改变技术，还有许多减排的方法。一种方法是通过改变我们的消费形式。例如，我不飞到远距离的地方也可以满足我的休假需求，工程学法或自底向上法并没有考虑这类减少排放的过程，但它包括在经济学的或自顶向下的模型中。

哪一种方法是正确的方法呢？我倾向于用经济学的自顶向下的方法，因为这种方法跟在许多国家与不同时期观察到的行为一致。而且，自底向上模型经常包含一些不现实的假设。[1] 我承认有许多负成本项目。但知道有负成本选项的存在并不意味着，我们有发现它们的知识，以及高效地利用它们的智慧。因此，当我“投

[1] 以下是自底向上模型有时低估成本的一个例子。在估算来自发电厂的 CO_2 排放成本时，它们往往假设所有发电厂都是新建的。这使低排放天然气电厂比高排放的燃煤电厂有更大的优势。在现实中，对现有资本而言，用煤发电的成本低于新建天然气发电厂的成本，因此，自底向上模型会发现负的减排成本，其实它们不符合经济的实际资本结构。

票”时，我在我的模型编制中选择了经济学的方法。

但是我也承认，这个领域一直是经济学家和工程师之间热烈而充分争论的一个题目。“评委会”仍然没有评出哪一种是正确的方法，而实际上“评委会”已经被这个问题困惑几十年了。对非专家来说，发现专家们在减少排放的成本问题上存在如此大的分歧，的确会不知所措。但这些分歧反映了对于在经济的一个如此复杂的部分进行根本性变革究竟需要什么，还存在真正的不确定性。

尽管有这些争论，高效降低减排成本的基本轮廓在所有模型中都是相似的。适度减排的成本是比较小的，但当我们加大减排力度并缩短时间时，成本就急剧增加了。

实现全球温度目标的成本

在考察了减缓气候变化的成本之后，我们现在就可以用这种工具来工作了。这一节研究的是实现特定气候变化目标的成本。这种计算比估算成本曲线的要求更高，因为它要求把成本整合入气候模型中。

为了这个目的，我呈现了实现不同温度目标的成本估算。一种是哥本哈根目标，它提出把全球温度增加限定为 2 ℃。我们对其他温度目标可以做出类似的计算。以下估算采用耶鲁大学的 DICE 模型，但它们也代表了其他模型。

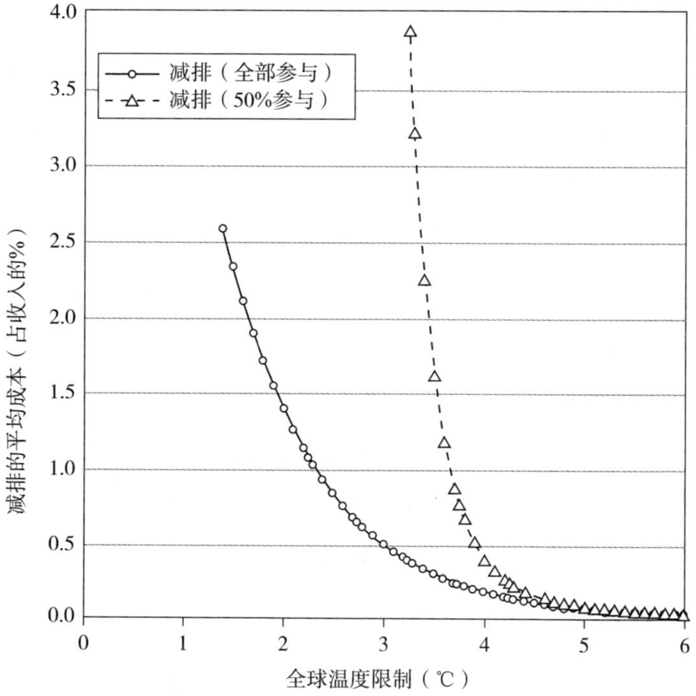

图 26

实现不同气候目标的全球成本估算。两条曲线表示达到某个温度目标时所需要的全球收入的比例。左边的曲线假设 100% 的参与度以及高效的政策设计，而右边的曲线假设 50% 的参与度。低参与度使得 2 ℃的哥本哈根目标实际上不可能实现。

图 26 展示了结果。[1] 从使用最高效的一组政策的减排成本开始。这两条线显示了实现横轴上的不同温度目标的成本。图 26 中左边实线的成本曲线，表示乌托邦式理想——有百分之百国家参与

[1] 作者使用 2010 年版地区 RICE 模型进行了计算。

并有百分之百效率的政策。除了普遍的国家参与，最低成本曲线还进一步假设，干预不仅高效适时，而且普遍适用——不允许排除农民、出口商以及政治上相关的人。注意，成本是按占世界收入的百分比计算的。（这个结果也使用了贴现成本，我将在第 16 章中解释这个概念。）

乌托邦式的政策表明，如果能高效地进行，实现哥本哈根 2 ℃目标的成本是适度的。它要求支出世界收入的 1.5% 左右，或者约为平均收入的一年增长额。但是，要实现更低温度的目标（比如说低 1 ℃）就会变得昂贵得多。因此要点是，如果全世界都能高效且普遍地参与，世界就可以以低成本实现雄心勃勃的目标。

接下来，转向有限参与。来自经济模型的第一个重要启示是，在减排计划中接近普遍的参与很重要。换个说法，实现气候目标主要取决于有多少国家参与。原因是，效率要求所有地区都使用它们负成本和低成本的减排选项。例如，如果印度没有减排，那么，其他国家就不得不采用更昂贵的减排措施，以实现既定的全球气候政策目标。

我们必须现实地看待国家行为。一些国家会拒绝加入这一努力。而且，2012 年时《京都议定书》只涵盖了全球排放量的五分之一。因此，假设只有占排放量一半的国家参与减排，尽管它们及时这样做了。这些国家可能会是所有富国以及一些中等收入国家，但没有穷国。另一些国家将会在下个世纪参与该计划。图 26 中右边的曲线表示这种有限参与情况下的成本。这第二种情况仍然带有理想色彩。因为它假设以一种高效的方式执行了政策——而且，也不排除农民、出口商和其他群体。

有限参与的曲线发人深省。它表明，如果只有一半国家参与努力，实现任何温度目标的成本都要高得多。温度目标低于 4 ℃，成本会迅速增加。原因很简单：如果有一半国家不努力减排，即使另一半国家做出了最大努力，大幅变暖仍然是不可避免的。这个计算还指出，世界上相当大部分国家的延迟参与，将使哥本哈根的 2 ℃目标实际上不可能实现——不仅是成本高昂。

最后，考虑低效的政策。在之后章节我将讨论政策的高效设计，但基本的思想是所有部门和国家减排的边际成本应该是相等的。如果你觉得这有点难以理解，我很快就仔细解释清楚。

这种进一步的情况是相关的，因为没有一个国家能大体通过效率测试。政策通常是管制、能源税以及绿色补贴的大杂烩。例如，美国管制汽车的燃料效率，但这些管制只适用于新车。美国政府提出管制新建发电厂的 CO_2 排放，但已有电厂的 CO_2 排放不受管制。许多欧洲国家对碳排放征税，但对出口行业、小企业给予免征或特殊减免。

由于对不同行业有不同对策，实现温度目标的成本就高于图 26 中所示的高效水平。这里我并没有提供图表，但读者可以轻松地自己画出这幅图。一个典型的发现是，使用低效的管制或方法将使实现环境目标的成本加倍。把这种发现与 50% 参与率的假设放在一起，图 26 中的成本曲线就会向上移两倍。你可以画出这条新曲线，并标上“减缓成本：50% 参与率与低效管制”。实现 3.5 ℃目标的成本从收入的 1.5% 增加到收入的 3%，实现 3.25 ℃目标的成本会从收入的 4% 增加到收入的 8%，以此类推。

这个简化的例子强调了高效地设计政策的重要性。糟糕的设计和有限的参与会急剧增加成本，而且甚至会使我们的目标不可行。

鉴于对其他模型编制的结果有兴趣的人，我们可以看第一编中的 EMF-22 模型编制作为比较。这 11 个模型涉及的情景十分类似于图 26 中所示的两条曲线。结果大体上是相同的。在普遍参与的情况下，约有一半的模型发现，达到 2 ℃的目标是可能的。部分参与时，22 个模型中有 20 个发现，2 ℃的目标是不可行的。在现实中，“不可行”意味着它将引起可怕的经济萧条。这些结果也得到了其他模型的证明。

模型还估算了不同情景的成本。EMF 模型得出的成本普遍高于图 26 中显示的 DICE 模型的计算结果。不同的模型之间也存在相当大的差别。如果我们取一个对于所有模型都可行的情景，为实现目标，最大成本模型的估算值是最小成本模型估算值的 12 倍。[1]

为什么成本的不确定性如此之大？一个原因是模型用了不同

[1] EMF 的结果载于 Leon Clarke et al.,“International Climate Policy Architectures：Overview of the EMF 22 International Scenarios,” *Energy Economics* 31（2009）：S64—S81。与 RICE 模型的比较是困难的，因为 EMF 的估算只包括《京都议定书》所涉及的气体，并不包括气溶胶及其他影响。由于这个原因，EMF 的计算可能高估了温度的升幅。

的成本结构：一些是自顶向下的，而另一些是自底向上的。此外，它们也有不同的产量增长率与排放增长率。用高增长率的模型使温度降到合意的水平就会花费多得多。第三个差别是对能源技术的展望。例如，一个模型可能会预见到对核电工业的限制，这就会增加成本。

但是，我们应该把这些模型的差别看作是真正的，而不是假想的差别。让建模人员聚起来各自坚持自己发现了“正确”的答案，并不能解决这些问题。这些成本估算反映了对未来经济和能源系统的审慎判断，而我们也应该把它们视为对未来不确定性的反映，就像世界领先的建模团队所看到的那样。

因此，成本的底线就是这样。假设我们生活在一个理想的世界上——这个世界上的所有国家协调一致，共同推出减排措施，认真确保所有国家和部门都参加，并高效地适时行动。若是这样，对这个世界来说，减缓气候变化以实现哥本哈根设定的 2 ℃目标或与此相近的目标，将是可行的。从经济模型中得出的估算结果表明，达到这个目标，每年会需要花费世界总收入的 1% 到 2%。

但我们需要对国家的行为与我们政策的效率持现实态度。如果一些国家不参与，或者所采用的措施效率低，或者行动的时机不合适，那么，我们实际上就不能达到哥本哈根会议上设定的那种雄心勃勃的温度目标。在这种情况下，我们或许可以实现一个野心不那么大的目标，或许可以把全球变暖限定在增加 3 ℃以内。

因此，除非实际上所有国家都很快地参与，并以一种高效的方式行事，否则就现有的或很快可采用的技术而言，实现把全球温度升幅限定在 2 ℃以内的哥本哈根目标就是不可能的。这并不意味着，我们应该放弃。我们需要努力开发更高效的技术；我们需要设计促进经济效率与高参与率的社会机制；我们应该对那些资源有限的穷国提供帮助；而且我们将需要重新调整我们的目标，使之可以实现，而不是在雄心勃勃，但不可能实现的目标上落败。

第 16 章 | 贴现与时间的价值

任何关于实现气候目标成本的考虑，都要面对所有气候变化经济学中最棘手的问题之一：我们应该如何比较现在与未来的成本与收益？这是一个较为复杂的问题，并延伸到现代经济理论的前沿。但它对于理解所涉及的时间权衡取舍也是极为重要的。这些是今天减排的成本与未来减少损失的社会价值之间的权衡取舍。因此，不论述贴现，就不能对气候变化的经济学进行全面评价。

简而言之，问题在于：当我们为减排进行投资时，成本主要在近期支付。而以减少气候变化损失为形式的收益在未来才能到来。举个例子，假定我们要用风力发电来取代燃煤发电。如果我们跟随从建造风力发电厂，到减少 CO_2 的排放和浓度，再到温度变化，然后到减小损失的效应链，从建造风力发电厂减排到减少损失，中间要几十年。

我们的第一笔抵押贷款

经济学家通常主张，我们要相对于今天发生的成本来贴现未来的收益。其他人认为，把未来的子孙后代看得比现在的人次要是不道德的。我们怎么解决这个问题呢？

我们所有人在日常生活中都会遇到这个问题。假定你想买你的第一套住房，它要花费 20 万美元，但你只有 5 万美元现金。你必须得到额外的 15 万美元。你去银行，发现它愿意贷给你 15 万美元，但它要求你为贷款支付 6% 的利率。快速计算一下，如果你按 6% 的利率借了 15 万美元，分 30 年偿还，你就要付给银行 323 759 美元。

首先你的第一反应可能是："现在我知道银行家为什么这么富有了。"但再仔细想想，你就会意识到，额外的 173 759 美元是利息，这反映了一个事实：你今天得到了 15 万美元的购买力，而不用等上几年才能成为有房者。货币在今天比在明天更有价值，这就是为什么人们和企业愿意为所借的钱支付利息。

实际利率与名义利率

我们需要暂停下来讲述一个金融细节。在我讨论抵押贷款时，利率是每年 6%。但假设价格每年上涨 2%。由于通货膨胀，我们在未来将以价值更低的货币来偿还。我们应该如何处理这个事实呢?

当我们考虑利息时，我们心中通常想到的是“名义”利率或货币利率。利息是按货币计价的，这意味着我们用未来的货币来偿还今天的货币借款。但假定价格每年上升 2%。当你为每 100 美元借款支付 6 美元利息时，这 6 美元在下一年就不值 6 美元了。由于价格每年都在变，你并没有牺牲价值 6 美元的未来商品。

金融经济学家用来处理通货膨胀的概念是“实际利率”。它衡量的是，你为今天放弃的商品而在明天得到的商品数量，可以通过通货膨胀率来校正名义利率或美元利率而得出。在我们的例子中，名义利率为每年 6%，而通货膨胀率是每年 2%，实际利率就是每年 6% − 2% = 4%。当我们借款时，今年借款买的 1 美元商品，明年实际上只要多偿还 4 美分。从现在起，我们将讨论实际利率，因为通货膨胀只会使衡量复杂化。

一个贴现的例子

以下的例子说明了贴现所带来的问题。假设一位“正人君子”正在出售一种特殊债券，这种债券将在 50 年内按实际金额（扣除通货膨胀因素后的金额）支付你 1 000 美元。今天你愿意为这种债券最多支付多少钱呢?

你转向一位值得信任的金融顾问求助。她建议你用适当的贴现率来将未来的 1 000 美元“贴现”为现在的价值，从而计算出当前应付的合适金额。这个贴现率应该反映了你在同一时期内可以从同等投资中赚到的钱。1 000 美元是扣除通货膨胀因素的，所以我们要用实际贴现率。此外，我们需要认识到，投资总有某种风险。因此，对于一种特殊债券，我们可能需要增加风险贴水。我们需要认识到，我们的“正人君子”有可能原来是破产的雷曼兄弟公司或塞浦路斯的某家银行，而不是山姆大叔。

因此，1 000 美元的债券现在值多少？我将用 4% 来对应我们假设的投资情景。把这种贴现率用于 1 000 美元的债券，能带来的现值为 141 美元。这是正确的价值，因为如果你用 141 美元，并按每年 4% 的复利投资 50 年，最终的价值就是 1 000 美元。

利息的决定因素

利息的根本经济动因是什么呢？利息反映了投资具有生产力这一事实。换句话说，如果经济把资源用于投资项目，这个项目在未来就能产生更多的资源。这一点也适用于建造一个工厂，送孩子去学校，投资于节省能源的设备，或者编写更好的软件。通常，在新资本中投资 100 美元，在未来会产生每年 4% 到 20% 的收益。如果投资回报率是 4%，这就意味着为了明年得到 1 美元就只需要今年支付 1 美元 /1.04= 0.96 美元。

由于未来货币的价值小于今天，所以它们在未来会减少或被“贴现”。我们可以用视觉透视的类比，来说明未来对价值的影

图 27
贴现减少了遥远商品的价值。贴现像视觉透视一样，减少了未来商品与服务的价值。

响。如果你沿着铁路线往远处看，远处的目标看起来更小（参见图 27）。这也是遥远的经济学上的货币应该呈现的样子，因为未来得到的商品的经济价值小于今天得到的商品。[1]

今天的消费与明天的消费

贴现可以比较今天的商品与明天的商品。人们最终关心的是他们的生活水平，或者经济学家所说的“商品与服务的消费”。消费是经济生活的最终目标，它也是我们讨论的焦点。

[1] 在经济贴现与视觉透视之间有一个有趣的差别。空间中目标的大小和距离远近是成反比的，而金融中的目标大小与时间的指数成反比。因此金融视角呈现的是一个弯曲的形状。

消费指人们享受的一系列物品与服务。你应该把它看作一个全面的概念。它包括汽车这样的市场商品，家常饭菜这样的非市场物品，以及在海洋中游泳这样的环境服务。它会通过减去污染的成本，并加上公共公园的价值，来适当地矫正标准测度的不足。

气候变化政策的主要权衡取舍，涉及牺牲今日消费来换取未来消费。当我们今天减少了 CO_2 排放，就要求牺牲现在的消费。我们投资的收益是减少了气候变化的损失，从而提高了未来的消费。如果我们今天通过减少坐飞机旅行来减少消费，从而减少 CO_2 排放，这将有助于为未来的休假保留国家公园和野生动植物。

现在我们明白为什么贴现变得如此重要了。假设有一项气候投资今天牺牲了 100 单位消费，未来将增加 200 单位消费。我们如何把这些放进可比较的单位，以确定那是否是一项好的投资？我们通过贴现来做到这一点。

贴现的规范性观点与机会成本观点

贴现的争议主要集中在贴现率是应该根据规范性（标准的）方法得出，还是应该依赖描述性（机会成本）基础这个问题上。[1]

---

[1] IPCC 第二次评估报告细致地描述和分析了描述性和规范性观点。参看 Kenneth J. Arrow et al.,"Intertemporal Equity, Discounting, and Economic Efficiency," in *Climate Change 1995: Economic and Social Dimensions of Climate Change*, Contribution of Working Group III to the Second Assessment Report of the Intergovernmental Panel on Climate Change, ed. J. Bruce, H. Lee, and E. Haites, 125—144（Cambridge：Cambridge University Press，1995）。

我们从规范性方法开始。著名的英国经济学家尼古拉斯·斯特恩（Nicholas Stern），在他主导的一项关于气候变化政策的主要研究《斯特恩报告》(*Stern Review*) 中大力提倡这种方法。斯特恩等人认为，对子孙后代的福祉贴现是不道德的。他们认为，计算未来气候损失的现值时，我们应该用极低的商品贴现率。规范性观点的支持者，通常也支持对商品的贴现率为每年 1% 左右。[1] 基于可持续性的另一种方法，是由耶鲁大学政治学家约翰·罗默（John Roemer）提出的。

虽然这是一种有吸引力的方法，但也有重要的限制条件。在分析问题时，我们需要区分商品的贴现率（它适用于住房或能源支出这类事项），和福祉的贴现率（它适用于处理不同时代或不同世代的人）。我们可以平等地对待每一代人，但仍然要贴现未来商

[1] 极低贴现率的最早倡导者之一是 William Cline, *The Economics of Global Warming* (Washington, DC: Institute of International Economics, 1992)。规范性方法的另一个著名倡导者是《斯特恩报告》: Nicholas Stern, *The Economics of Climate Change: The Stern Review* (New York: Cambridge University Press, 2007)。这些研究倡导，将对经济增长的假设与对指向极低商品贴现率的代际中立的假设相结合。对于对《斯特恩报告》计算细节有兴趣的人，这里有一个简单的总结。我们假设零人口增长，人均消费以 g 的增长率持续增长，而且没有外部性、风险、税收或市场失灵。该分析依靠了关于最优经济增长的拉姆齐—卡斯—库普曼斯模型。这个模型基于两个偏好参数：纯时间偏好率（ρ）以及消费的边际效用弹性或不平等厌恶（α）。后者是描述随着消费提高，人均消费的边际效用下降比率的参数。如果社会福祉是最优的，那么长期均衡的最优路径就是由 $r = \alpha g + \rho$ 给定的，这里 r 是资本收益率。在《斯特恩报告》的方案中，g =0.013 每年，$\alpha = 1$。假设纯时间偏好率是 ρ =0.001 每年，以表示人类由于小行星撞击而灭绝的概率。这就得出了每年实际贴现率为 1.4%。低贴现率假设的核心特点是低纯时间偏好率和低不平等厌恶率。这种方法曾被英国政府采用。参看 HM Treasury, *The Green Book: Appraisal and Evaluation in Central Government* (London: TSO, 2011), www.hm-treasury.gov.uk/d/green_book_complete.pdf。

品。如果未来的人比今天的人富有，我们可以将他们的消费视为比现在这一代人的消费的价值更低（即为其贴现）。因此，对商品赋予不同价值和对人赋予不同价值是不同的。

以下是理解这一点的一种不同方式。大多数哲学家和经济学家都认为，富有的世代在道德上对资源的索取权小于贫穷的世代。这就意味着，我们应该相对于今天的消费来贴现未来消费的价值。因为我们认为，未来的世代将比现在的世代更富有。商品的贴现率究竟应该有多高，将取决于我们对未来世代富裕程度的预期，以及贫穷世代消费与富有世代消费之间的相对估值。[1]

支持替代性的描述性方法的人，也许会赞同规范性方法背后的哲学。但是，描述性学派认为，这些哲学思考与关于气候变化投资的决策没有多大关系。相反，描述性分析认为，贴现率应该主要取决于社会可以在替代性投资中得到的实际收益。一些国家有一系列可行的投资：住房、教育、预防保健、减少碳排放以及海外投资。特别是在政府预算紧缩和金融约束时期，这些投资的收益可能非常高。在这样的背景下，极低道德贴现率的规范性方法就没有任何经济意义。当一个国家在国际金融市场上以 5% 或者 10% 的利率借钱，却把它的稀缺资金投入每年收益为 1% 的风力

[1] 回忆一下，在气候模型编制研究中用的大多数经济预测都假设，在未来几十年中生活水平会迅速提高。为了使这一点数字化，假定在下个世纪平均消费每年增长 1.5%。届时，全球人均收入会从 1 万美元左右增加到 4.4 万美元。因此，在比较成本与收益时，我们是在比较今天比较穷的人与一个世纪后比较富的人。

发电厂，这将对该国非常不利。根据描述性观点，贴现率应该主要由资本的机会成本决定，而资本的机会成本又由替代性投资的收益率决定。

贴现率的估算

在估算描述性方法的机会成本时，经济学家看的是替代性投资的收益率。这里有一些例子。在过去 40 年中，美国公司资本税后实际收益据估算为每年 6%。人力资本投资（教育）的实际收益率在每年 4% 到 20% 的范围内，这取决于地点、时间与教育类型。不动产投资每年一般有 6%—10% 的实际收益，尽管 2006 年房屋价格泡沫破裂以后投资的收益不佳。节能方面的投资（比如说通过提高汽车的燃料效率或者建筑上的改进）的实际收益，据估算超过每年 10%，有时甚至高达每年 20%。[1]

我自己的研究通常依靠描述性或机会成本的方法。根据各种估算，我一般使用的美国每年的资本实际收益率在 4% 左右，略高于世界其他国家的资本实际收益率。我采用描述性方法是因为它反映了资本是稀缺的这个现实，社会拥有有价值的替代性投资，气候投资应该与其他领域的投资竞争。

---

[1] 有一份对替代性资产的收益率的分析，尽管有些过时，参看 Arrow et al.,“Intertemporal Equity, Discounting, and Economic Efficiency”。

政府在制定它们的投资决策——道路、大坝、防洪堤和环境管制——时需要用贴现率。在目前管制（《白宫管理和预算办公室行政通告 A-94》）中，美国联邦政府指令各机构在它们的基础案例分析中，用每年 7% 的实际贴现率。其理论根据基本与上述描述性方法相同："这个贴现率接近于近年来私人部门平均投资的边际税前收益率。"此外，联邦政府还使用了另一种方法，这种方法看来受了规范性方法的启示。对该方法描述如下："当管制主要并直接影响私人消费时……低贴现率是合适的。最经常使用的替代性方法有时被称为'社会时间偏好率'。这指的就是，'社会'把未来消费流贴现为现值时的贴现率。如果我们选取普通储户用来贴现未来消费的贴现率，作为衡量社会时间偏好率的指标，那么，长期政府债务的实际收益率就可以提供一个合理的近似值。过去 30 年中，这个贴现率在税前实际平均为 3% 左右。"[1]

不幸的是，白宫管理与预算办公室的讨论完全是混乱的。7% 的贴现率是杠杆式的公司资本的风险利润率，而 3% 是美国联邦政府的无风险借贷利率。这种差别并不是投资与消费之间的差别，也不是税前与税后之间的差别。这种差别在于杠杆式的公司资本的风险贴水（有时称为股权溢价）。幸运的是，即使分析是错的，这些数字一般也是可以利用的合理数字。

---

[1] 第一段引文来自美国白宫管理与预算办公室（OMB），修改后的《行政通告 A-94》，1992 年 10 月 29 日，而后一段引自《行政通告 A-4》，2003 年 9 月 17 日。这可以在白宫的网站上得到，网址是 www.whitehouse.gov/omb/circulars_a094。

贴现与增长

机会成本法假设，美国和其他经济体在下个世纪将以类似于上个世纪的方式继续增长。因此，可以假设未来几十年生活水平会迅速提高。这真的是一个好假设吗？或者技术变化会枯竭吗？

当然，没有一种方法能肯定地回答这些问题。但大多数对长期经济增长的研究表明，持续增长是很可能的事。毕竟，信息和生物技术革命才刚刚开始。而且，其他国家只要赶上世界各地的最佳实践成果，就能实现显著增长。全球化的力量为低收入地区带来了生产力的重大提高。

但要记住，如果这种预测是错的，那么气候模型预测背后的经济预测也是错的。模型预测下个世纪气候会迅速变暖，同时也假设生活水平将迅速增长，从而 CO_2 的排放也将迅速增长。回过来看看图 13，它说明了与标准的预期相比，缓慢的经济增长将导向完全不同的未来——无论是经济上，还是气候上。

人们看到了 2007 年以来美国和其他国家缓慢的增长，并担心经济停滞。然而，缓慢的增长是由需求不足引起的，而不是由生产力的下降引起的。而且，穷国的表现比富国好得多。近十年来，东亚发展中国家的人均 GDP 每年增长 8.5%，而同一时期，撒哈拉沙漠以南的非洲发展中国家每年增长 2.5%。[1]

---

[1] 数据来自世界银行，World Development Indicators，http://databank.worldbank.org/ddp/home.do。

未来世界并不一定是美酒与鲜花的图景。但它提醒我们，气候变化问题来源于没有足够的气候变化政策时的强劲经济增长——这与那种经济停滞和生活水平增长减缓的模式并不一致。[1]

在气候变化投资方面的运用

我现在把贴现的概念运用于气候变化政策。在这个领域，我一般比较今天减排的成本，与未来减少的损失的价值。因此，假设今天对风力发电的 1 000 万美元投资，在 50 年中可以减少 1 亿美元 CO_2 造成的气候变化的损失。考虑到现有的替代性方案，这是一笔有价值的投资吗？

为了回答这个问题，我们将 1 亿美元的收益减少到原来的 $(1+r)^{-50}$，这里 r 是贴现率。在贴现率为每年 4% 的特殊情况下，这个贴现因子是 $(1.04)^{-50}=0.141$。计算表明，在 4% 的贴现率

[1] 这里是贴现专家提出的另外两个问题。第一，应该让贴现率一直不变吗？而且如何使它们反映长期的不确定性呢？对这两个问题不存在统一的看法，但大多数从业者普遍认为，贴现率可能会随着时间的推移而下降。主要原因是大多数增长预测都显示人口增长会放缓，而且有一些还显示长期技术变革也会放缓。随着经济减缓，我们的更多储蓄会用于资本深化，这往往会降低资本回报率。对不确定性的处理更为复杂，而且取决于风险和不确定性的来源。如果我们对未来的经济增长不确定，我们的计划就会倾向于把更多的加权给予有更低贴现率的结果，因为它们优于有更高贴现率的路径。在许多建模的方法中，这往往会降低各种不同情景的平均贴现率。这两种影响会出现在非常长的时间跨度上——涉及几十年甚至几百年的投资时期。净影响一般会提高被避免的长期损失的价值。关于这个主题的一个优秀分析，参看 Christian Gollier，*Pricing the Planet's Future: The Economics of Discounting in an Uncertain World*（Princeton，NJ：Princeton University Press，2012）。

下，未来 50 年的 1 亿美元收益，其现值或当下收益是 1 410 万美元。由于收益的现值超过了 1 000 万美元风电的成本，所以这在经济上是合理的。

表 7 显示了不同贴现率时的现值。请注意高贴现率会减少多少现值。在政府的贴现率为 7% 时，1 亿美元的投资通不过成本—收益检验，因为其净值是负的 660 万美元（3 394 776 美元现值减 1 000 万美元成本）。但像每年 1% 这样低的贴现率，几乎不会减少未来的价值。

表 7　关于贴现率如何改变未来 50 年得到的 1 亿美元的现值

贴现率（% 每年，实际的）	在 50 年中减少的 1 亿美元损失的现值
1	60 803 882
4	14 071 262
7	3 394 776
10	851 855

表 7 说明，贴现率可能是决定一项长期投资的价值的最重要因素。但我们的直觉在很长时间范畴的计算上往往不可靠。为了检验你的直觉，想想如果哥伦布在 1492 年按 6% 的收益率投资 100 美元，然后今天收回这笔钱，他能得到多少？我试着在脑子里进行计算，但我大大低估了这个数字。当我用计算器时，我很惊讶地发现，他得到的总收益大于世界的全部财富。

道德与贴现

许多人担心未来的气候损失会被低估。我们怎么能对未来如此漠不关心呢？我们不是在亏待子孙后代吗？

对未来的收益进行贴现，并不意味着对未来漠不关心。相反，它反映了两种重要的相互影响的力量。我们应该首先记住，资本是有生产力的。社会有许多生产性投资可供选择。其中一种投资就是减缓气候变化。但其他的也是有价值的。我们需要投资于新的低碳能源技术的研究与开发；投资于使低收入国家能在变暖的世界中繁荣发展的技术；投资于旨在战胜热带病的医疗研究；以及投资于教育，为应对未来将出现的不可避免的意外事件准备好劳动力。这些都是生产性投资，它们的收益属于未来子孙后代。

第二个因素是复利利息，它如此成功地避开了我们的直觉。复利增长的力量，会使投资的小小橡树种子变为巨大的金融橡树。再举一个例子：按 6% 的货币利率，1626 年为曼哈顿支付的 26 美元，在今天价值 1 520 亿美元。这大约相当于世界最有价值的岛屿的土地价值。

最后一点，注意表 7 中的极低贴现率与其他贴现率之间的差别。注意，按表 7 中最低贴现率计算的 50 年气候投资的价值，是按 4% 的贴现率计算的价值的 4 倍多。如果投资回收期是 100 年或 200 年，这种差别将会更大。这一点有助于我们理解在《斯特恩报告》和许多其他激进主义者的有利的成本—收益分析背后的逻辑。

在低贴现率的情况下，早行动之所以如此有利，主要是因为未来的损失如此重大。

极低贴现的沉重负担

我们应该如何考虑我们对子孙万代的责任呢？我将用亲代关心的例子来说明这一点。作为父母，我们自然十分关心我们的孩子，担心他们的安全、福祉、健康与幸福。我们也很关心我们的孙辈，但我们的焦虑因为他们的父母——我们的孩子——也在关心他们而得到缓和。同理，我们的曾孙辈和曾曾孙辈也就离我们的焦虑越来越远。在某种意义上，他们有一种“焦虑贴现”，因为我们无法判断他们将生活在什么样的环境中，也因为我们的孩子和孙子会在我们离去后照顾他们。

为了用数字说明这一点，假设我们的代际焦虑贴现是 1/2。因此，对我们孩子的焦虑的权重是 1，对我们孙辈是 1/2，对下一代是 $(1/2)^2=1/4$，以此类推。关心的总和就是 $1 + 1/2 + (1/2)^2 + (1/2)^3 + \cdots\cdots = 2$。在这个世界上，我们在我们的关心中，对我们的孩子以及他们所有后代的加权数是大体相等的。我们可能用不同的代际贴现权重，但只要有某种未来的贴现，我们就可以解决这些问题。

现在以零贴现为例，有时哲学家提倡零贴现。在这个家庭的例子中，假设我们对后代没有焦虑贴现。那么，我们对我们孙辈的焦虑与对我们孩子的一样，且对我们五世孙辈的焦虑也与对我们孙辈的一样。用我们的算例，没有贴现的焦虑的总和将是无限大（即，等于 1 + 1 + 1 + …… = ∞）。在这种情况下，我们大多数人都会陷入无解的焦虑大海之中，担心遥远的后代可能会遇到的所有问题，如小行星、战争、失控的机器人、肥尾、智能微尘以及其他灾难。这样一来我们将根本无法决定该做什么。零贴现就像加在我们肩上的无比沉重的负担。这种论点听起来有点像不靠谱的伪数学，但这恰恰是诺贝尔经济学奖获得者佳林·库普曼斯（Tjalling Koopmans）做出的零贴现的深刻数学分析的要点。[1]

因此在这里做一个简单的总结。我们需要使用反映社会面临的实际市场机会的贴现率，而不是从市场现实的背景中归纳出来的抽象的平等定义。市场贴现的逻辑不仅是未来的人应该自求多福的利己观点。它并不认为，我们应该消费掉我们所有的收入，且不做任何投资来保护我们的世界或子孙后代。它也不认为，我们应该忽略未来几十年的影响。相反，它反映了这样一个事实：有许多高收益投资将改善子孙后代的生活质量。应该确定贴现率，以便我们可供投资的资金被用于最有生产力的用途。有效投资的组合肯定包括了减缓全球变暖的投资。但它也包括了在家庭医疗体系、热带病的治疗、世界各地的教育，以及对各类新技术的基

[1] Tjalling C. Koopmans, "On the Concept of Optimal Economic Growth," *Academiae Scientiarum Scripta Varia* 28, no.1 (1965): 225—287.

础研究等其他优先领域的投资。

对减缓全球变暖的投资应该与其他投资竞争，而贴现率就是比较相互竞争的投资的测量杆。

对减缓气候变化的方法的总结

关于我在第三编讨论的减缓气候变化的成本，以下是应予强调的重点。

第一，经济分析和工程分析表明，把气候变化控制在安全的范围内是可行的。如果世界各国充分参与且做出坚持不懈、卓有成效的努力，就可以实现把气候变化控制在 2 ℃的哥本哈根目标。即使努力被推迟或一些国家没参与，世界气温变化也可以保持在 3 ℃的范围之内。经济研究表明，如果政策是合理高效的，把气候变化限制在 2.5 ℃或 3 ℃的成本，将是世界贴现收入的 1% 或更少。

第二，对这种乐观的展望必须加以强烈警告性的限制条件，即它要求合作的与高效的措施。合作要求大多数国家必须尽快参与到努力中来——比如，在几十年内。如果穷国和中等收入国家拒绝加入，特别是如果美国继续袖手旁观，那么，实现一个雄心勃勃的温度目标的成本就会急剧增加，而且哥本哈根目标也将变得不可行。

第三，效率不仅要求近乎普遍的参与，还要求成本效益。它要求所有部门与国家都有大体相等的边际减排成本。一个高效的项目不能在不同部门与国家间产生截然不同的边际减排成本。

这个总结留下了许多悬而未决的问题。政府应该为气候变化设定什么样的目标？所有这些如何与在哥本哈根确定的目标挂钩？应该采用什么样的机制，来鼓励人们和企业做出压低 CO_2 排放曲线所必要的决策？这些就是我们在第四编要讨论的问题。

PART 4

减缓气候变化的政策与制度

POLICIES AND INSTITUTIONS FOR SLOWING CLIMATE CHANGE

掷骰子的最佳诀窍就是把它们丢弃。

——英语谚语

The best throw of the dice is to throw them away.

—English proverb

第 17 章 | 气候政策的历史回顾

以上三编考察了气候变化难题的不同方面：气候科学、气候变化的影响，以及减排的成本。我们的结论是，避免危险气候变化的唯一可靠方法是减少 CO_2 和其他温室气体的浓度。但这样做潜在的成本高昂，特别是如果各国不采取一致的行动，并使用高效的控制机制的话。现在是把所有内容汇总在一起的时候了。

• 政府如何才能为气候变化政策设定一个合理的目标呢？这涉及减少多少排放的问题。

• 这些政策将如何与在京都、哥本哈根、坎昆和其他环境峰会上签署的宣言相联系呢？

• 应对气候变化的有效行动要求所有国家协调它们的政策吗？什么样的执行机制会吸引那些不情愿的、想搭便车的国家？

• 政府如何能确保人们和企业采取必要的措施呢？

• 低碳技术对于向稳定的气候过渡至关重要，那么什么样的政策会促进其发明、创新和有效应用呢？

多年来，科学家和决策者一直在为了理解不受控制的气候变化的危害而奋斗。美国国家科学院的一份报告赞同2 ℃的全球变暖限制，和针对美国的大幅减排限制。[1] 全世界其他科学团体也观点相近。近年来，世界各国的领导人也就控制气温上升的方法达成了共识。

本章中，我们的任务就是深入了解这些报告的内容，以考察这些目标是如何得出的。为气候变化政策设定目标似乎很简单。例如，我们可以挑选一个目标，使世界与危险的临界点保持一个安全距离。或者我们可以努力阻止大量物种的丧失。也许我们可以选择一个防止格陵兰冰盖融化的目标。实际上，这些选择都没有为确定气候目标提供一个简单而明确的指导。

我将讨论温度目标何以变得如此至关重要。这个讨论将说明，针对某种特定的数字目标的政策，所依靠的科学支持很薄弱。在增加1.5 ℃、2 ℃、3 ℃或者任何一个特定温度目标之间，并没有一条明确的线。是否最好的目标，将取决于实现它的成本。如果成本不高，我们就应该把温度目标定得低一点，但如果成本高或政策低效，我们可能就不得不接受更高的目标。

---

[1] 参看 National Research Council, *Limiting the Magnitude of Future Climate Change*, America's Climate Choices series（Washington, DC：National Academies Press, 2010）, http://dels.nas.edu/resources/static-assets/materials-based-on-reports/reports-in-brief/Limiting_Report_Brief_final.pdf。

这一章的最终结论是，不利用经济学，我们就不能明智地设定气候政策目标。我们需要既考虑成本，又考虑收益——既要考虑我们的目标，又要考虑实现目标的成本是什么。

关于气候变化的国际协议

从关于气候变化目标的第一份声明开始。国际气候变化商议的基础，是 1994 年通过的《联合国气候变化框架公约》。这个协议认为："最终目标是……将大气中温室气体的浓度稳定在防止气候系统受到危险的人为干扰的水平上。"[1] 这个崇高的目标太含糊，以至于对政策没有用，因为没有定义或明确的方法来确定什么是"危险的人为干扰"。但这是一个很好的起点。

1997 年签署的《京都议定书》，是第一份，也是到目前为止唯一具有约束力的气候变化国际协议。它援引了《框架公约》的目标，即防止气候系统受到危险的人为干扰。[2] 当涉及授权时，协定要求附件 1 的国家减排，而其他国家例外。（附件 1 的国家包括了高收入国家和"正在向市场经济过渡"的国家。）缔约方同意整体在 2008 年至 2012 年间将其 CO_2 和其他温室气体排放总量在 1990

[1] 完整的内容见联合国："United Nations Framework Conventionon Climate Change," 1992, Article 2, http://unfccc.int/resource/docs/convkp/conveng.pdf。

[2] 参见《京都议定书》开篇对目标的表述，"为实现《公约》第二条所述的最终目标"，参看 "Kyoto Protocol to the United Nations Framework Convention on Climate Change," 1997, http://unfccc.int/resource/docs/convkp/kpeng.html。

年基础上减少 5%。但减排和环境目标之间并没有直接联系，而且也没有鼓励参与或阻止搭便车的机制。

我将在后面的章节中讨论《京都议定书》的困难。简短的结论是，它没能大幅度地减排，或吸引各国参与，且在 2012 年就失效了。

现在转向 2009 年 12 月的哥本哈根大会。这次会议的目的是设立一个《京都议定书》的替代品，《京都议定书》一致达成的限制将在 2012 年底到期。这次会议未能实现设定在 2012 年以后具有约束力的排放限制的关键目标。但它通过了一个适用于气候政策制定的温度限制目标。在《哥本哈根协议》中，各国认识到"全球气候升幅不应超过 2 ℃的科学观点"。[1] 这是第一次在全球会议上确立气候目标。

把气候变化控制在不超过工业化前水平 2 ℃的目标，得到了各国政府、科学家和环保主义者的广泛接受。在 2007 年，欧盟委员会提出动议："防止全球气候变化带来不可挽回的后果。这就意味着需要把全球变暖控制在不超过工业化前时代的温度 2 ℃。"八国集团在 2009 年 7 月的拉奎拉峰会上宣布："我们承认全球平均气温升幅不应该超过工业化前水平 2 ℃的科学观点。"这些声明代

[1] 通过的声明为："为最终达成最终的会议目标，稳定温室气体在大气中的浓度以及防止全球气候继续恶化，我们必须在认识到全球气候升幅不应超过 2 ℃的科学观点后，在公正和可持续发展的基础上，加强长期合作以对抗气候变化。"参看 Copenhagen Accord, December 12, 2009, http://unfccc.int/files/meetings/cop_15/application/pdf/cop15_cph_auv.pdf。

表了许多政府制定的雄心勃勃的目标。[1]

2 ℃目标的科学依据

以上所引用的宣言提到了关于适当目标的“科学观点”。这种科学观点来自哪里？2 ℃的目标，是否基于显示 2 ℃正是门槛所在的坚实证据？如果地球的气候体系突破了这个门槛，会有“危险的”或者至少严重的后果吗？

令人惊讶的答案是，2 ℃目标的科学依据并不是真正非常科学性的。[2] 例如，在解释 2 ℃目标时，美国国家科学院的最新报告仅仅是在做循环论证：“后续的科学研究已试图更好地理解并量化 GHG 排放、大气中的 GHG 浓度、全球气候变化以及这些变化对人类和环境系统的影响之间的联系。根据这种研究，国际社会的许多决策者将把全球平均地表温度控制在不超过工业化前水平 2 ℃视为一个重要的基准；这个目标体现在《哥本哈根协议》，2009 年 G8 峰会，以及其他政策论坛中。”[3] 因此，政治家们谈的是

[1] 参看欧盟：“Limiting Global Climate Change to 2 Degrees Celsius，” January 10，2007，http://europa.eu/rapid/pressReleasesAction.do?reference=MEMO/07/16；G8 Information Center，“Declaration of the Leaders：The Major Economies Forumon Energy and Climate，” L'Aquila Summit，July 9，2009，www.g8.utoronto.ca/summit/2009laquila/2009-mef.html。

[2] 2 ℃目标的历史的精彩记录，可参看 Carlo Jaeger and Julia Jaeger，“Three Views of Two Degrees，” *Climate Change Economics* 1，no.3（2010）：145—166。

[3] National Academy of Sciences，*Limiting the Magnitude of Future Climate Change*（Washington，DC：National Academies Press，2010）.

科学，而科学家们谈的是政治。

如果我们仔细审视这些主张，就会发现这个温度目标有三个正当理由。第一个是在过去 50 万年中经历的全球最高温度比今天高 2 ℃左右，超过这一温度就有潜在危险。第二个理由是超过这

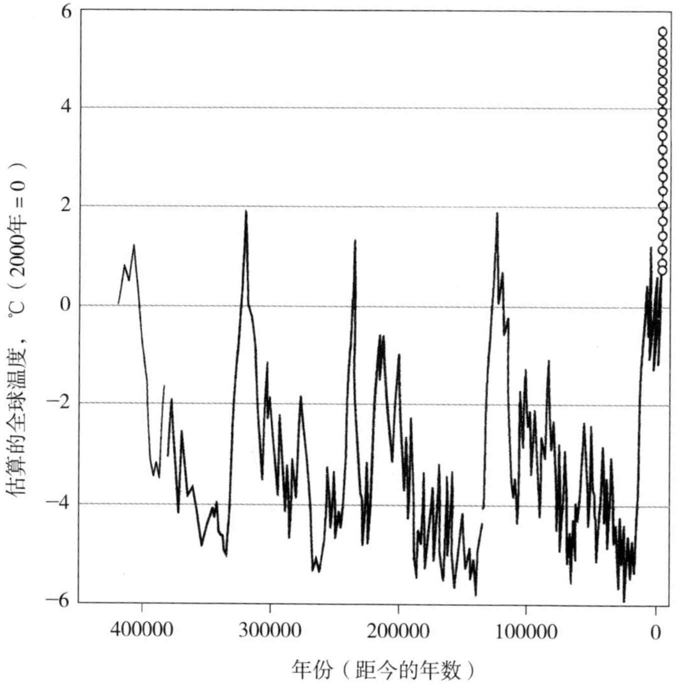

图 28

对过去 40 万年全球温度变化的估算，以及对未来 2 个世纪的模型预测。这个图展示了用过去 50 万年的南极冰芯数据重建的全球温度。现在的温度被标准化为 0 ℃。最右边带小圆圈的线迅速升起，显示了 DICE 模型对一个没有控制的基线情景中未来温度上升的预测。如果全球变暖继续不受控制，未来的温度将很快超过过去 50 万年来的历史最高值。

个温度升幅，生态调整可能会变得困难。最后一个理由是，一旦温度超过 2 ℃，就会越过很多危险的门槛。

我们从第一个理由开始，这个理由依据的是历史上的气候数据。图 28 展示了对过去 50 万年间全球温度变化的重建。这些估算是从南极洲的冰芯中得出的。[1] 数字可能有大量的错误，因为它们估算的是南极洲的趋势；此外，它们依据的是地区性温度的替代性指标，而不是实际温度的测量值。[2]2000 年的值被设置为 0 ℃，使之作为比较的基线。当线条下降到低于零时，它反映了变冷的趋势和冰期（较低的全球温度），而当线条上升到高于零时，它表示暖期或间冰期（较高的全球温度）。

根据这个重建，全球的温度可能曾达到比今天高 2 ℃，但这

---

[1] 冰芯数据提供了对南极洲温度的估算，它说明了在 2 万年前的末次冰盛期，南极洲的平均温度比当今时代大约低 8 ℃。在末次冰盛期，全球变暖的程度存在不确定性。IPCC 第四次评估报告将自那时以来的气温上升幅度定为 4—7 ℃；IPCC，*Climate Change 2007: The Physical Science Basis*（Cambridge：Cambridge University Press，2007），451。最近一份对末次冰期旋回的研究指出，差异略小于 4 ℃；Jeremy D. Shakun，Peter U. Clark，Feng He，Shaun A. Marcott，Alan C. Mix，Zhengyu Liu，et al.，"Global Warming Preceded by Increasing Carbon Dioxide Concentrations during the Last Deglaciation，" *Nature* 484（2012）：49—54。我把 5 ℃的值视为一个合理的共识。然后我把南极洲的温度换算成全球平均温度，假设比例因子是 5/8。这可能适用于很大的范围，但不能准确地表现更高分辨率的运动。我感谢 Richard Alley 提出了这种方法。

[2] 对现代以前温度的估算用了温度的"替代性指标"。最广泛使用的远古时期的替代性指标来自格陵兰岛、南极洲和其他冰盖的冰芯。数据是由几个科学家团队研究多年得出的。一个主要来源是 J. R. Petitetal.，"Climate and Atmospheric History of the Past 420, 000 Years from the Vostok Ice Core，Antarctica，" *Nature* 399（1999）：429—436。详细的数据来自 Carbon Dioxide Information Analysis Center，U.S. Department of Energy，"Historical Isotopic Temperature Record from the Vostok Ice Core，" http://cdiac.ornl.gov/ftp/trends/temp/vostok/vostok. 1999. temp.dat。

些暖期仅在相对短的间隔期持续。据我们所知，在过去的 50 万年里，全球的温度从未高于今天的温度 2 ℃。

我们还在图 28 的右上方展示了一条带有小圆圈的急剧上升的线。这些是针对不受限制的气候变化情景，耶鲁大学 DICE 模型对未来两个世纪的温度预测（这些估算也代表了其他模型）。我们对不受限制的 CO_2 排放情况的温度预测，将使全球温度远远超出冰芯记录的上限。

想要找到与预测中未来几个世纪同样高的温度，必须追溯到更久远的地质时代和生物历史。虽然替代性指标必然是近似值，但如果我们返回到 5 亿年前，地球达到的最高温度似乎曾高于今天 4—8 ℃。在侏罗纪时期，CO_2 的浓度是现在水平的 8 倍，而且在更早时期甚至更高。这些高浓度并不令人惊讶，因为今天的化石燃料就来自这些更高 CO_2 浓度时期的腐烂植物。

许多年以前，我曾提出，古气候的极端温度可以作为一个合适的目标。推理如下："首先可大体说，认为 CO_2 的气候影响将保持在长期气候变化的正常范围之内，似乎是合理的。根据大多数资料来源，不同气候体系之间的变动范围是在大约 ±5 ℃，目前全球气候就处在这个范围的上端。如果全球温度比现在的平均温度高 2 ℃或 3 ℃，这就使气候超出最近几十万年间观察到的范围之外。" [1]

---

[1] William Nordhaus, "Economic Growth and Climate: The Carbon Dioxide Problem," *American Economic Review* 67（February 1977）：341—346. 这篇文章强调，这个目标是"令人非常不满意的"，因为它没有涉及任何成本与收益的平衡。但是，当时还没有对全球变暖造成的损失的估算，因此这个目标是对平衡成本与损失的方法的一种替代。

有很大影响的德国全球变化顾问委员会，在 1995 年采用了参考历史趋势来确定目标的方法。该委员会提出，气候政策应该根据“可忍受的温度窗口”来确定。这个窗口将观察过去几十万年间地球平均气温波动的范围。它估算出，这个星球今天已接近该范围的上端，并有点武断地提出把历史范围的两端都扩大 0.5 ℃。根据这个窗口，该委员会计算出，可以忍受的最高温度将是高出 1900 年温度的 2 ℃左右。[1]

2 ℃目标的第二个理由，是基于生态学观点。根据 1990 年世界气象组织一个顾问团的看法，全球变暖 2 ℃将是“一个上限，一旦超出这个上限，生态系统遭受严重损失，以及非线性反应的风险，预计将迅速增加”。当时只有极少人支持这个看法。本书在前面已经讨论了这些生态问题中的一部分（参看第二编中的影响分析）。它们确实会随着更快的气候变化而恶化，但在任何一个特定的变暖水平上都没有明显的门槛。

IPCC 的第四次评估报告审视了在不同温度门槛可能出现的危险结果。[2] 这里是对不同门槛时的影响的摘要：

- 在 1 ℃时：水资源短缺加剧，珊瑚白化增加，海岸洪水增

[1] German Advisory Council on Global Change, *Scenario for the Derivation of Global CO_2 Reduction Targets and Implementation Strategies*, Statement on the Occasion of the First Conference of the Parties to the Framework Convention on Climate Change in Berlin, March 1995, www.wbgu.de/wbgu-sn1995_engl.pdf.

[2] IPCC, Fourth Assessment Report, *Impacts*, Technical Summary, p.67.

加，两栖动物的灭绝加剧。

- 在 2 ℃时，除上述情况外：20%—30% 的物种面临越来越高的灭绝风险，疾病负担增加。
- 在 3 ℃时，除上述情况外：粮食作物生产率下降，由于冰盖融化而长期承受海平面上升若干米，医疗系统遭遇相当大的负担。
- 在 5 ℃时，除上述情况外：全球物种大规模灭绝，粮食生产率大幅下降，30% 的海岸湿地丧失，大规模的海岸洪水与漫滩，世界海岸线的重构，海洋环流的重大变化。

这些预测无疑描绘了一幅令人不安的画面。但它们是以一种逐渐加剧的方式进入，并不会在达到某一个门槛温度时突然出现。

把温度升幅限制为 2 ℃的第三个理由是根据一种看法，即更高的温度会引发重大的不稳定性和临界点（参看第 5 章）。我的结论是，对气候变化临界点的研究还在起步阶段。但我们知道，在从生物学到经济学的许多领域中，重大且可能危险的间断会突然且不可预见地出现在复杂的系统中。当前的研究表明，在下个世纪左右，地球一旦变暖 3 ℃或以上，可能会引起许多特别危险的风险。因此，在此基础上，目标门槛应该定为 3 ℃而不是 2 ℃。同时，这些估算中误差很大。由于我们并不清楚不同的门槛在哪里相交，为温度上升目标设定一个较低的上限可能是明智的。

从这个依据出发，我得出以下结论。如果成本并不高，我们肯定希望把气候变化和 CO_2 浓度增幅控制在最低水平上。如果我们能以低成本避免，为什么要让海岸线、生态系统和小岛冒遭受任何损失的风险呢？另一方面，如果极低的温度上升目标会引起食物、住房、教育、健康和安全这类关键人类优先事宜的大幅度削减，那么我们就需要认真地考虑权衡取舍。我们可能愿意承担小麦产量或海平面上升的某种风险，而不是花费钱财把全球变暖限制到可行的最低水平。毕竟，我们或许能把那笔钱更有成效地花在改良种子、水资源管理以及基础设施上。而且，我们可能会找到去除碳的低成本技术——技术人员正在设计的碳捕获与食碳树——以便我们可以在几十年内迅速地压降 CO_2 的浓度。因此，在没有灾难性影响的情况下，我们应该在承诺任何一个特定目标之前先看看价格标签。

这就意味着，不同时考虑减缓气候变化的成本和避免损失的收益，就无法切实地确定气候变化目标。这正是经济学可以重新发挥作用的地方。

第 18 章

平衡成本与收益的气候政策

第 17 章的结论是，气候变化政策的明智目标要求平衡减排的成本与气候损失。这种方法往往被经济学家用来分析不同的选择，并被称为成本—收益分析。其基本思想相当直观易懂。在一个资源有限的世界上，我们应该进行产生最大净社会收益的投资——也就是说，社会收益超过社会成本最多的投资。[1]

日常生活中人们一直在贯彻成本—收益分析。有时，计算是直截了当的。邻近的加油站方便，但它每加仑的收费比临近商业区的加油站多 10 美分。去这个商业区省下的 2 美元，抵得上额外的时间和汽油吗？

更具挑战性的选择包括挑选一个学院。假设你已经被三所学院录取，并需要在其中选择。三所学院不仅经济成本不同，而且提供的收益也不同。一些收益是市场收益，比如学费与研究生薪

---

[1] 对成本—收益分析的一份绝佳论述见 E. J. Mishan and Euston Quah，*Cost-Benefit Analysis*，5th ed.（Abington，UK：Routledge，2007）。

金前景。另一些收益是非市场的，比如学生生活的质量、气候与音乐。对一些非常富裕的学生而言，成本基本上是无关紧要的，他们可以只关注收益。但大多数学生，必定要同时考虑成本和收益。一些收益可能是难以货币化的，或者难以用金钱来表示。但是，当我们在可获得的选项中进行选择时，我们至少是潜意识里把所有成本与收益都进行了衡量。

运用于气候变化的成本—收益分析

我现在把成本—收益法运用于评估减缓气候变化的不同目标。我用一种简化的方式来这样做，即问哪一种温度目标能使减排投资和气候变化所致损失的总成本最小。这和选择一种使净收益最大的政策是一样的。

为此，我将减排成本和气候损失放在一个图中，见图 29（以及图 30 到 32）。这个重要的图需要一些解释，因为它结合了数个要素。

其目的是要考察不同气候目标的成本、损失和净影响。我取 2 ℃，3 ℃，4 ℃为目标，以此类推。对每一个目标，我计算将全球温度的升幅控制在低于所选定的目标所需的减排成本，这种成本曲线是一条向下方倾斜的线。我计算了在那种温度目标下气候变化引起的损失，这是向上倾斜的线。将成本和损失加在一起就得出了总成本，正如 U 形曲线所示。每一条曲线都被绘制为每年的成本除以全球总收益的比率。

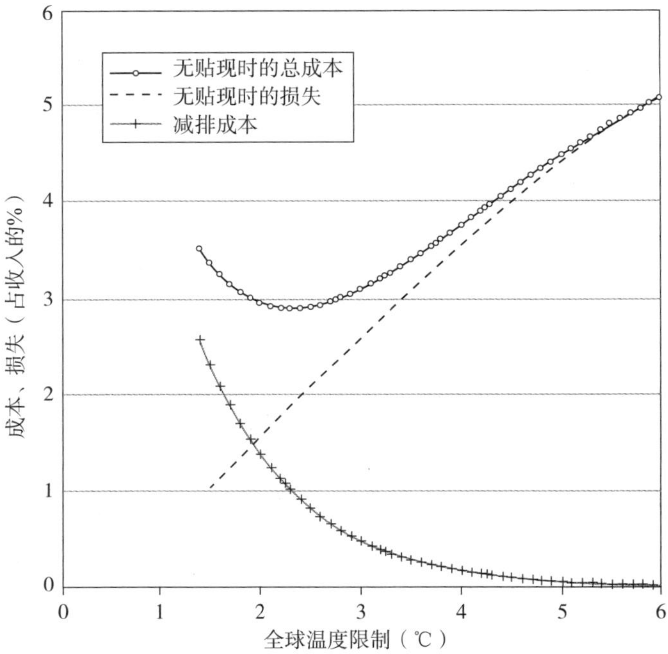

图 29

假设 100% 的效率和没有贴现情况下，不同温度目标的总成本。这个图显示了，无贴现时每年的减排成本（向下方倾斜的线）、损失（向上方倾斜的线），以及每一种温度限制时的总成本（U 形曲线）。所有的值都是没有贴现的。这采用了高效减排与普遍参与的理想化情况。这里的损失曲线假设，不存在灾难性损失或临界点。

其中每一条曲线都在以前的章节（第 12 章与第 15 章）中讨论过，因此，在这里我只是简单地把它们放在一起。例如，用减排来满足每一个温度目标的成本如图 26 所示。同样，损失曲线用了图 22 中总结的估算值。注意这些估算值并不包括临界点，或没那么容易量化的影响，例如海洋酸化的所有成本。[1] 它们还通过略去调整的动态而进行简化了。图 29 到图 32 都用了同样的图形来说明在四种情景下的损失与成本。

从对图 29 中没有贴现的高效政策的经济分析开始。这意味着，计算成本和收益时，假设它们发生在同一年。尽管这是一个贴现率的极端（对于现实分析我肯定不会推荐这种方法），但它有透明性的优点。我进一步假设，实施是完全有效的，而且有 100% 的参与率，因此减排成本几乎是最低的。

无贴现的总成本曲线是 U 形曲线，因为它在极低和极高两个温度极限时的成本很高。在温度变化较大时，高成本是由于低减排成本及其导致的极端损失。在温度限制较低时，成本主要来自高减排成本，总成本很少来自损失。

在这第一种乐观的情景中，最低的成本出现在 2.3 ℃时（在我们所有的计算中，温度是相对于 1900 年的，那时的温度比今天全球平均温度低 0.8 ℃左右）。在最低时，总成本是总收入的 2.9% 左右，损失是减排成本的两倍左右。当我们往任何一个方向走出这个温度范围，总成本就急剧增加了。

这里是第一个至关重要的结论：如果气候变化政策设计完美而且完全有效，如果现期与未来的成本相等，那么，从经济的角

[1] 关于曲线如何得出，这里有一些其他细节。我用了 DICE-2012 年模型，并分完全参与与有限参与的情况，估算了不同温度门槛时的成本与损失。成本与损失是按年度计算，并表示为每年总收入的函数。

度来看，2.25 ℃的目标被证明是合理的。在这种乐观的情况下，减缓气候变化的投资成本是适度的，约为全球收入的 1%。因此，这第一种方法表明，许多政府和科学报告达成一致的 2 ℃的目标，非常接近于在某些条件下的最优目标。

现在让我们通过承认有些国家在它们的减排行动中不可能达

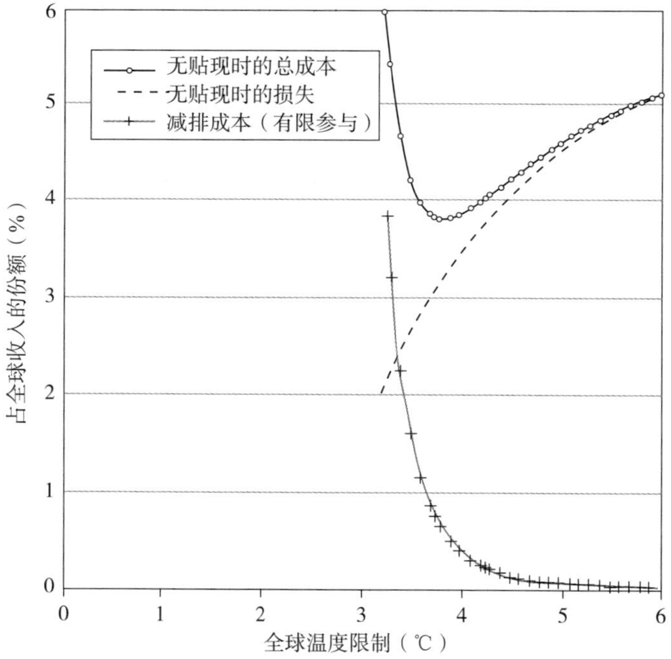

图 30

当存在没有贴现的低效减排时，温度目标提高了。第二种情况假设由于有限的参与，减排是低效率的。同样，曲线是每年减排的成本（向下倾斜的线）、没有贴现的损失（向上倾斜的线）和总成本（U 形曲线）。这种版本假设，没有灾难性损失或者临界点，而且对未来的价值也没有贴现。

到最优效率，来走向更现实的方向。有一些国家在近期不会参与。

假设一种简单的情况，一些不热心的国家不参与减排计划。回想一下，到 2012 年,《京都议定书》只覆盖了全球排放的五分之一。因此，在我们的第二个情景中我们假设，在下一世纪计划只覆盖 50% 的全球排放。(回想一下我们在图 26 中对有限参与的影响的考察。) 我们继续假设零贴现率，以便区分出低参与率的影响。

图 30 表明了结果。这里唯一的差别是，减排曲线相对于图 29 向上并向右移动，因为达到每一个温度目标的成本高了。的确，在 50% 的参与率时，要达到 2 ℃的目标是不可能的——不受控制地区的排放必然会推动全球超过这一限制。在这第二种情况下，成本最低的温度目标上升到 3.8 ℃。还要注意，总成本从图 29 中的理想情况大幅度增加了——从第一种情况的占收入的 2.9% 上升到第二种情况的占收入的 3.8%。成悖论的是，在有限参与情况下的成本大部分是损失。由于减排已经变得如此昂贵，在经济上有利的是较少减排，并忍受损失。

正如我们在第 16 章中看到的，当比较今天的投资与未来的收益时，经济学家一般推荐贴现。因此，第三种情况把贴现引入有限参与的情景。回想一下，贴现在气候变化政策中起了重要的作用，因为减排的成本发生在不久的将来，而损失发生在遥远的未来。

经济模型编制者一般通过计算贴现的成本与损失的整个路径来解出最优温度，用计算机综合评估模型可以实现这一点。但是，我们可以通过把所有东西放入一年来简化。这样做是通过假设损失发生在减排 50 年之后来实现的。这种滞后反映了全球气候系统的惯性物理特性，这种特性导致了温度在 CO_2 排放后很久才上升。[1] 此外，我用每年 4% 的贴现率来反映投资的生产率。[2]

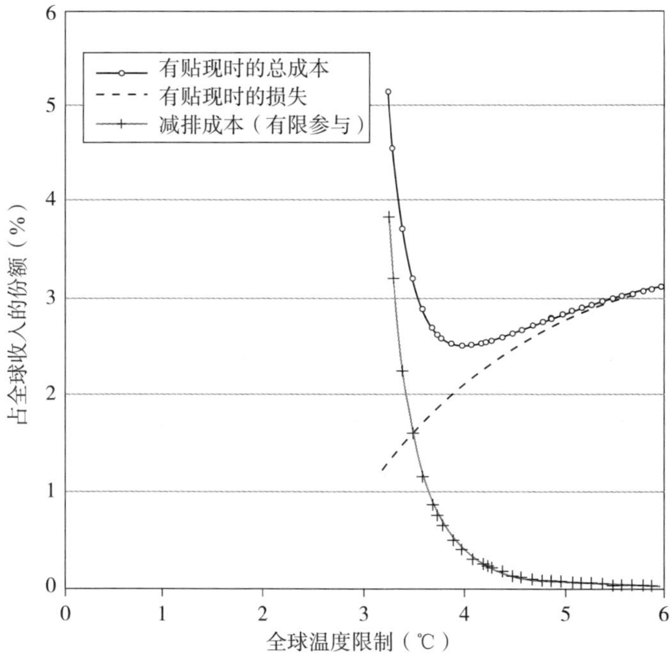

图 31

假定有限参与和对未来收入贴现情况下，不同温度目标的总成本。这种计算显示了，当对损失的每年贴现为 4% 时的年均成本，但仍然假设有限参与导致了低效减排。这里，经济计算表明最优的温度限制是 4 ℃。

---

[1] 为了计算这种滞后，我在 DICE-2010 年模型中增加了 2015 年的排放波动。然后，我计算了排放造成的损失的滞后时间，计算结果是 47 年，取整为 50 年。

[2] 4% 的贴现率是作为对商品和服务的长期贴现率计算。同时结合了每年 3% 的经济增长率。参看第 16 章关于贴现作用的讨论。

图31显示了有贴现和有限参与情况下的计算结果。因此，它是图30的结果再加上贴现。减排的成本曲线与图30相同，但损失曲线向下移动，以反映贴现减少了远期损失的现值。

贴现的总成本曲线表示，使成本最小化的温度是4.0 ℃，这仅仅略高于有限参与和没有贴现时的目标。因此，有贴现与有限参与的现实情况导致了比图29中的理想情况更高的目标温度。但导致最优温度目标较高的主要原因是有限参与，这增加了达到目标的成本。如果我们仅仅看参与率的影响，它把目标温度从2.3 ℃（参看图29）提高到3.8 ℃（图30）。贴现率只会使目标再提高0.2 ℃。

图31中表明的贴现的结果让人吃惊（的确，这使我吃惊）。为什么贴现对结果的改变程度比有限参与小得多？原因很微妙，可以在损失曲线与成本曲线的形状中找到。在有限参与时，减排曲线是高度非线性的。在温度限制在4 ℃以上时，改变这种限制的额外减排成本是低的；而低于4 ℃时，额外的减排成本是高的。与此相对照，损失曲线在4 ℃左右时有一个接近不变的斜率；损失曲线斜率的变动对最低成本计算的作用比较小。因此，当我通过贴现降低了损失曲线时，最低成本点的变动也相对很小。我们不应该把这里准确的数字作为最优目标选择的最终依据。但是，它们指出成本与损失的非线性作用是选择目标时的关键因素，在下一节将对这一点着重论述。

没有用图形表示出来的下一个情景，是完全参与和贴现。这种情况将是“倾向于贴现的乐观主义者”的理想，他们认为我们应该贴现未来的收益，但对实现不同国家接近普遍的参与持乐观态度。在这最后一种情况中，最优温度目标是 2.8 ℃。这比图 29 显示的没有贴现的情况高 0.5 ℃左右，但低于低参与并且零贴现时的情况。这再次说明了，在实现有限气候变化和低排放成本的理想中，参与是多么重要。

我们应该从这些成本与收益分析中得出的结论是什么呢？这些图形是被简化的，但并没被过度简化。它们抓住了起作用的主要力量：

- 温度越高，损失越大
- 温度目标越低，减排成本越高
- 低参与和低效减排时，成本会增加
- 有贴现时，损失的成本更低

完整的综合评估模型包括了更多细节，并考察了从今天的起点到不同目标的动态变化。但综合评估分析的基本要点仍然保留在这些简化的案例中。

有临界点的成本—收益分析

大多数气候变化的经济模型都没有包括对地球系统主要临界点和不连续性的影响的估算。看看图 29 到图 31 中的损失曲线。

随着横轴上全球温度增加，损失也逐渐增加。这种形状来自第17章中评述的经济损失研究，并且也是在经济综合评估模型中使用的标准方法。这些模型一般不包括临界点，因为我们对它们的可能性、它们可能出现的门槛，以及它们的经济影响，并没有可靠的评估。

借助一些科学和经济学的想象，我们可以把临界点包括在内。假设一份认真的分析得出结论，当全球温度超过某个特定门槛时，损失会急剧增加。也许格陵兰岛和南极洲西部的巨大冰盖瓦解将导致海平面迅速上升。也许农业产量会灾难性地减少。也许季风形式的某种不稳定性会扰乱世界各地的商业。这些影响目前只是推测性的，但我们可以在我们的分析中展示如何应对它们。

门槛可以作为悬崖形的或⌋形损失函数引入。[1] 我使用一个简化的临界点损失函数，该函数在3.5 ℃时急剧地上升，反映了我们之前的讨论。在这个例子中，我假设温度达到3.5 ℃时，临界因素导致的损失合计占世界收入的0.5%。超过3.5 ℃，临界点的损失迅速增加。在4 ℃时损失达到世界收入的9%；在4.25 ℃时它们冲到世界收入的29%，并从这里继续上升。这些假设是在貌似合理的外限，而且在对损失的实证估算中也没有坚实的基础。因此它们应该被解释为只是显示了临界点会如何影响分析。

---

[1] 临界成本或灾难性损失函数，写为 $D/Y = 0.006\,(T/3.5)^{20}$，0.006意味着在3.5 ℃时，临界的损失是世界收入的0.6%。（$T/3.5$）项意味着，门槛是3.5 ℃。指数20指向在3 ℃时一次急剧的中断。

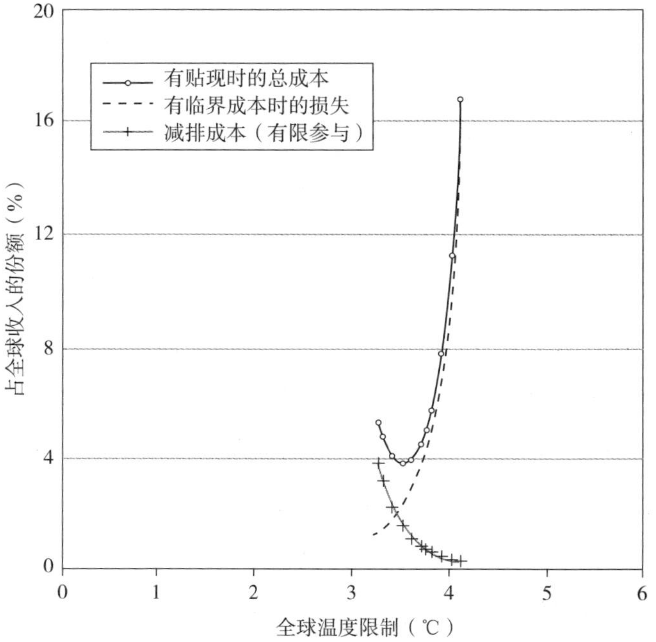

图 32

在 3.5 ℃处出现急剧临界点时的气候政策。这最后一个例子中，在有贴现与有限参与情况下，门槛或临界点出现在温度增加到 3.5 ℃时。这表明，最优的温度增加目标，极为接近门槛。它被减排成本限制在低水平，而被损失的急剧增加限制在高水平。

现在再重复图 31 中的成本—收益分析（贴现与有限参与），但增加门槛损失。因此图 32 是图 31 加上急剧门槛损失的结果。现在损失曲线在 3.5 ℃以上极为陡峭。因此，总成本曲线是非常明显的 V 形曲线，且在 3.5 ℃处成本最小。换句话说，最优政策是采取非常有力的行动，以确保温度不超过 3.5 ℃的门槛。此外，注意总成本远远大于以前的情况。我们需要承担高得多的减排成本，以避免很高的临界点损失，但即使在各参与方付出了巨大的减排努力之后，仍然有很大的损失。

这里的一个重要结论是，成本—收益分析（或者更一般地说，经济分析）可以明确地把临界点、突发的气候变化、急剧的不连续性和灾难等不同寻常的单独因素结合进来。

把临界点包含进来的困难，并非把这些奇异的因素加进我们模型中的分析性困难。确切地说，这是一个由于我们不能可靠地预测门槛损失影响而产生的实证问题。以图 32 中显示的门槛损失函数为例。这个曲线做出了有关三个参数的假设：门槛温度，在这种温度时的损失，以及曲线的凸度。

但是，我们连这些参数的一次近似值也不了解。第一个参数是临界点，这里假设为 3.5 ℃。我们在前文已看到了，关于临界因素的准确质变点，我们知之甚少。第二，我们需要估算门槛处的损失。我假设，在门槛处，总损失约为收入的 0.5%，但这只是一个假设，并没有实证基础。最后一个不确定性涉及损失函数的凸度。我假设，它的凸度极大，并以达到 20 次方的温度函数来表示，但这也仅仅是一个示例。没有实证证据支持这个凸度，以及该函数应该提高到 20 次方，而不是 4 次方或 50 次方。

因此，在这一点上，图 32 中显示的焦点温度目标只是一种示例。不同的假设会指向极为不同的结果——一些指向较高目标，一些指向较低目标。

赌场中的成本—收益分析

我们可以用上一节的成本—收益法来说明，气候赌场中的不确定性会如何影响气候政策。有许多可能性，但我们可以很容易地说明两种极端情况。

在第一种情况中，政策遵循预期值的原则。在这种情况下，我们使用从图 29 到图 31 中显示的非临界情景，但假设我们并不知道损失的程度。更为准确地说，假设在每一种温度增加时，损失规模都存在不确定性。假设在增加 2 ℃时，损失是收入的 1% 或者 3% 的概率相等，这给了一个损失为收入的 2% 的预期值。（这里的预期值指统计平均数；例如，掷骰子的预期值是 3.5 点。）在每一种温度水平时，都会产生类似的不确定性，而这也可能适用于成本。在这种情况时，稍微分析一下就会发现，我们只需要考虑平均损失与成本，而且不确定性并不影响最优决策。[1]

第二种极端情况涉及临界点出现在什么地方的不确定性，这导致一种非常不同的结果，即以高度风险厌恶的方式行事。在这种极端的情况下，我们将根据风险预防原则的精神采取更能避免风险的路径。这个原则在许多不同领域中适用。1992 年，联合国《里约环境与发展宣言》指出："遇有严重或不可逆转损害的威胁

---

[1] 虽然结果出乎意料，这里的代数很明晰。假定总成本是 $C(T) = A(T) + \theta D(T)$，这里 C、A、D 和 T 依次是总成本、减排、损失和温度，而 θ 是一个不确定参数。当 θ 被设定在它的预期值时，就实现了最小成本。

时，不得以缺乏科学充分确实证据为理由，延迟采取符合成本效益的措施防止环境恶化。”[1] 更为激进的说法是，在缺乏科学上的确定性时，社会应该制定能防止最坏结果的政策（博弈论中的“极小极大”战略）。

这里不采用某种特定的学说，我们可以用我们的成本—收益法来确定，在有不确定的临界点时最优政策应该是什么。从有限参与和贴现开始。然后假设科学家已经发现了一个明显的临界点。它可能是某种无法控制的温室效应，或是巨大冰盖的迅速瓦解。如果我们不考虑不确定性，成本—收益分析就会像图 32 所示。

但是假设，进一步的分析揭示了临界点出现的温度方面的不确定性。也许存在临界点为 3 ℃或 4 ℃这两种同样可能的结果。因此，我们确实应该画出两条不同的损失曲线，一条是在 3 ℃时迅速上升，而另一条是在 4 ℃时上升。然后，我们可以对两者各给予 0.5 的权重（因为这是每一种情况的概率），并画出新的损失曲线。现在我们有一条非常独特的 W 形损失曲线。

如果我们做完这个练习，就会发现，较低的温度门槛主导并推动着我们的政策。我们政策的目标应该是 3 ℃左右，即使临界点的预期值为 3.5 ℃。原因是直观的。如果存在多种灾难性后果，那么只要我们可以承受，就会希望避免所有这些后果。因此，我们就要采取措施来避免我们可能会遇到的第一个灾难性门槛，在

[1] 联合国环境与发展大会报告，里约热内卢，1992 年 7 月 3—14 日，可获取于 www.un.org/documents/ga/conf151/aconf15126-lannexl.htm。

这个例子中就是 3 ℃的门槛。

虽然这个例子支持关于风险预防原则的极小极大观点，但它基于极端的假设。使用极小极大战略，是假设在损失函数中只存在有限量的潜在悬崖，而且进一步假设，避免这一切不会有巨额成本。然而，在其他情况下，如果悬崖只是小坎坷，或者如果悬崖太多，或者避免第一个悬崖的成本太高，我们不得不在最不坏的替代性方案之中做出选择，那么，我们就不会继续使用极小极大战略。

在这些替代性情况下，风险预防原则也就不成立了。相反，这种分析会引起旨在避免临界因素的额外保险贴水，但不用为避免它而支付一切成本。例如，科学家也许会认为，当温度上升到 2 ℃以上时，墨西哥湾暖流有很小概率会发生逆转，但制止这种逆转的成本极高，而且损失也不是灾难性的。在这种情况下，我们可能会对 2 ℃时的损失函数增加一个额外的步骤，但这不一定会引向那个水平上的最优温度限制。[1]

这里总的要点是，在气候赌场上如果损失是不确定的、高度非线性的和悬崖式的，那么，我们的成本—收益分析一般会降低最优目标，来为应对最坏结果提供保险。

---

[1] 这是一个重要的统计学观点。如果我们回头看看表 N-1，我们就能看到，南极洲西部冰盖的门槛温度是 3—5 ℃。为了简单起见，假设这在这个范围呈均匀分布，或者说在 3 ℃到 5 ℃之间的每一个值都有相同的可能成为门槛。从概率优势的角度看，这不再是一个门槛。确切些说，出现这种危险结果的可能性是在逐渐增加，而不是在某个温度，例如 4 ℃时急剧增加。

对把成本—收益分析应用于气候变化的批评

成本—收益分析经常被批评。质疑者认为，它并不适用于权衡关于气候变化的决策。在这方面，它的一些缺点是技术性的：存在极大的不确定性，而且有时甚至无法确定不同事件的概率；成本和收益可能产生于不同的人或不同世代；以及在比较今天的成本与遥远未来的收益时存在困难。

但是，气候变化也引发了重要的哲学问题。例如，在做出涉及健康影响的选择时，我们在伦理上是否有理由为人类健康和生命确定价格？也许最大的困难是，气候变化的影响涉及生态和生物这样的自然系统，而我们的工具现在不足以为这些变化估值。

经济学家如何对这些问题做出反应呢？大多数经济学家同意，对气候变化政策进行一种充分的成本—收益分析是一项令人生畏的任务。但如果人们想做出合理的政策选择，它就是必要的。我们可能无法对较高温度带给不同部门的影响做出确切的估算，但通过认真的研究和分析过程，我们可以得出数量级的估算值，并在我们的分析中使用它们。必须注意包括进所有的影响——市场、非市场、环境和生态系统的影响。此外，在估算值特别少的领域，例如对生态系统的估值，经济学家和自然科学家必须合作起来以得出更好的估算值。但是，如果我们要在行动时对人们的钱财负责，不做出愚蠢的投资，我们就需要比较我们所购买的东西的价格标签。

考虑以下的思维实验。假设你有一个值得信任的专家团队，他们向你提供了实现不同气候目标的成本估算值。假设这些估算值看起来近似图 29 到图 32 的估算值。你会选取什么目标呢？

你会需要研究影响分析，并考虑临界点。也许你会修改损失函数，以便对生态系统和物种增加一份保险贴水，这往往被从损失中忽略了。

你还需要对各国的参与情况做一个现实估算。如果你真的认为，所有国家中只有一半会参与，那么实现 2 ℃的目标就像幻想你可以乘美铁（Amtrak）公司的火车到月球一样。另一方面，如果你认为你可以劝导所有国家极其迅速地参与进来，不搭便车，而且你可以实际使用的政策工具是高效的，那么，你可能就会瞄准哥本哈根目标。

根据前两章的分析，我们对确定气候政策的目标应该得出什么结论呢？首先，有一组连贯而有价值的目标是重要的。一些科学家相信，一个温度指标是正确的努力方向。虽然这个看法并非没有争议，但限制气候变化肯定是一个有价值的努力方向。相比之下，排放限制或浓度目标是工具性目标，不是终极努力方向。

然而，虽然简单的温度指标可以成为一种有吸引力的方法，但在各种目标相互竞争的世界上，它们是不充分的。人们想要确保，这些目标不仅仅是操心过度的环保主义者得出的结果，那些环保主义者想以人类为代价来挽救生态系统。各国也想确保，它们不是在补贴不应得到补贴的国家，或者喂饱以绿色政策为名大捞特捞的腐败独裁者。

如果涉及大笔资金，人们就会想让它们物有所值。这意味着，人们想比较成本与收益。收益并不需要完全货币化，但仅仅说“生态系统是无价的”或者“我们应该为挽救北极熊付出任何代价”是不够的。这就是为什么权衡全球变暖的选择时，必须使成本与收益平衡。根据你对参与率的乐观程度，以及你对贴现的看法，也许你可以把本章中的四个图作为选择气候政策目标的指南。

第19章 | 碳价格的核心作用

气候变化政策涉及两门科学。自然科学在对气候变化的地球物理层面的描述中，做了值得赞赏的工作。全球变暖背后的科学已经充分建立起来了。虽然气候变化的时间与地区性影响尚不能确定，但自然科学家令人信服地说明了，不受限制的 CO_2 排放将会带来危险后果。

但了解气候变化的自然科学只是第一步。设计有效战略来控制气候变化还需要社会科学——研究各国可以如何利用其经济与政治体制，以有效地实现其气候变化目标的学科。这些问题不同于自然科学所致力的问题。正如我们已看到的，它们不仅涉及估算气候变化的经济影响，以及减缓气候变化的成本，还要设计社会可以用来实现合意减排的政策工具。

我将在之后的章节讨论这些问题。本章讨论为 CO_2 的外部性确定价格，或者设计“碳价格”的核心作用。第 20 章讨论政府如何真正确定碳价格。而第 21 章将考察如何可以使气候政策目标在国际社会中得到切实有效的实施。在这里，我们面对着为低碳世界设计机制的政治性议题。

什么是碳价格

我们的概述中缺失了一些关键事项。我们已经得出结论，减少 CO_2 和其他温室气体的浓度是减缓全球变暖这班飞驰列车的唯一可靠方法。我们已能看到减排需要多大的成本；如果我们要降低成本，为什么所有国家都必须参与；以及为什么把燃煤发电变为用天然气或者低碳能源发电，开发能源效率更高的设备，以及发明新的低碳技术很重要。那些认真关注减缓气候变化的人，也许会同意所有这些措施。

但这就把个人选择排除在外了。用什么来说服你、我和其他每一个人采取必要的行动呢？如何促使我们去购买更省油的汽车呢？在离家近的地方休假，而不是全世界飞呢？什么样的激励措施能引导企业，以减少碳排放的方式重新设计自己的运营方式，并通过让利润最大化，使其股东满意呢？怎样才能说服科学家、工程师和风险投资者，新的低碳工艺和产品是一个可大显身手的有前景的领域呢？

这些问题可能使你头晕。幸运的是，有一个简单的答案。能源部门和其他部门的经济干预历史说明，最好的方法是利用市场机制。而目前仍然缺失的最重要的市场机制，是针对 CO_2 排放确定的高价格，也就是所谓的“碳价格”。

碳价格？在第一次听到对碳定价，并且是一个高价格时，许多人怀疑这是不是某种疯狂的幻想。实际上，这种想法有坚实的经济理论基础与历史基础。主要的观点是，人们必须有经济动机，通过降低 CO_2 和其他温室气体排放的方式来改变他们的活动。实现这一点最好的方法是，给 CO_2 排放定一个价格。这反过来又会提高碳密集型商品的相对价格，并降低无碳商品的相对价格，从而约束 CO_2 排放的趋势。

让我们从经济分析开始。回想一下，碳排放是经济的外部性——人们消费东西，但并不支付全部社会成本的活动。当我打开我的空调时，我支付了电费。但我并没有为 CO_2 排放造成的损失付费，因为在美国 CO_2 排放的价格是零。如果回看一下表 6 中产生碳的家庭活动的清单，你就会看到这些活动中没有一项包括反映了社会成本的 CO_2 价格。

我们怎样才能填补这种缺失呢？这是经济答案极为简单的少数几个领域之一。政府应该确保人们支付了他们的排放的全部成本。每一个人在每一个地方以及无限的未来，都应该面对反映其活动的社会成本的价格。

换一种说法，确定碳的价格代表了将减少 CO_2 排放置于优先地位的社会决策。这一信号类似于土地的高价格给出的信号。当曼哈顿的土地以天文数字的价格出售时，其高价格就表明，在这里建高尔夫球场并不划算。碳排放的价格标签将发出一个信号：

排放是有害的，并应该减少。

经济理论就是这么多。什么是现实中的碳价格呢？这就是为燃烧化石燃料（以及类似活动）附上的价格。换句话说，只要企业或个人燃烧化石燃料，并有 CO_2 进入大气中，企业或个人就应该支付一笔与排放的 CO_2 量成比例的附加费用。在以下的例子中，我一般用每吨 CO_2 为 25 美元的碳价格，以便读者可以熟悉这种价格。我将在之后指出，对近期的政策而言，这是一个合理的目标。

发电为了解“碳定价”的作用提供了一个例子。假设一个家庭按现在每千瓦时 10 美分的价格，每年消费 1 万千瓦时电力，每年要 1 000 美元。如果一半的电力是来自燃煤发电，而一半的电力是来自天然气发电，那么发电就会产生 8 吨 CO_2 排放。如果每吨 CO_2 的碳价格是 25 美元，这就会增加每年发电的成本 200 美元，并提高家庭的电力支出 20%。

通过交易许可证或税收提高价格

政府如何为 CO_2 排放真正定一个价格呢？我在第 20 章中会详细讨论这一点，但为了强调这一观点，我先提前介绍一下。有两种提高碳价格的方法。

- 最容易的方法是简单地对 CO_2 排放征税：一种“碳税”。它可以要求企业和个人为其排放支付税金，就和他们买汽油时做的一样。

- 第二种方法更为间接，即要求企业有排放 CO_2 的许可证，并允许转让。这被称为“总量管制与交易”，因为排放量受管制了，但排放的权利可以在企业间根据价格交易。

尽管这两种机制听起来是不同的，但它们都实现了提高碳价格这一相同的经济目标。我将在第 20 章中讨论它们的相似性与差别，但重要的是要了解，这两种方法可以，而且在现实中只有这两种方法，可以给温室气体排放的外部性定一个市场价格。

有一个技术性的但重要的细节：实际上谁在为此买单？你自然会说：“看，我没有烧煤。实际上我甚至不知道，我的电是如何或者在哪里发出来的。谁能计算出正确的价格呢？”

这是一种敏锐的观察。在设计“碳定价”系统时，一个重要的行政问题是决定“谁签支票”。想一想石油从油井流出，进入管道，提炼，然后也许用卡车运到加油站，进入储油库，通过输油管，然后进入你的汽车。谁来为 CO_2 的排放买单呢？在原则上，生产环节上的任何一个人都可能买单。但是，最经济的系统也许是让炼油厂买单，而不是让加油站或消费者。对于煤，既然有几个大用户，也许发电厂会“签支票”。进口与出口也需要被包含在这个系统中。

政治学家指出，公众对提高价格的管制或征税的可接受性，可能会受在生产链中的哪一个环节征税的影响。正如谚语所说，“只有看不见的税才是好税”。例如，根据法律，有一半的社会保障税是由企业“支付的”，而且大多数人并没有把它们算作他们自己税收负担的一部分。劳动经济学家坚定地相信，两部分社会保障税都来自工资（或者用专业术语来说，是转嫁给了工资）。考虑到这些行为认知或误解，或许明智的做法是，把管制或碳税置于消费者的上游，这样它们就不那么显著，也不会遇到那么多的公众反对。

但从经济学的观点看，无论是由生产商、炼油厂还是加油站支付，并没有任何差别。碳税将以更高价格的形式转嫁给消费者，而且对汽油或其他商品价格的影响也不取决于谁“签支票”。

给碳排放定价的经济功能

给碳的使用定价的主要目的，是给减少碳排放提供强有力的激励。它起到这种作用是通过三种机制：影响消费者、生产者，以及创新者。

第一，碳价格向消费者提供信号：什么商品和服务碳含量高，应该更加节约地使用它们。消费者将发现，航空旅行变得比探访本地的风景或者坐火车更昂贵，于是会减少航空旅行，从而减少来自航空旅行的排放。

第二，它给生产者提供了信号：哪些投入使用更多碳，哪些投入使用更少或不用碳。它由此引导企业转向低碳技术，以便降低成本，并增加利润。最重要的信号之一会针对发电厂。用煤发电的成本将急剧上升，用天然气发电的成本会上升较少；而用核能和风力这类可再生能源发电的成本完全不会上升。在所有调整中，对美国而言，减少煤的 CO_2 排放也许是最重要的措施。

高的碳价格会引起发电厂的注意。实际上，许多公司已经将可能的高碳价格纳入了它们的长期计划，尽管当前美国的碳价格是零。例如，2012 年对美国 21 家电力公司的一项调查发现，有 16 家公司在它们的计划中加入了碳价格，其中 2020 年的平均价格略低于每吨 CO_2 25 美元。[1]

第三个也是更为微妙的影响是，碳价格将给予发明者和创新者以市场激励，开发和引进低碳产品和流程以取代现有技术。假设你是一个像通用电气（GE）这样的大公司的研发主管，通用电气的研究与开发预算在 2012 年已达 50 亿美元。你会制造使用不同能源的发电设备——煤、核能以及风力。大多数发电设备要用几十年。如果碳价格是零或极低，那么，燃煤电厂仍将是利润的重要来源，而且你会继续为煤炭技术做大量的研发。

另一方面，如果你预计碳价格要急剧上升，那么要建的传统燃煤电厂就会很少，而风力和核能等零碳技术就是你要下注的领域。在消费者或生产者的需求对碳价格很敏感的其他领域中——航

[1] Amber Mahone, Katie Pickrell, and Arne Olson, “CO_2 Price Forecast for WECC Reference Case,” Scenario Planning Steering Group, report of Energy + Environmental Economics, May 21, 2012, www.wecc.biz/committees/BOD/TEPPC/SPSG/SPSG%20Meeting/Lists/Presentations/1/120522_CO2_Forecast_PPT_SPSG. pdf.

空旅行、家用电器、汽车就是很好的例子——有大笔研发预算的公司就会对碳价格给出的信号很敏感，并据此重新决定它们投资的方向。我将在第 23 章中详细讨论创新经济学。

“碳定价”与环境伦理

人们往往好奇，为什么经济学家推荐“碳定价”这类复杂的方法。为什么不直接告诉人们停止使用如此多的 CO_2，或停止煤炭生产？也许我们都应该在保险杠贴上这样的标语：“对碳说不。”

下面我将回到管制与其他备选方案。但有趣的一点是，碳定价实际上简化了生活。减排的决策是复杂的、多种多样的以及普遍的。运用碳价格而不是其他机制的好处之一是，它简化了与碳相关的复杂决策。它通过减少完成不同任务所需要的信息量而做到了这一点。

假定你严肃地看待环境伦理。你想减少你的“碳足迹”——你的活动产生的碳排放量。你会如何调整你的日常生活，以做出与碳相关的决策呢？

下面是一个描述碳价格方法如何简化了决策的故事。也许你和你的兄弟住在丹佛，想去探望你住在阿尔伯克基的父亲。你应该开车去还是坐飞机去呢？你使用了一个在线碳计算器，发现坐飞机产生 350 千克 CO_2，而开你的丰田车产生 400 千克。因此，从纯粹的碳足迹的角度看，坐飞机更好。

但这时你想起，你必须从机场来回，因此你需要计算这些活动的碳排放。你还想知道计算器有没有考虑航班是否满座。你进一步考虑，这些计算是否只包括汽油和喷气发动机燃料，而没包括在轮胎、铝、钢、靠垫以及使航空旅行成为可能的其他每件东西的生产中排放出的 CO_2，更不用说机组人员从洛杉矶飞来的碳成本。

也许你应该忘掉旅行，留在家里。你节省了碳，但这样你就不得不面对父亲的不满。你可能会认为，所有这些碳计算太复杂了，并想找出成为一名负责任的世界公民的其他方法。[1]

这清晰地展现了碳价格帮助作出决策的优点。如果对所有碳排放收费，成本就已经包含在汽车旅行的汽油价格、坐飞机旅行的机票和出租车费，以及所有其他替代性活动的成本中了。一旦普遍运用了碳价格，所有用碳的活动的市场价格就会增长，增量为碳价格乘以它们使用的燃料的碳含量。我们不会知道，价格中有多少是由碳含量引起的，但我们不需要关心它。我们可以做出有把握的决策：我们支付了我们用的碳的社会成本。

总结：你可以看出经济学家为什么强调用碳价格来减少碳排放的许多优点。它们为减少排放提供了强劲的刺激，它们以一种公平的方式做到这一点，它们影响了从生产到创新的所有经济层面，而且它们减少了人们做出高效决策需要的信息。

---

[1] 关于气候变化伦理的一份全面论述见 John Broome，*Climate Matters*：*Ethics in a Warming World*（New York：Norton，2012）。如果你读了这本书并认真地对待它，你将看到当你有大量 CO_2 排放时，在一个变暖的世界上以一种合乎道德的方式行事是多么困难。如果碳被合理定价，Broome 提出的许多道德困境就会被一扫而光了。

确定正确的碳价格

经济学教导我们，不受管制的市场并不能给 CO_2 这类外部性赋予正确的价格——因为它们对于市场是外在的。那么应该如何确定价格呢？经济学家用两种方法来估算适当的碳价格。第一种是用所谓“碳的社会成本”的概念来估算气候变化的损失。第二种是用综合评估模型估算达到不同环境目标所要求的碳价格。

从碳的社会成本开始。这个概念代表增加 1 吨 CO_2 排放（或者，更简单地说，碳）或其相等物引起的经济损失。[1] 碳的社会成本的估算是气候变化政策中关键的部分。它们在设定碳税中，或者在用总量管制与交易制度确定减排水平中，或者在就最低碳价格进行国际谈判中，向决策者提供了一个可以瞄准的目标。

另一种应用是帮那些没有包括所有温室气体的全面政策的国家制定规则。在这种情况下，管制者针对涉及能源或影响气候的决定的政策，计算其社会成本与收益时，有可能使用碳的社会成本。例如，美国政府在为引入低碳能源来源、建筑物的效率标准、汽车的燃料效率标准（即将讨论），以及为确定新发电厂的排放标准，而设置管制或补贴时，已经使用碳的社会成本。

---

[1] 参看 Interagency Working Group, “Interagency Working Group on Social Cost of Carbon, United States Government,” *Technical Support Document: Social Cost of Carbon for Regulatory Impact Analysis Under Executive Order 12866*, 2010，可获取于 www.epa.gov/oms/climate/regulations/scc-tsd.pdf。

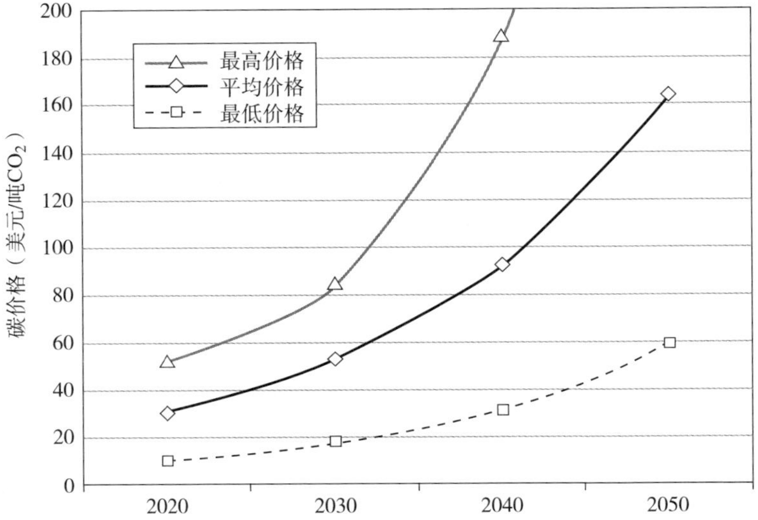

图 33

2.5 ℃温度限制需要的碳价格图解。这个图显示了最多升温 2.5 ℃左右时的 CO_2 目标价格路径。这些结果来自 13 个模型，并显示了各个模型的主要趋势以及所要求的最高与最低碳价格。这个路径假设了完全参与和高效政策。

现在有许多关于碳的社会成本的估算。美国政府的一份报告提供了一个最佳估算值，在 2015 年每吨 CO_2 的社会成本为 25 美元左右。[1] 正如我以下呈现的，这与来自模型的数字是一致的，因此，我把它作为以下讨论的目标价格。

用于确定适当的碳价格的第二种方法，是运用综合评估模型。例如，我们可以估算达到既定的温度目标所要求的 CO_2 价格的轨迹。

[1] 一个进一步讨论包含在 William Nordhaus，“Estimates of the Social Cost of Carbon：Background and Results from the RICE-2011 Model，” Cowles Foundation Discussion Paper No. 1826，October 2011。这些文章可获取于 http://cowles.econ.yale.edu/p/cd/cfdpmain.htm。

图 33 显示了一个例子，在此为进行这些计算，我选择的温度限制为 2.5 ℃。[1] 这个目标与第 18 章中关于成本—收益分析的讨论是一致的。

图 33 显示了，未来半个世纪在普遍参与和高效执行的理想情况下的碳价格轨迹。[2] 它从 2015 年的每吨 25 美元左右开始。随着时间的推移，所要求的碳价格迅速上涨，按实际价格或扣除通货膨胀因素计算，涨幅为每年 5% 左右，在 2030 年达到每吨 CO_2 为 53 美元，2040 年达到每吨 CO_2 为 93 美元。急剧的价格上升，是阻止大多数经济模型预测的 CO_2 排放迅速增加所需要的。

这个图也显示了不同模型估算的范围。你可以看到，关于把全球变暖保持在 2.5 ℃的限制内所要求的碳价格是多少，不同的模型也存在着相当大的不确定性。巨大的范围反映了未来经济增长、能源技术和气候模型所固有的不确定性。

碳价格对能源价格的影响

为了了解碳税会如何影响日常生活，表 8 显示了每吨 25 美元

[1] 该图有多个来源，并由作者整理自：Leon Clarke et al.,“International Climate Policy Architectures: Overview of the EMF 22 International Scenarios,” *Energy Economics* 31 (2009): S64—S81。

[2] 这些实验是由“辐射强迫”而不是温度构建的。对辐射强迫的基本描述，参看第 50 页注［2］。它们是 EMF-22 对长期存在的温室气体的辐射强迫被限于 3.7 W/m^2 的情景的估算值。模型只包括长期存在的辐射强迫而不包括气溶胶和其他辐射强迫。因此它们倾向于高估温度轨迹。EMF-22 预测指出，如果忽略其他强迫，3.7 W/m^2 的情景将对应于温度增加 3 ℃左右。但如果包括气溶胶，它将更接近 2.5 ℃。对此的讨论参看 Leon Clarke et al.,“International Climate Policy Architectures”。

表 8 每吨碳税 25 美元对能源批发价格的影响。这个表显示了对主要能源产品批发价格的影响。对煤的价格影响会相当大，因为它的碳密集型程度如此高。石油价格增加最少，因为它每单位 CO_2 排放产生的价值很高。

项目	单位	没有碳价格	有碳价格	变动（%）
价格（2005 年，美元）				
石油	美元 / 百万 btu	17.2	19.1	11
煤	美元 / 百万 btu	1.8	4.1	134
天然气	美元 / 百万 btu	4.5	5.8	30
电力（工业）	美分 /kWh	6.9	9.0	31

（译者注：btu 为英热单位）

的碳价格对批发层次的代表性能源产品的影响[1]。增加由每美元成本的 CO_2 含量决定。煤受的影响最大，而石油受的影响最小，因为它每单位 CO_2 排放产生的价值很高。

碳价格对统计意义上的美国普通家庭的总支出的影响是什么？表 9 显示了每吨碳价格为 25 美元时的一些例子[2]。碳密集型商

---

[1] 对价格的影响，假设需求是无反应的（需求的价格弹性为零）以及供给价格不变（供给具有完全价格弹性）。这有可能高估价格影响，特别是对不能在国际上交易的高税收项目。作者的计算基于从美国能源信息署得到的 2008 年美国消费水平。

[2] 这个表以一个典型的美国家庭的消费为例，计算 25 美元的每吨碳价格的影响。注意其对汽车汽油或电力这样的碳密集型部门的影响比对信息或金融服务高得多。这个表不包括其他部门例如政府的排放，因此，总量要小于表 6。计算假设，发电 50% 来自煤，50% 来自天然气。航空旅行用了国际民航组织的计算器，见 “Carbon Emissions Calculator,” www2.icao.int/en/carbonoffset/Pages/default.aspx。从 Expedia.com 网上看，每往返飞行一次是 300 美元。金融与信息的 CO_2 排放强度来自 Mun S. Ho，Richard Morgenstern 以及 Jhih-Shyang Shih：“Impact of Carbon Price Policies on U. S. Industry,” Resources for the Future Working Paper，RFF DP 06-37，2008 年 11 月。所有消费数据都来自 BEA，假设个人消费为 GDP 的 67%，1.25 亿个家庭，并假设消费的 CO_2 排放强度等于 GDP 的 CO_2 排放强度。

品的价格急剧上升，而低碳商品的价格涨幅并不大。最大的增长来自电价，因为美国发的电有如此多来自 CO_2 密集型的煤。正常年份的汽车燃料成本将增加 8%。飞机票价格上升的百分比要略少一些。电话或银行服务的价格没什么上升，因为它们用的 CO_2 很少。普通美国家庭所有消费的成本，从算盘到烤面包干，增幅将略低于 1%。

表 9 显示了给碳排放定价可以减缓全球变暖的其中一条重要途径。碳密集型商品的价格相对于低碳商品会上涨。这会引起消费者的行为反应，即购买更多低碳商品和更少高碳商品。碳价格越高，减少的 CO_2 排放越多。这个“需求曲线向下倾斜规律”——意思是需求量随着价格上升而减少——是经济学各领域中得到普遍肯定的发现之一。

表 9 每吨 CO_2 价格为 25 美元时的影响

例　　子	CO_2 吨数	25 美元的 CO_2 价格引起的支出增加	支出增加（%）
每年使用的电力	9.34	233.40 美元	19.45
每年的开车量	4.68	116.90 美元	7.79
经济舱洲际飞行	0.67	16.80 美元	5.61
一年的家庭通信服务	0.01	0.36 美元	0.04
一年的家庭金融服务	0.02	0.41 美元	0.04
一年的家庭消费	29.48	737.00 美元	0.92

碳税与财政状况

表 10 显示了基于图 33 中所用的价格的美国经济总量。为进行这些计算，我假设 CO_2 价格会由于碳税而增加（但也可以通过拍卖排放许可证来做到这一点）。这里分析的碳税从 2015 年每吨 CO_2 为 25 美元开始，假设此时经济实现了充分就业。这会筹集相当多的税收，大约为 GDP 的 1%。到 2030 年，该税收将使美国的排放稳定在 2000 年左右的水平上。模型显示，如果所有其他国家都采取了类似的政策，碳价格的走势会把全球温度上升幅度限制在 2.5 ℃左右。

我们一般认为，能源与气候政策是跟整体经济政策分离的，但存在一种重要的财政相互作用。大多数主要国家都需要遏制日益增加的政府债务，而碳税可以对这种努力做出重要贡献。

我将针对美国来说明这一点。2012 年，美国国会预算办公室

表 10　拟议的碳税对美国经济的影响：2010—2030 年

年份	税率（2005 年美元 / 吨 CO_2	排放（10 亿吨 CO_2）	收入（2005 年美元，10 亿）	收入（GDP 的 %）
2010	0	6.3	0	0.00
2015	25	5.9	147	0.96
2020	30	5.5	168	0.97
2025	42	5.4	225	1.14
2030	53	5.2	277	1.25

估算，联邦债务占GDP的比例将从2007年的36%上升到2013年的76%。[1] 债务率会由于当前持续的经济低迷中的收入锐减和经济刺激计划，而迅速增加。长期的展望是，债务率将迅速上升，除非采取了重要的财政整改措施。

碳税是可以想象的最接近理想税收的东西。它是考虑中的唯一将提高经济效率的税，因为它减少了不合意活动（排放CO_2）的产出。它有助于实现美国的气候政策目标和满足美国承担的国际责任。它会产生相当大的公共健康利益，因为它会减少有害的排放，特别是与烧煤相关的排放。碳税可以支持或代替许多低效的管制举措，从而将进一步改善经济效率。

正如表10显示的，推行碳税在2020年可以产生1 680亿美元的财政收入，等于GDP的1%左右。由于税率会急剧增加，税收也会随时间推移而显著增加。推行碳税作为一种减少正在扩大的财政赤字、减缓全球变暖的方法，对财政保守主义者和环保积极分子而言，可以成为一种折中方案，而且它是以市场友好的方式做到这两点的。

[1] Congressional Budget Office, *The 2012 Long-Term Budget Outlook*, January 2013, www.cbo.gov/publication/43907.

第 20 章 | 国家层面的气候变化政策

经济学给全球变暖政策带来了两个核心结论。第一，正如第19章中讨论的，是人们和企业必须借助于经济激励来使其行为向低碳活动倾斜。引起 CO_2 和其他温室气体（GHGs）排放的活动必须变得越来越昂贵，这主要就要求提高碳基燃料的价格。这是一个令人不快的经济真理，因为人们不愿为能源支付更多。

第二个经济真理是，单靠市场并不能解决这个问题。对于全球变暖并没有真正的“自由市场解决办法”。我们需要新的国家与国际机制，来协调并指导关于全球变暖政策的决定。这些机制可以利用市场，但它们必须由政府立法，并强制实施。这第二个真理是这一章和下一章的焦点。

“碳定价”的两种机制

政府可以通过两种机制限制排放，并提高 CO_2 和其他 GHGs

的价格：总量管制与交易制度，以及碳税。本章将讨论这些制度及其相对优点。

第一种方法通过使 CO_2 排放变得稀缺，来提高它们的价格，被称为“总量管制与交易”（cap and trade）。首先，从一个国家总量管制或限制其 CO_2 和其他 GHG 排放的立法开始。然后，国家会发放有限数量的许可，这个许可赋予排放既定量 CO_2 或其他 GHG 的权利。这类管制已经被全世界的政府用于减少污染。

仅仅是开个玩笑，图 34 显示了一个假想的许可证。在现代，许可证是电子的，并包含了复杂的管制规定，但这提供了排放许可是所有权的基本思想，它们可以像汽车和住房一样买卖。

许可证1031144AH23
帕西菲卡合众国的排放许可证

1 000吨 CO_2 当量

本许可证规定，注册所有者获准把指定量的 CO_2 排放到大气中。关于排放计量的规定，受2013年8月18日《合众国公报》中的公报120.12.12管辖。对许可的使用和转让受现行法规管辖。

注册所有者是Hypo Utility CO.，在合众国马里兰蒂亚州登记。

在合众国领土内，这些许可可在已于帕西菲卡环境保护局的许可管理系统注册的情况下，完全转让用于排放。

本许可证准许的排放，从2015年1月15日开始，并可用到2019年12月31日。

E. N. 瓦伊论博士　　2014年1月20日
签名　　日期

图 34　帕西菲卡合众国的虚拟排放许可证

下个阶段是环境经济学的一个伟大创新：总量管制与交易中的“交易”。除了拥有排放许可，企业还可以买卖这些许可。也许 A 企业有 1 000 吨额度的许可，并决定关闭一家过时的发电厂；也许 B 企业决定开办一个有利润的新的计算机服务器农场，它将排出 1 000 吨 CO_2。A 企业可以把它有价值的许可卖给 B 企业。

它们如何确定排放价格呢？可能会有一个买卖许可的交易所，或者经纪人也可以联系买者与卖者。企业 A 可以寻找最高出价，而企业 B 也可以寻找最低报价。它们可能会把价格定为每吨 25 美元。

建立一个许可市场的优点是，确保以最有生产力的方式使用排放。在我们的例子中，如果 A 企业不能出卖许可，它就可能会继续经营，每吨碳排放产生的价值可能只有 2 美元。同样，尝试购买的 B 企业可能发现，在它们的新产品中许可实际上贡献了每吨 202 美元的净值。因此，通过允许交易，经济福祉增加了每吨 200 美元。

这些思想并不仅仅是一些杂乱的理论方案。在过去的半个世纪中，它们已被广泛用于各个方面。被拍卖的许可证涉及开采石油、采伐树木和使用电磁波谱的权利。在环境领域中，最成功的例子是自 1990 年以来用许可限制了二氧化硫（SO_2）的排放。这个计划被证明在减少整体排放上极为成功，而且比许多分析预期的代价要低得多。美国 SO_2 计划如此成功，以至于它被用作《京都议定书》中 GHG 排放计划的基础，之后又成为欧盟 CO_2 排放交易体系的基础。

在 CO_2 排放的范围内，总量管制与交易计划从有限的排放中获得了最大的经济价值。它通过价格与市场机制，而不是通过政府对企业的微观管理，实现了这一点。由于排放被限制在不受管制的或自由市场的水平之下，它们就成为类似土地或石油的稀缺资源。CO_2 排放的市场价格将提高到足以把排放减少到限制水平。正如玉米的高价格会将玉米需求挤压到能匹配可获的供给一

图 35

欧盟交易体系中的 CO_2 市场价格。这个图显示了欧盟排放交易体系下，CO_2 价格从 2006 年到 2012 年的历史。其价格在金融危机期间和 2012 年底大幅下跌，当时全球气候变化协议的未来正在受到质疑。注意：纵轴单位是吨，而不是美吨（2 205 磅对 2 000 磅）。在此期间，欧元平均汇率为 1 欧元兑换 1.36 美元。

样，碳价格也会促使生产者和消费者把其对碳排放商品的使用减少到限量之内。一个有约束力的总量管制与交易制度将间接导致碳价格为正，而不是为零。

CO_2 总量管制与交易的想法，已由欧盟通过其排放交易体系实现了。图 35 显示了在 2006—2012 年期间体系中的 CO_2 排放价格。[1] 第一阶段，许可的数量大于实际排放，在 2007 年价格下降到零。第二阶段，价格开始时为每吨 20 欧元（27 美元）左右，但到 2012 年下降到每吨 8 欧元（11 美元）左右。

第二种提高碳价格的方法被称为碳税，政府以此直接对 CO_2 排放征税。基本思想是简单的。当一个企业燃烧化石燃料时，燃烧就引起一定数量的 CO_2 进入大气。这种税是针对每一种燃料的 CO_2 含量征收。碳税和排放总量管制的定义性问题是一样的。唯一的差别是，一种是对一种量征税，而另一种则限制这种量。对于量的定义是同样的。[2]

让我们举一个例子。假设一个公司用煤发电。一个大型电厂可能每年烧 5 亿吨煤。按照每吨 CO_2 为 25 美元的税率计算，这个工厂每年几乎要支付 4 亿美元碳税。这将是成本中最重要的单一部分，而且肯定会引起管理层的注意。

---

[1] 该图是由作者根据 ICE Europe 构建的，https://www.theice.com/。这些价格是由不同年份的许可证价格拼接成的。

[2] 关于碳税设计的细节，参看 Gilbert E. Metcalf 和 David Weisbach："The Design of a Carbon Tax," *Harvard Environmental Law Review* 33（2009）：499—566。

普遍的碳税将与这个例子相似，但可适用于所有 CO_2（和其他 GHGs）来源。煤、油料和石油是 CO_2 的主要来源，但水泥生产和森林砍伐等其他领域也将处于普遍征税范围之内。正如在任何一种税收体制中一样，这里也有许多法律上的细节。

碳税（或者更常见的相关内容，如能源税）的特点在之前的气候变化政策中已经讨论了。它们在 20 世纪 90 年代末已被搁置一旁，因为国际会议上的政治谈判代表们认为，数量限制更为人熟悉，而且更可能被公众和各国政府接受。因此，从 1997 年以来，像总量管制与交易这样的数量限制措施及规定一直是国际谈判中的常规内容。

但是，有少数国家为了增加收入已经在使用碳税。一些西欧国家已有碳税或者混合的能源—碳税。印度对煤征收每吨 1 美元的碳税，而中国正在考虑这类税。韩国、澳大利亚、新西兰、加拿大和欧盟也已经考虑了类似的建议。到 2012 年为止，还没有一个国家推行适用于整个经济的高碳税。

碳税以及总量管制与交易：核心等效

对两种制度——总量管制与交易以及碳税——如何进行比较？大多数人会惊讶地发现它们本质上是相同的。这就是说，在一种理想化的情况下，它们对减排，对碳价格，对消费者，以及对经济效率有同样的影响。人们可能会激烈地争辩哪一种更好些，但它们每一种都通过提高碳排放的价格，给消费者和企业以强劲的激励，从而产生减少 CO_2 排放的作用。

用以下的例子可以说明这种相似性。假设美国不受控制的 CO_2 排放量是每年 50 亿吨。然后美国通过了总量管制与交易法案，把排放量限制在 40 亿吨以内。通过拍卖 40 亿吨排放许可可以做到这一点。（这些是图 34 的虚拟证书的现实世界版本。）然后许可可以交易，以便以最经济的方式进行减排。由于减排的成本高昂，许可的价格就会上升到减少最后 1 吨排放的成本。假设减少最后 1 吨排放的成本是每吨 CO_2 为 25 美元。这时许可的价格就上升到每吨 25 美元，因为这时排放者承担的减排引起的成本，跟购买许可的支出是无差异的。从从事经营的企业的角度看，购买每吨 CO_2 的排放权的成本就是 25 美元。

现在改为假设，美国对每吨 CO_2 征收 25 美元的税。按照这个税率，企业会发现减少 10 亿吨排放很经济。从单个企业的实际视角看，在这两种情况下，多向大气中排放 1 吨 CO_2 的价格都是 25 美元，因此，在这两种情况下企业将同样地行事。在一种情况下，它们排放每 1 吨 CO_2 支付 25 美元税；在另一种情况下，它以每吨 25 美元的价格购买许可。总量管制与交易制度以及碳税制度下的 CO_2 排放量和价格是完全相同的。唯一的差别是，在一种情况中政府使用了一种以市场为基础的“数量”管制，在另一种情况下政府以税收的形式使用了一种“价格”管制。

结果，企业将为排放 40 亿吨 CO_2 支付 1 000 亿美元（40 亿吨

×25 美元 / 吨）。在一种情况下，这是 1 000 亿美元的税收；在另一种情况下，这是 1 000 亿美元的许可费。在这两种情况下，政府都得到了 1 000 亿美元收入。总量管制与交易的运行就像对污染征税一样。

碳税以及总量管制与交易：重要差别

一旦我们从理想化的分析转向现实情况，重要的差别就出现了。一般来说，经济学家倾向于碳税，而谈判者和环保专家倾向于总量管制与交易方法。以下是一些主要考虑因素。[1]

碳税的支持者指出，税收体系是成熟而普遍的政策机制。每个国家都使用税收。各个国家都有行政性税收体系、税务员、税务律师，以及税务法庭。各国都需要收入，而且的确许多国家今天都面临巨大的财政赤字。相比之下，大多数国家对总量管制与交易制度只有有限的经验，而且几乎没有国际经验。

一个相关的要点是，在设定排放目标的方法下，数量限制会引起碳的市场价格剧烈波动，这一点可以从图 35 中的欧洲体系中看

[1] 更详细的碳税以及总量管制与交易制度的比较，见：William Nordhaus, *A Question of Balance*（New Haven, CT：Yale University Press, 2007）, Chapter 7。该书中文版《平衡问题》由东方出版中心出版。对立的观点可以在 Robert Stavins 的研究中找到：*A U.S. Cap-and-Trade System to Address Global Climate Change*, prepared for the Hamilton Project, Brookings Institution, October 2007。我略去了一些技术原因，例如跟成本与收益函数的线性和非线性相关的原因，它们在以上引用的出版物中得到讨论。

出来。注意 2008 年价格的疯狂波动，在几个月中下降了几乎 75%。剧烈波动的产生，是因为许可证的供给和需求都对许可证的价格不敏感。大幅度的波动在经济上成本高昂，而且也给私人部门决策者送来不一致的信号。显而易见，碳税会提供一致的价格信号，而且不会如此剧烈地一年与一年不同，甚至一天与一天不同。

标准的总量管制与交易制度跟税收之间的一个重要差别在于，谁支付和谁得到收入。在历史上，总量管制与交易计划下的许可证或许可，是免费分给受管制企业的。例如，在 1990 年的美国 SO_2 项目中，实际上几乎所有排放许可证都免费分配给了那些历史排放量巨大，并应受到管制的电力公用事业和公司。许可是有价值的资产，免费配给有助于减少受管制企业对该计划在政治上的反对。同样，在欧洲 CO_2 交易计划的早期阶段，许可证是分配给公司的。经济学家反对免费分配排放许可，因为它浪费了财政资源，而且不一定能抵消排放总量限制对企业利润的影响。

在征收碳税的情况下，可观的收入流向政府，并用于回流给消费者或购买重要的公共产品。一些当前的总量管制与交易要求政府拍卖许可。通过拍卖，两种制度就有相同的财政影响。

相对于总量管制与交易制度，碳税有两个主要缺点。第一个是在碳税下，排放量是不确定的。如果我们设定的普遍碳税是每吨 25 美元，我们不会知道实际的排放量。如果我们确切知道排放的危险水平，这将是碳税的一个主要缺点。因此，这里是一个真正的差别。在总量管制与交易制度下，碳的价格会有波动，但

CO_2 的排放量是稳定的。在征收碳税的情况下，排放量会波动，而价格是稳定的。这就意味着，除非碳税可以定期变动，否则它不能自动地确保全球维持在对气候系统“危险的人为干扰”的安全一侧。

由其支持者强调的另一点是，总量管制与交易制度有更大的政治吸引力和更强的持久性。一个原因是，将因严格管制而处于不利地位的产业集团在政治上的反对，会被对免费许可的配给所收买。的确，免费许可的价值看起来远远大于由严格管制引起的利润损失。如果政府变为拍卖许可，总量管制与交易导致的这种政治联合的来源就会消失。

最后一个政治性论据是，税收难以出台，但易于取消。也许科学家会劝说政府出台一种高碳税，这会向企业发出开始进行低碳投资的强烈信号。但如果政治上风向转变了，下一届政府就可能改变政策，并取消这种税。在某种意义上，如果碳税被卷入了政治上的派系之争，图 35 中价格的波动就可能被伴随这种税的政治波动所取代。

管制的历史表明，环境规则通常有更强的持久性，并一般不可逆转。1990 年美国国会提出了更严格的 SO_2 排放规则。从那时以来，尽管美国有重大的政治变化，但排放标准没有明显改变。由于这个原因，许多分析家认为，总量管制与交易政策的管制路径将更持久，并有更大的机会成为一种可信任的长期政策。

在权衡了这些论据之后，我会建议如何做呢？我的第一选择是……任意皆可！最重要的目标是提高 CO_2 和其他 GHG 排放的价格。如果一些国家发现，它们用总量管制与交易，特别是拍卖可以更轻松地提高价格，那就会达到目标。另一些国家可能发现，它们需要一个稳定而可靠的收入来源，并倾向于碳税，我也为它们鼓掌。正如我将在第 21 章对替代性方案的讨论中强调的，两者都远远优于其他方法，因此我们必须聚焦于主要目标——提高 GHG 价格——而不是让差别阻碍了有效的政策。

如果我无奈之下被迫选择，我会承认碳税的经济学论据是令人信服的，特别是那些与收入、波动性、透明性和可预见性相关的论据。因此，如果一个国家真的不确定，我会建议它用碳税方法。然而，如果一个国家像美国这样对新税有强烈的反感，但可以忍受总量管制与交易制度，特别是可以拍卖许可的制度，那么，这肯定就比放任不受限制的气候变化，或依靠低效的替代性方法好。

综　合

在权衡碳税以及总量管制与交易中，有许多相互冲突的考虑。是否存在一种碳税制度以及总量管制与交易的折中方案，能将碳税制度以及总量管制与交易的优势结合起来，产生出一种强有力的综合体？也许最有前景的方法是设计一种综合机制，这种综合机制在价格下限有对数量的限制，在更高端有一个安全阀价格。

例如，一种制度可能有作为碳税下限的最低 CO_2 价格的量化目标。一些国家可能像欧洲做的那样，围绕总量管制与交易模型来组织它们的气候变化政策。它们也可以把一种更高端的安全阀综合到制度中，在这里国家可以以税收的倍数，或许是基准水平的50%溢价出售碳排放许可证，以减少波动，并确保项目的经济成本包含在其中。

综合机制也会共享两种选项的优点和缺点。它不会有纯总量管制与交易制度的固定数量限制。但软性的数量限制也会引导企业和国家，并树立气候目标正在实现的信心。综合机制也会有碳税制度的一些优点，但并不是全部优点。它会有更有利的公共财政特点，减少了价格波动，缓解了对腐败的激励，并有助于减少不确定性。价格下限与安全阀价格之间的差别越小，项目就会有越多碳税的优点；差别越大，就会有越多总量管制与交易制度的优点。

由于这些制度像经济和气候一样复杂，许多设计细节只是在简单的论述中略微提了一下。读者可以参考专业的法律或经济分析来进行更详细的分析。[1] 一个特别棘手的问题是如何处理封存在森林和土壤中的碳。原则上，当碳在树木中积累时，一种制度会

[1] 一开始可参考的分析包括 Gilbert Metcalf，“A Proposal for a U.S. Carbon Tax Swap: An Equitable Tax Reform to Address Global Climate Change，” Hamilton Project，Brookings Institution，November 2007，www.hamiltonproject.org/files/downloads_and_links/An_Equitable_Tax_Reform_to_Address_Global_Climate_Change.pdf; Metcalf and Weisbach，“The Design of a Carbon Tax”。

给碳贷款，当树被砍伐并烧掉时，所有者就欠了债。实际上，要保持这些流量的准确记录超出了现有能力，因此，把森林纳入国际 GHG 控制制度存在现实问题。

另一个复杂的问题是，当各国的排放控制制度未得到协调时，对跨国界的 GHGs 流量的测量。假设美国每吨 CO_2 的税为 50 美元，而加拿大是每吨 20 美元。在一个理想的世界中，从加拿大向美国进口 CO_2 就会得到每吨 30 美元差额的额外税收。困难在于如何对待间接的或“内含的”CO_2 和其他 GHGs。在边境税中应该只包括化石燃料吗？或者像钢这样的 CO_2 密集型商品？或者我们应该包括对所有进口的估算？如果碳价格低，边境税待遇就是可控的。但如果像在一些动议中看到的，每吨 CO_2 的价格在 500 美元或 1 000 美元的范围内，那么，CO_2 价格中的几个百分点就会使国际贸易中商品的价格和竞争性产生相当大的差别。

这只是许多现实细节问题中的两个例子，任何一个全球气候政策都需要解决这些问题。这些问题对非专家来说的确沉闷，并会产生法律问题。但解决这些细节问题，并确立 CO_2 和其他 GHGs 的价格，是在减缓全球变暖道路上的关键一步。

第 21 章 | 从国家性政策到协调的国际政策

上两章讨论了政府可以如何利用市场来减缓全球变暖的脚步。我们看到了，一个关键部分是给 CO_2 和其他温室气体（GHGs）定价。我们接着解释能完成这一点的两种潜在制度：总量管制与交易以及碳税。这些将在单个国家的层面发挥作用，而且的确将近十年来已由欧盟在其排放交易体系中贯彻了。

一种有效的全球变暖政策的最后一个方面是……它应是全球性的。本章讨论替代性方法，包括失败的《京都议定书》，并考虑引进更有效的国际政策的途径。在新的国际协议中的一个关键创新，将是引进避免搭便车的激励措施。

应对全球外部性的方法

全球变暖是一个被称为全球外部性的不寻常的经济现象。全球外部性并不新，但它们正变得日益重要，原因是迅速的技术变化以及降低的运输与通讯成本——人们有时称为“全球化”。全球外部性不同于其他经济活动，因为能有效和切实地应对它们的经济与政治机制仍然薄弱或缺失。

全球外部性长期以来对各国政府构成挑战。在此前几百年中，各国遭遇了宗教冲突、军队抢掠，以及鼠疫这类传染病的扩散。在现代世界，以往的全球挑战并没有消失，而新的又出现了——不仅包括全球变暖，还包括核扩散威胁、毒品贩卖、国际金融危机，以及日益增长的网络战威胁等其他挑战。

进一步的反思将揭示，各国在用协议来应对全球经济外部性上少有成功。两个成功的例子包括处理国际贸易争端（今天主要通过世界贸易组织），以及限制使用破坏臭氧层的氯氟碳化合物的协定。哥伦比亚大学的经济学家斯科特·巴伦特（Scott Barrent）开拓性地研究了环境条约的经济层面。他和其他学者认为，这两个条约是成功的，因为收益远超成本，以及创造了有效的制度来促进各国之间的合作。[1]

在应对全球外部性中，治理是核心问题，因为有效的管理要求主要国家的一致行动。然而，在现行的国际法之下，并不存在某种法律机制，让保持公正的大多数国家甚至绝大多数国家，可借以要求其他国家分担管理全球外部性的责任。而且，在关键是

---

[1] 一个对成功与失败案例的有趣研究是：Inge Kaul，Isabelle Grunberg，and Marc Stern，eds.，*Global Public Goods: International Cooperation in the 21st Century*（Oxford：Oxford University Press，1999）。

劝说各国合作行动，而不是搭便车时，几乎不能建议武力这类超法规的方法。

前面章节表明了，减缓全球变暖的有效行动既要求近乎普遍的参与，又要求协调一致的政策。大多数国家需要加入一个协议。通过这样做，政策可以得到协调，以使各国和各部门之间的减排边际成本相等。有效政策的严格条件，是国际协议和制度具有必要性的原因。

应对气候变化的全球外部性的建议与实际制度是什么呢？下面是四个主要的方法。[1]

1. 无所作为，在这种情况下，不采取旨在驾驭市场供给与需求的措施，而且气候变化的外部性也没有得到纠正。这是大多数国家到目前为止的方法，但它不会解决问题。

2. 单边行动，在这种情况下一些国家确定自己的目标与政策，但并没有将它们与其他国家相协调。这是大多数国家日益遵循的路径。例如，美国自从 2008 年以来，就把气候变化目标包括在管制政策之中。美国的气候变化政策在 2009 年由奥巴马政府提出，包含了只适用于美国的总量管制与交易机制，但并没有使政策与其他国家协调。中国也承诺，与 2005 年相比，到 2020 年把每单位 GDP 的 CO_2 排放降低 40%—45%。

3. 地区性方法，这个方法的一个重要例子是欧盟的排放交易

[1] 特别参看：Scott Barrett，*Environment and Statecraft: The Strategy of Environmental Treaty-Making*（Oxford：Oxford University Press，2003）。

体系。它确定了对欧盟所有成员国的限制，覆盖了欧盟 CO_2 排放的将近一半。这是一个总量管制与交易计划，各国在其中被分配给排放许可，并可以在碳交易市场上交易。地区性协议有可能减少谈判单位的数量，并可能达成有效的国际协议。但是，现在欧盟在区域联盟中是很独特的，而其他国家集团（例如阿拉伯国家联盟或者非洲国家联盟）并没有推动排放控制协商。

4. 大多数国家之间的有约束力的国际协议，通过一种管制与税收措施的结合来限制 GHG 排放。下一节将讨论这种方法的历史。

国际气候协议简史

1994 年通过的《联合国气候变化框架公约》中承认了气候变化的风险。这份公约说："最终的目标……是实现……大气中温室气体的浓度稳定在防止气候系统受到危险的人为干扰的水平上。"[1]

1997 年的《京都议定书》走出了贯彻《框架公约》的第一步。高收入国家同意，在 2008—2012 年预算期间把它们的排放限制为比 1990 年的水平低 5%。在这份协定之下，重要的制度性特征也确立了，例如对报告的要求。这个协定也引进了一种计算不同 GHGs 的相对重要性的方法。它最重要的创新是一个国际性的排放

[1] United Nations, "United Nations Framework Convention on Climate Change," 1992, http://unfccc.int/resource/docs/convkp/conveng.pdf.

交易的总量管制与交易制度，它可作为协调各国政策的手段。

《京都议定书》雄心勃勃地企图构建一座能有效地协调不同国家的政策的国际大厦。但各国并没有发现它在经济上有吸引力。美国很早就退出了。它并没有吸引来自中等收入国家和发展中国家的任何一个新参与者。因此，《京都议定书》所覆盖的排放出现了显著的缩减。同样，在没有覆盖的国家，排放增长较快，特别是一些发展中国家。最初设计的协定将涵盖1990年全球三分之二的排放，但2012年的实际范围仅仅是世界排放的五分之一。分析表明，即使无限期延长《京都议定书》的减排期限，它对未来气候变化的影响也会极为有限。在2012年12月31日（参看图36）它悄然终结，只有极少数人哀悼它。[1]

2009年哥本哈根大会旨在就后《京都议定书》时代的后续协议进行谈判。它产生了一个名为《哥本哈根协议》的协议。这个协议采用了一个全球温度目标，“认识到……升幅不应超过2摄氏度的科学观点”。但是由于各国不愿意作出有约束力的承诺，而关心成本的划分，会议并没有就限制排放达成实质性协议。

《京都议定书》的终结和《哥本哈根协议》的失败的启示是什么呢？就近期而言，看来可能的情况是，气候政策充其量会采取平行，但不相协调的国家性政策的路径——以上列出的四种方法中的第二种。一些国家（例如欧盟国家）将继续采用总量管制与交

[1] 数据主要来自CDIAC，其他估算来自作者。

易制度。另一些国家（也许有印度和中国）可能引入总量管制与交易限制或者碳税。还有一些国家（例如美国）将主要依靠针对特定技术来限制排放的管制措施。在未来一些年中，这些政策可能会略微压低排放的轨迹。但它们不太可能高效，而且，考虑到低效措施的高昂成本（将在第 22 章中讨论），单边行动的各国不太可能采取足够有力的措施来确保气候变化保持在危险门槛之内。

得出这个结论是痛苦的：一项重要而用意良好的方法——如此多的人对其投入了如此多的时间与希望——失败了。但难以对京都

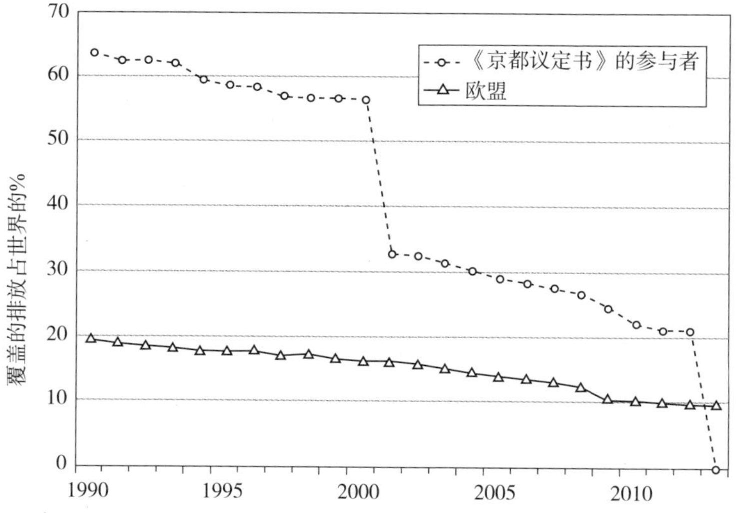

图 36

全球排放的份额。《京都议定书》（虚线）在开始时覆盖了近三分之二的排放。但发展中国家的增长以及美国与加拿大的退出使该份额在它 2012 年到期时减少到五分之一左右。在这整个时期，欧盟是主要的坚持者（其占全球排放的份额正如实线所示）。

模式得出任何其他结论。现在的全球行动已远远落后于经济的成本—收益分析所显示的将全球变暖限于 3 ℃的必要举措，而在哥本哈根宣布的雄心勃勃的 2 ℃目标可能是不可行的。

各国在气候变化的谈判中仍然是老调重弹。每一年都会在缔约方大会上举行新一轮的国际会议以及谈判：2006 年内罗毕，2007 年巴厘岛，2008 年波兹南，2009 年哥本哈根，2010 年坎昆，2011 年德班，2012 年多哈。每一次会议都以几份报告和决议，以及没有取得任何成果的抱怨而结束。[1] 京都模式是一个死胡同。

国际协议的结构

减缓全球变暖的一种高效政策，要求国家性政策必须在各国间得到协调。严格来讲，政策的协调性意味着每一个国家减排的边际成本应该是相同的。这里的观点，与我关于国家性排放交易的合理性的讨论完全是平行的。假定最优的排放目标是每年 300 亿吨 CO_2。为了使实现这个目标的成本最小化，所减少的最后一单位的成本（经济学家语言中的“边际成本”）需要在每一个国家的每一个部门中都相等。回过头看看图 34 前后的正文。只要用“国家”替代“企业”，道理是完全相同的。

实现边际成本一致的最容易方法是确保 CO_2 排放的价格在每

[1] 在“United Nations Framework Convention on Climate Change”网站可以找到会议及其报告的清单，http://unfccc. int/2860.php。

个国家都相等。这就意味着，每个企业都要使自己的减排边际成本等于 CO_2 的价格，而且将意味着，每个国家的每个企业都有相同的边际成本。这将意味着，实现全球排放目标的成本最小化了。虽然这个目标会被许多人视为超级乌托邦，但在考虑国家性政策和全球政策的不同方法时，牢记这一理想很重要。

与各国内部的方法一样，有两种可以协调各国政策的方法。实现这一目标的一个方法是通过国际总量管制与交易政策，例如欧盟所贯彻的或者《京都议定书》所设想的。在这种计划之下，国家的排放是受限制的（总量管制），而且排放许可可以在各国之间买卖（交易）。市场机制将确保，不同国家的价格是相等的，而且，这也会促使各国减排的边际成本相等，并实现全球最低成本。

第二种方法是一种制度，各国在其中就最低碳价格达成一致，然后各国承诺以这个最低价格惩罚碳排放。我将在下一节中描述这种制度，然后比较这两种方法。

碳价格制度

虽然总量管制与交易制度的结构是那些跟踪气候变化谈判的人比较熟悉的，但碳价格制度的结构是一种新观念，需要一些解释。其基本思路是各国将在碳价格上，而不是在排放限制上，达成一致。实际的执行将由各国自行控制，遵守达成一致的关于监督、核实和实施的规范。

第一步是就目标碳价格达成一致。有大量关于碳价格的文献可供各国利用。对于目前讨论，我选择了一个符合 2.5 ℃温度限制的价格路径。虽然可以选择其他目标，但第 18 章中的成本—收益分析，以及更全面的综合评估模型，指向了这一范围。回看一下图 33，注意在理想的普遍参与和高效实施下的几个经济模型得出的碳价格路径。对于这个讨论，我用图 33 各估算值的中点为例，即 2015 年每吨 CO_2 为 25 美元，并在之后迅速上升。但注意，有很大范围的碳价格估算值可能达到那个目标，改变目标也会改变碳价格，而且目标路径也会随着变化的经济与科学信息而改变。

下一个问题是各国在碳价格条约中应该承担的责任。至少，所有国家应该同意以商定的最低价格来惩罚碳和其他 GHG 的排放。如果各国愿意的话，可以把价格定在更高的水平上。核实实际的碳价格将要求各国提供透明的报告。

确定国际标准价格的过程需要一个框架协议。决策可以采用加权投票的形式，但它们显然会引发一系列重大而有争议的国际谈判。要承认的一个关键点是，与谈判一整套各国排放总量管制相比，仅谈判最低价格要简单得多。与因国家而异的排放总量管制相比，唯一碳价格的简单性是一个重要，但难以捉摸的要点。可以用谈判一个俱乐部会费的例子来说明。假定几个人想建立一个俱乐部——为了高尔夫、板球或者狩猎野鸭。这几个人的热心程度、住处远近、家庭大小和收入都不同。一种方法是以不同成员为基础协商会费，其中每个成员都会在总量中有某个份额。这种程序需要对份额进行漫长而痛苦的谈判。也许有的俱乐部会以不同成员为基础协商会费，但我从未见过这样运作的俱乐部。这就是京都模式的做法，你可以看出，为什么它被证明是如此困难，而最终又劳而无功。

谈判唯一的最低价格要比谈判排放限额容易得多。德国人可能会支持高价格，而加拿大人则支持低价格，沙特阿拉伯人支持极低的价格。但一旦价格确定了，就不需要再为每个国家不同的价格谈判了。从俱乐部的例子中你可以看出，为什么谈判国际碳价格更简单，而且相比按国别谈判减排更可能产生建设性成果。

对协调好的价格的管理将不同于总量管制与交易制度。各国可以用它们选择的任何机制来决定价格。即使各国都同意遵循最低国际价格，协议也不会规定各国履行其义务的机制。一些国家可能仅仅使用碳税。另一些国家可能用总量管制与交易机制来实现它们的承诺，例如《京都议定书》设想的，并体现在美国立法中的机制。但还有一个方法是，一种有最低价格下限的混合总量管制与交易（也许是通过使用一种有保留价格的拍卖）。

从经济和环境的角度看，国际总量管制与交易制度以及协调一致的碳税制度之间的比较，跟以上关于国内变体的讨论是类似的。许多优点与缺点都是相同的。但是，真正的问题并不是设计上的技术问题，而是根本的政治问题。任何条约都难免轻微影响国家主权和本国的优先权。各国需要相信，在一项国际协议之下，它们拥有制定气候政策的广泛自由。最低价格制度是一种友善的方法，更像是各国已经参与其中的关税协议或税收条约。相比《京都议定书》的高度侵入性的总量管制与交易方法，它不太可能激起民族主义的忌妒与禁忌。

富国与穷国的责任

国际协议通常将穷国和富国的责任区分开来。例如，在《京都议定书》中，富国有具约束力的排放限制，而中等收入国家和穷国，并没有具约束力的排放限制，而只被要求报告排放。在未来更加全面的安排中，富国要立即采取措施遏制排放；中等收入国家需要加入协议，并在近期内减少排放；而且正如即将讨论的那样，更贫穷的国家可以推迟参与，或者接受减排上的援助。

根据不同收入组的各国排放分布是什么样？表 11 显示了根据各组国家的 CO_2 排放。我选取了世界银行提供数据的 167 个国家，并把它们分为按人均收入排序的五组。[1] 今天的高收入国家（人均收入 2 万美元或以上）要对略低于一半的总 CO_2 排放负责。最上面的三组代表了当前排放的 90%，不仅包括富国，也包括中国、南非、乌克兰、泰国、哈萨克斯坦、埃及、阿尔及利亚、哥伦比亚、土库曼斯坦、秘鲁以及阿塞拜疆。

[1] 作者的估算基于“World Development Indicators”数据库的数据，http://databank.worldbank.org/ddp/home.do。

表 11　根据各国收入水平的排放分布

国家组别	人均收入的下限（2005 年，美元）	占全球 CO_2 排放的总份额（%）	国家数量
高收入	20 000	46.3	35
中等收入	10 000	60.8	30
中低收入	5 000	89.9	30
低收入	2 000	99.1	35
最低收入	280	100.0	37

高收入国家在《京都议定书》中做出了承诺（尽管并非所有国家都履行了这些承诺，而且美国和加拿大也退出了）。它们将成为达成有效协议的关键主力。

但是，正如我反复强调的，如果只有富国行动，这个问题是无法解决的。要实现一个雄心勃勃的温度目标，需要几乎所有排放国都参与。正如表 11 所显示的，一个有效的协议要求包括大多数中等收入和中低收入国家，特别是中国和印度。对于这些国家，加入碳价格制度，看来对一个国际气候变化条约是一个合理的目标。另一方面，印度或中国在不远的未来加入类似《京都议定书》那样的协议似乎前景渺茫。制度结构的范围，以及融入全球经济和国际组织的情况，在这些国家之间存在极大的不同，但如果要一个全球协议有效，就必须说服它们参加，而且需要以一种不给中等收入国家带来过大负担的方式设计这个协议。最低碳价格制度能做到这一点。

最穷的国家又该如何呢？一方面，我们已经看到了普遍参与的重要性。另一方面，期望那些正在为提供干净的饮用水和小学教育而奋斗的国家，在未来许多年中为富裕国家的人们做出牺牲，也是不公平和不现实的。幸运的是，这并不是一个重大损失。除了尼日利亚，最低收入国家现在的排放是微不足道的。正如我们在表 11 中所看到的，排在最后的 72 个国家只产生了全球排放的 10%。如果排前面 100 名的国家加上印度和中国都被包括进来，这会占到全球排放的 90%。

鼓励低收入国家参与的最好机制，是在采用低碳技术方面提供财政和技术援助，并且劝说这些国家用碳税代替其他税。相对于有约束力的减排，碳税的优点是特别适用于那些治理结构薄弱的国家。要这些国家在没有广泛腐败与逃避问题的情况下实行总量管制与交易制度，似乎是不太可能的。[1] 与此相比，碳税可以满足政府的收入需求，又减少其他负担沉重的税收，并不会造成特别困难的治理问题。

---

[1] 在定量系统中腐败问题是一个要点。总量管制与交易这样的定量型系统比价格型制度更容易受腐败影响。排放交易制度以可交易的排放许可证的形式创造了有价值的资产，并把它们分配给各国。限制排放在以前不存在稀缺的地方创造了稀缺性，并成为一个设租项目。在把限额与国际贸易干预中的关税相比时，定量相对于价格方法的危险就经常表现出来。计算表明，在国际总量管制与交易制度下，可以拿到国外销售的许可证价值几百亿美元。鉴于以人为的低价格将有价值的公共资产私有化的历史，如果碳市场困于腐败活动，并破坏了程序的合法性，并不奇怪。考虑一下尼日利亚的情况，在近些年中，该国每年的 CO_2 排放是 4 亿吨左右。如尼日利亚被分配到等于近年的排放的可交易许可，并能以每吨 CO_2 为 25 美元的价格出售它们，它就能筹集 100 亿美元左右的硬通货——该国 2011 年非石油出口只有 30 亿美元。碳税提供的腐败空间较小，因为它并没有创造出人为的稀缺、垄断或租金。骗税对公司和政府是零和博弈，逃避排放对国内双方是正和博弈。对于税收，没有许可证能转移给别国或其领导人，因此它们不能被卖到国外换取红酒和枪械。不存在新的寻租机会。任何收入都要通过对国内的燃料消费征税来筹集，而且碳税绝对不会增加今天各国已有的产生租金的途径。

用实施机制与搭便车斗争

无论减缓气候变化的国际制度是什么——无论是复活的京都方法还是碳价格制度——它都必须面对一些国家搭其他国家便车的倾向。一种新制度的关键部分是要设计一种机制，克服搭便车问题。各国都有强烈的动机宣布崇高而雄心勃勃的目标——然后又忘却了这些目标，并像往常一样做事。当国家的经济利益与国际协议冲突时，就会有逃避、掩饰和退出的诱惑。

加拿大就是一个有趣的案例。加拿大起初对《京都议定书》是热心支持的。它签约同意减排 6%，并批准了该条约。但是，在后来几年中，加拿大的能源市场出现了剧烈的变动，来自阿尔伯塔省的油砂生产迅速增加。到 2009 年，加拿大的排放高于 1990 年水平 17%，远远超过了它的目标。最后在 2011 年 12 月加拿大退出了这个议定书。除了来自环保主义者的一些斥责之外，没有什么不利的后果。加拿大的经历说明，《京都议定书》还有一个更大的缺点是，它是没有强制力的条约，它没有制裁或任何实施机制。从深层意义上说，参与是自愿的。[1]

国际气候变化条约应如何引入实施机制呢？唯一的严肃选项，是把国际贸易跟参与和遵守联系起来。例如，那些不参与或不履

---

[1] 对国际环境协议中的核实的历史的一个有用分析可见 Jesse Ausubel and David Victor, "Verification of International Environmental Agreements," *Annual Review of Energy and Environment* 17 (1992): 1–43, http://phe.rockefeller. edu/verification/。

行自己义务的国家要受到贸易制裁。根据现行的国际法实施制裁的标准方法，就是对来自不履行条约规定的国家的进口商品征收关税。当各国违背了它们的贸易协定时，这种方法得到普遍使用，而且它也被写入几个国际环境协议中。[1]

可以考虑两种具体的方法。最简单的一种是对来自不遵守协议的国家的所有进口商品加征一个固定百分比（也许是 5%）的关税。这有简单和透明的优点，尽管它没有将关税与进口商品的碳含量具体挂钩。

第二个建议——那些支持这种实施机制的学者更普遍地提倡它——是对商品征收与其碳含量挂钩的关税。这种机制被称为“边境调节税”。按这个方案，在边境对进入一个国家的进口商品征收的税额，等于商定的国际碳价格乘以进口商品中的碳含量。

我们研究一下边境调节税方法的一个例子。假定国际商定的最低碳价格是每吨 CO_2 为 25 美元。假定不遵守该规定的加拿大向欧洲出口 1 吨钢。如果计算表明 1 吨钢的生产中使用了 1.2 吨 CO_2，那么，欧洲就可以对这批进口的每吨钢征收 30 美元的边境税。[2] 另一方面，如果韩国遵守了条约，并且其国内的 CO_2 价格

[1] 一个延伸讨论连同一份完整的条约目录可见 Barrett, *Environmet and Statecraft*。

[2] 比较气候变化中的实施机制与其他有外部性的领域的实施机制问题的一份有趣研究是 Peter Drahos, “The Intellectual Property Regime: Are There Lessons for Climate Change Negotiations?” Climate and Environmental Governance Network (Cegnet) Working Paper 09, November 2010。一个对不同国家、国际法与制度中的规定的综述，及一个关于贸易制裁的使用的实例，见于 Jeffrey Frankel, “Global Environmental Policy and Global Trade Policy,” John F. Kennedy School of Government, Harvard University, October 2008, RWP08-058。

至少是每吨 CO_2 为 25 美元，它的贸易将被视为正常的国际贸易，不征收边境调节税。

这些听起来全都很简单，但实际上，对于那些不遵守协议的国家，边境调节税制度将变得极其复杂。我们到底如何计算进口商品的碳含量？我们应该把这种税应用于所有商品吗？进口的石油或天然气很容易在边境征税。但不同种类的煤有不同的碳含量，各国需要处理这一问题。传统的商品将更棘手。如果我们包括汽车，我们要计算从煤到钢铁，再到汽车的 CO_2 吗？贸易专家警告，依靠贸易制裁会打开保护主义之门，保护主义总是潜伏在暗处，寻找借口排斥国外的商品与服务。

在分析边境调节税实施机制的影响时，我们需要考虑到贸易制裁只影响国际贸易中的商品，但一个国家的大量 CO_2 排放只来自国内生产。例如，实际上美国住宅在交通运输或发电中使用的能源全都没有进入国际贸易。但它构成了美国 95% 的 CO_2 排放。为了从另一个角度来看这一点，考虑一下减少美国来自燃煤发电的 CO_2 排放的问题。研究表明，这是一种减少排放的最有效的方法。但美国仅出口不到 1% 的电力，因此，关税的作用在这里会很小。

鉴于边境调节税方法的复杂性，对进口商品征收固定百分比关税可能是更好的选择。其理由是非参与国在危害其他国家，这是因为其 GHGs 排放总量，而不仅是体现在贸易商品中的排放。贸易是工具，它不是制裁的目标。关税的高低应该通过激励各国参与解决问题，而非仅仅制造问题的方式，与损失挂钩。

这个讨论说明了，各国参加碳排放条约的主要动机，将来自被排除出符合碳排放标准地区的耻辱与混乱。但这有用吗？不符合标准的主要代价，是针对不遵守协议的国家的一系列明显的、代价高昂的、引发争议的和不受欢迎的程序。实际上，将会有一个由遵守协议的国家组成的自由贸易区，以及对不遵守协议的国家的一大堆监管和惩罚措施。

虽然让世界贸易体系接受气候协定的约束，是克服各国搭便车倾向的最有希望的路径，但需极为谨慎地使用它。现在自由而开放的贸易体系是反对保护主义的艰苦努力的成果。它对全世界生活水平的提高做出了巨大的贡献。只有在气候制度的收益是明显的，并且收益抵得上贸易制度的损失的情况下，才应该把它与气候变化协定联系起来。

我们总结一下关于设计对参与的激励的教训。首先，像《京都议定书》这样的旧方法只包含了完全不充分的实施机制，结果一些国家可以在不用承担任何不利后果的情况下置身事外。对来自非参与国家的进口商品征收关税的贸易措施，可能是克服搭便车并引导参与的最有用的工具。但是，贸易措施只是间接与排放挂钩，需要对它们进行适当调整，并有效地运用，这在环境与贸易政策中是一个未知的领域。

确立减缓全球变暖的有效政策需要四个重要的措施。第一，它要求致力于提高CO_2和其他 GHG 排放的市场价格。第二，由于自由市场并不能做到这一点，这就要求各国要么采用总量管制与交易制度，要么采用碳税制度来提高CO_2的价格。第三，它要求大多数国家同意前两个措施，并在全球层面上协调它们的政策。最后，国际气候协定必须包括反对搭便车的有效机制。

全球协调面临的障碍极大。各国捍卫自己的主权就像家庭捍卫自己的财产一样。它们不愿意把权力交给任何国际组织或一批其他国家。鉴于达成协议的迫切性和各国犹豫不决的现实，最有效的方法是包含贸易制裁的协调的碳价格，它可以防止一些国家搭其他国家投资的便车。

第 22 章 | 次优与其他

许多认为全球变暖是一个严重问题的人可能同意此前三章中的建议。他们看到了“碳定价”的重要作用；他们可能喜欢总量管制与交易或是碳税，或者两者都喜欢；他们认识到，全球的努力对切实而有效地管理我们全球共同的事务是必要的。同时，他们可能会说：“天哪，这些是乌托邦式的想法。科学家和经济学家可能会同意这些计划，但人们有其他更重要的事。他们担心他们的工作，他们减少的收入，以及他们的医疗保健。美国人并没有准备好接受这种激进的手术。”

对当前态度与政策加以清醒评估后，不得不对公众态度和国家政策的趋势做出悲观判断。欧洲是唯一一个通过它的排放交易体系，令各国切实地提高了碳价格的主要地区。美国国会在通过强有力的气候变化政策上多次失败。部分困难是，人们抵制提高能源商品与服务的价格，特别是它采取了税收的形式时。这种情绪在全世界广泛存在，尽管美国在言辞与政治上对税收极为敏感。

为了应对对提价措施的抵制，各国往往转向其他方法。我们可以用美国作为一个例子。克林顿政府支持在1997年《京都议定书》中制定有约束力的排放上限。但是，由于国会抵制，条约从未被提交批准。后来，奥巴马政府在2009年提出了总量管制与交易法案。它在众议院通过了，但在参议院没有通过。

在奥巴马连任后，他继续强有力地支持减缓全球变暖的政策。由于他在经济领域中的措施没有取得任何进展，他警告称，他会推进管制方案：

> 但如果国会不能迅速行动起来保护子孙后代，我将会去做。我将命令我的内阁提出我们可以采取的行政行动，在现在与未来减少污染，让我们的社区准备应对气候变化的后果，并加速转向更可持续的能源。[1]

"减少污染"的行动，指的是减少CO_2和其他GHG排放，这涉及对新汽车的燃料效率、新发电厂的CO_2排放的管制，以及对现有发电厂的GHGs排放的可能管制。

鉴于提价政策的替代性方案的重要性，我们需要评估气候变化政策的其他方法。在通过总量管制与交易政策或是碳税提高CO_2排放价格之外，主要替代性方案是什么呢？

[1] Barack Obama, "State of the Union," February 12, 2013, 可获取于www.whitehouse.gov/state-of union-2013。

- 几乎所有国家都依靠管制。它们要求改进汽车、电器和建筑等主要能源使用资本的能源效率。
- 许多国家都对“绿色”技术进行补贴。这些包括提供财政激励，以降低可再生能源如风力或太阳能发电、混合动力汽车以及乙醇等生物燃料的成本，并增加其使用。
- 几乎所有国家都对能源征税。除了石油生产国外，各国普遍对汽车燃料征以重税。
- 几乎所有国家都有自愿的方法。这些一般是减少排放的行业承诺。例如，大型石油公司作出减少排放 10%—20% 的承诺。

我将暂时搁置一个特殊的项目范畴，即研究与开发。这些政策旨在培育新的低碳技术或基础能源科学。新技术在转向低碳世界中起关键作用。正如将在第 23 章中讨论的，从长远来看，无论有没有碳定价政策，鼓励关于能源效率的基础科学和技术的需要，在所有减少 CO_2 排放的战略中都是核心部分。

以上列出的大部分政策都已得到了认真的分析，并已经被证明是减缓全球变暖的低效和无效的方法。这些替代性方法可以补充，并支持更为全面的温室气体排放限制或碳税。但它们是低效率的，因为它们影响很小，却需要支出相当大的成本。一些成效甚微；另一些太昂贵；还有一些只有负效果，实际上会增加排放。

我不能以全面的方式综述这些替代性方案。我主要关注的是已被广泛使用的管制类的替代性方案。我说明了替代性方案会引起的主要困难，即它们相对于限制温室气体排放的更直接方法成本高、效果差。本章的第一部分探讨了一些替代性方法，而第二部分则考察不同政策建议之中隐约出现的一种特殊的短视。

气候政策的主要替代性方法

这一章考察的核心问题是不同方法的相对效率。公共财政经济学家发展了衡量不同政策的低效率程度的“无谓损失”（deadweight loss）的思想。衡量无谓损失是相当复杂的，但其思想是简单的。无谓损失是根据所放弃的商品与服务来衡量的社会净损失。例如，在第 15 章中估算减缓气候变化的成本时，我估算出成本（实际的无谓损失）一般为世界收入的 1% 左右。这相当于减少了等量的潜在消费。

一个具体的例子是政府对器械的管制。假定政府规定锅炉要减少每单位热量的燃料。一台低燃料锅炉在其使用寿命中的资金和燃料成本大于 500 美元。它也减少了使用寿命中的 CO_2 排放 10 吨。因此我们可以说，减少 CO_2 的成本是每吨 50 美元。

注意，我们并不把税收算作效率损失。假定存在每吨 25 美元的碳税。如果每年我直接和间接使用的 CO_2 总量是 10 吨，我要支付碳税 250 美元（不仅是直接支出，还有间接体现在我购买的商品与服务中的更高成本）。但是，这种成本并不是无谓损失，而是一种转移。政府得到了250美元收入，可以用于政府的服务或提供250美元减税。如果我支付250美元碳税，而我的所得税减少250美元，那么，我的实际收入实质上没有变化。这说明了为什么粗略地说，我们不应该把税收计算为无谓损失。[1]

一个管制的例子：汽车燃料效率标准

从管制方法的一个例子，即汽车燃料效率标准开始，是有益的。几乎每一个主要国家都在用它们，它们广受欢迎，并且成本高昂。

奥巴马政府在2012年公布的最新标准，很好地说明了管制方法的利弊。它规定的标准是，在2012—2025年期间新车的汽车CO_2排放应减少40%之多。据估算，2011—2015年款的轿车和轻型卡车的成本升高所导致的技术成本为1 200亿美元。

实施是复杂的。标准根据汽车的种类而不同：小型车被要求每加仑汽油行驶52英里（mpg），而大型的轻型卡车（大型SUV和皮卡）只需达到38mpg。相比让所有轿车和SUV都有同样的燃料效率标准，这种安排产生了一种反常激励，引起人们购买大

[1] 这个税收讨论很粗略。深入的经济分析应该考虑税收带来的潜在扭曲。税收经济学的教训是，现存税收扭曲可能大幅改变最优气候政策。马里兰大学经济学家Lint Barrag的研究表明，现存的税收扭曲，在通过税收或拍卖提高财政收入的情况下，会使最优碳价格下降三分之一。（参看她的“Carbon Taxes as a Part of Fiscal Policy and Market Incentives for Environmental Stewardship,” Ph. D. dissertation，Yale University，May 2013。）如果赠送许可，最优价格会再降低多少，也是一个悬而未决的问题，但显而易见，免费分配将进一步更大幅度地降低最优碳价格。

型 SUV，而不是小型车。不同的标准削弱了燃料效率管制的成效。这类似于减少了大型汽车，而不是小型汽车的汽油税。

而且，对管制的经济分析显示，大部分“收益”来自节约的燃料，而不是来自减少的 CO_2 排放或减少的污染。[1] 这个常规由我将在本章后半部分讨论的我所谓的“能源成本短视”证实了。

“未来资源”（RfF）团队的一个认真研究说明了不同方法的成本，这是一个非党派的研究所，关注环境与资源经济学。“未来资源”团队评估了 CAFE（公司平均燃料经济性）以及其他减少 CO_2 排放的方法的成效。它估算了减排量和减少每单位 CO_2 排放的成本（无谓损失）。[2]

先说他们对标准经济方法的发现，这个发现被称为“没有市场失灵”。这种方法假设，市场的运行是高效的，而且消费者了解燃料的成本与减排量。这个团队计算出，减排的黄金标准是像总量管制与交易或者碳税这样的碳定价制度。然后他们根据没有市

---

[1] 这摘自管制分析，*Final Regulatory Impact Analysis Corporate Average Fuel Economy for MY 2017–MY 2025 Passenger Cars and Light Trucks*, August 2012。可从美国政府获取：www.nhtsa.gov/static-files/rulemarking/pdf/cafe/FRIA_2017-2025.pdf。该管制分析有 1178 页，而且与支持者普遍持有的理由几乎没有关系。几乎所有收益（6 000 亿美元左右）都是私人的，它们源于节约下的燃料，后者大于燃料经济改进的增量成本。6 000 亿美元收益中一共只有 50 亿美元净值是外部性引起的。而且，50 亿美元是 500 亿美元正收益（来自 CO_2 减排），以及 450 亿美元负收益（来自拥堵增加等外部性）的总和。如果把私人成本跟 CO_2 和其他污染收益相比，成本大于收益。这个发现与 Resources for the Future 的研究是一致的（参看下个注释）。

[2] Alan J. Krupnick, Ian W. H. Parry, Margaret A. Walls, Tony Knowles, and Kristin Hayes, *Toward a New National Energy Policy: Assessing the Options*（Washington, DC: Resources for the Future, 2010）, www.energypolicyoptions.org.

场失灵的假设，考察了不同燃料效率标准的成本与 CO_2 减排量。（稍后将讨论另一种假设。）这个团队发现，在没有市场失灵时，CAFE 标准比我们视为最优的高效碳税或总量管制与交易昂贵得多。CAFE 标准消除每吨 CO_2 的成本是 85 美元，相比之下经济上高效的政策只需每吨 12 美元。

管制政策由于两个原因而如此昂贵。第一，在没有市场失灵的情况下，假设汽车制造商会把汽油价格纳入汽车设计中。设计会是最优的，以便额外的 1 加仑汽油的成本正好与通过改善燃料经济性节约的那 1 加仑汽油的成本平衡。此外，由于 2012 年的规定要求每加仑英里数出现很大变化，最新的燃料效率进步的代价极为高昂。基本的情况是，没有市场失灵时，通过 CAFE 标准减少 CO_2 排放的成本，将超过通过碳税或总量管制与交易这两个最优方法减排的成本。

汽车燃料效率只是许多用于减少能源或 CO_2 排放的管制干预的一个例子。我们能否从这个例子中归纳出使用针对性法规的计划的有效性？

这个题目已由能源经济学家进行了深入的研究。表 12 提供了从“未来资源”团队的研究中得出的不同管制与税收措施的成本效果的部分清单。[1] 这个表显示了两个指标。第一个是效果，定义

[1] Alan J. Krupnick, Ian W. H. Parry, Margaret A. Walls, Tony Knowles, and Kristin Hayes, *Toward a New National Energy Policy: Assessing the Options* (Washington, DC: Resources for the Future, 2010), www.energypolicyoptions.org., AppendixB.

表 12 替代性的管制与税收政策的效果与成本。“未来资源”团队的一项研究，考察了减少 CO_2 排放的不同政策的成本—效果。注意跟直接和高效的方法相比，间接方法的成本要高多少。

政　　策	效果（占 2010—2030 年排放的 %）	成本（美元 / 吨 CO_2）
汽油税	1.8	40
建筑规范	0.1	51
更严格的汽车标准	0.6	85
液化天然气卡车	1.5	85
房屋越冬税收优惠	0.3	255
联邦利息补贴	0.0	71 075
总量管制与交易 / 碳税	10.2	12

为一种既有的管制对实现美国的基准气候变化政策能做出多少贡献。[1] 第二列数字显示了减少每吨 CO_2 的成本，它是以上讨论过的效率衡量方法：无谓损失。

从最下面一行开始，它显示了最低成本的黄金标准——普遍的总量管制与交易或碳税项目。计算表明，两者要达到美国基准减排目标，减排每吨 CO_2 的平均成本都将是 12 美元。其余政策按成本从低到高排列。正如表 12 显示的，并与以上讨论的经济理论一致，假设没有其他市场失灵时，与理想的政策相比，其他政策

[1] 这个研究选择的政策基准是奥巴马政府的气候变化方案，它类似于 2009 年美国众议院通过的法案。在第 18 章和第 21 章中讨论过这个政策，它的目标是在 2010—2030 年间平均减少 CO_2 排放 10%，其中大部分减排发生在这个时期快结束时。

都成本更高而效果更差。正如我们以上注意到的，执行汽车标准的成本高昂，因为要求如此大的每加仑英里数的改进是不经济的。其他政策从效果适中到特别糟糕不等。

应该注意的是，表 12 兼有正向和反向的偏差。它可能少计算了减少 CO_2 的成本，因为它假设政策是最优设计的。如果存在免税与漏洞，那么成本会更高。同时，它多计算了成本，到了消费者做出不良决策的程度（正如这一章稍后要讨论的）。

表 12 中未显示的其他政策实际上也有反常的效应。最好的例子是对用于汽车燃料的乙醇生产的补贴。关于乙醇的规定（存在了许多年，但在 2011 年底到期）是把乙醇混合到汽油中时，对每加仑乙醇补贴 45 美分。你可能认为这是一个好主意，因为乙醇代替了化石燃料。不是这样的。深入研究表明，当把所有化石燃料和产生温室气体的化肥都包括在内时，用玉米制成的乙醇排放的 CO_2 相当于汽油的排放。乙醇实际上是致病，而非治病的一种药。

非管制方法

关于如何解决全球变暖还有许多其他主意，在本书的范围之内不可能系统地分析它们。但在这里简略地介绍一下它们还是有用的。

一些政策是对给排放定价的补充。例如，强有力地支持关于低碳能源技术的公共及私人的研究与开发，可以降低这些技术的成本，这肯定值得推荐。它们会带来更大的减排，并降低达到目标的成本。这些政策将在第 23 章中得到分析。

一些替代性方案属于可疑的范畴。一个例子是《京都议定书》和欧盟排放交易体系中包含的“清洁发展机制”，这使穷国可以把减排额卖给富国，富国可因总量管制与交易制度中的减排而获得信用额度。例如，中国建立了一个水电站，（据称）可以取代燃煤电站。她得到了 31 261 吨 CO_2 信用额度，并把它出售给荷兰。这里的存疑因素是，我们无法知道中国是否即使没有出售信用额度的激励也会建造这个水电站。如果没有国家 CO_2 排放的有效总量管制，我们永远无法知道，购买穷国的减排额度或者抹除我们的碳足迹的体系，是否会对排放产生任何净效应。

另一类有疑问的建议是补贴“绿色能源”或“绿色工作”。这些建议的精神是，某些活动是低碳的，应该得到鼓励。但我们总是需要看看“绿色”这个标签后面，来判断它是否实为掩盖政治上有利但低效的补贴（例如之前说的乙醇补贴）的幌子。

在这个背景下，补贴提出了一个更为普遍的问题。它们试图通过使其他活动更有吸引力来劝阻碳密集型的活动。补贴的一个难点是确定有资格得到补贴的低碳活动。为什么需补贴混合动力汽车（我们这样做了），而不补贴骑自行车（我们没有这样做）？补贴所有低碳活动是解决之道吗？当然，这是不可能的，因为有太多的低碳活动，而且它将需要天文数字的支出。另一个问题是，这些补贴的影响差别如此大。美国国家科学院最近的一份研究考察了几种补贴对 GHG 排放的影响。它发现，就每美元补贴消除的 CO_2 而言，它们的效果有巨大的差别。没有一种补贴是高效的，有些补贴的效率低得可怕，而如乙醇补贴这样的其他补贴是反作用的，实际上增加了 GHG 排放。就整体来看，补贴加在一起的净效应实际上为零！[1]

因此，综上所述，惩罚碳排放比补贴其他任何东西都要切实得多。

从对碳定价的替代性方案的分析中，可以得出三点初步结论。第一，与以价格为基础的政策相比，管制等替代性措施的单位减排成本通常更高。原因是它们不能根据不同消费者和部门的反应进行微调。第二，即使有一套强有力的管制措施，也不太可能达到哥本哈根气候大会确定的那种雄心勃勃的目标。它们可能会在某些部门做出贡献，但不足以做出实质性贡献。第三，管制组合的选择是一个困难的问题，因为一些选择代价极其高昂，甚至适得其反，例如使用以玉米制成的乙醇。因此，仅仅用管制方法不太可能切实地应对气候变化问题，而且肯定无法高效地解决问题。

这种分析说明，从经济角度来看，预防对气候的“危险干预”的最好方法实际上是很简单的。世界各国需要迅速采取行动，使

---

[1] National Research Council, *Effects of U.S. Tax Policy on Greenhouse Gas Emissions* (Washington, DC: National Academy Press, 2013).

CO_2 及其他温室气体排放的价格高昂且不断提升，而且这些价格应该协调一致，以便在所有国家的价格大体上相等。这些政策可以用税收或可交易的排放限制来施行。虽然这两种机制是不相同的，但如果设计得好，任何一种都可以减少排放，以达到环境目标；可以向政府提供可贵的收入用于公共事业，或减少其他税收；并将以一种提高，而不是妨碍经济效率的方式实现这一目标。这是一种罕见的情况：正确的解决方法正好是简单的解决办法。

能源—成本短视的复杂性

上一节得出的结论是，用管制方法来减少 CO_2 排放是低效率的，有时甚至适得其反。如果这就是全部情况，我们可以把管制作为一种政治便利抛诸脑后，它们几乎没什么可推荐的。

然而管制的情况比这个简单的画面复杂得多。能源市场分析发现了，通往能源效率之路上的许多市场失灵以及障碍。其中一些涉及制度因素，例如那些租房子住的人几乎没有动力进行可能很久才有回报的节能投资。类似的问题可见于大学宿舍的能源使用情况。因为房间并不是按个人计量，学生们没什么动力关灯或调低暖气。

除此之外，最重要和最令人困惑的现象之一是“能源—成本短视”。这是指一种综合征，涉及的人们对能源效率投资太小，因为他们低估了（或者过高贴现了）节约的未来能源。如果我们能解决这个难题，管制的作用就会明显许多。[1]

这里有一个小故事。假定我去大众汽车经销商那里找一辆新车。销售员向我展示了两种款式，一种用汽油发动机，一种用柴油发动机。汽油每加仑可行驶 31 英里，而柴油每加仑可以行驶 42 英里。但柴油款的售价要多 2 000 美元。

如果我像大多数人一样，我会选择汽油款的。毕竟，如果我在偿还信用卡方面有困难，或者我正面对孩子们高昂的大学学费，或者我不得不推后我们的家庭度假，那么，2 000 美元并不是一笔受欢迎的额外支出。因此，我选择了汽油车。

但假定销售员解释了汽车的生命周期成本。我告诉他，我们一年开车 12 000 英里。他拿出了他的生命周期小计算器，发现汽油款比柴油款一年多用 100 加仑油。在每加仑 4 美元时，汽油发动机的使用成本每年多 400 美元。在没有贴现的情况下，在 10 年的生命周期内，我们会多支出 4 000 美元的燃料成本，节约前期成本 2 000 美元。即使有适当的贴现，节省的燃料开支也比前期成本更多。[2]

---

[1] 能源—成本短视有许多名字。它也被称为能源效率缺口与能源悖论。关于一个怀疑性的观点，参看 Hunt Allcott and Michael Greenstone，“Is There an Energy Efficiency Gap？” *Journal of Economic Perspectives* 26，no. 1（2012）：3—28。这种缺口的一个大力支持者是咨询企业麦肯锡，例如在 *Unlocking Energy Efficiency in the U.S. Economy*，2009，www.mckinsey.com。

[2] 这个计算类似于更换我的冰箱时使用的（参看第 15 章）。为了简单起见，它假设汽油和柴油燃料的每加仑价格相同，长期来看这也是事实。为了简单起见，它假设实际贴现率为零。如果实际贴现率是每年 5%，这样贴现后节约的成本将是 3 164 美元，但要点是基本相同的。为了实现收支平衡，实际贴现率就需要为每年 17.3%。

因此，受这个事实的启发，我们会怎么做呢？许多领域的研究表明，我们大多数人仍然会购买前期成本较低的汽车。在同类车型中，在美国汽油发动机款比柴油发动机款多卖一倍以上。[1] 更加普遍的是，有证据表明，当人们购置时——从汽车到电器再到家用隔热材料——他们对能源效率系统性地投资不足。一些研究表明，我们可以在净成本为零的情况下，节约相当一部分的能源消耗（根据研究而不同，在 10% 与 40% 之间）。这种节约没有实现，部分是因为我们主要计算近期成本而忽略了未来的节约。这就是能源—成本短视。

我读过有关能源—成本短视的学术研究，也在课堂上讲过。尽管如此，有几次我也屈服于我自己的这种综合征。例如，我家三年前进行的能源审计得出了一系列建议，这些建议可以节省数百美元的取暖和制冷成本，且前期投资较少。但审计清单仍然在我“待办事项”的盒子里。

能源—成本短视的原因是什么呢？一些人说，人们缺乏信息：他们不知道自己的房子隔热有多差，也不知道为多用的能源付了多少钱。此外，他们可能难以通过复杂计算来确定能源节约的现值。但另一个原因是，许多人缺乏现金——毕竟，如果你要为你的信用卡债务支付 29.99% 的年息，远期的燃料节约就不是一笔好投资。也许人们只是系统性地低估了未来的价值——他们个人的贴

---

[1] 2010 年柴油车与汽油车的销售量参见 BMW Blog：www.bmwblog.com/wp-content/uploads/2010-Diesel-Economics.png。

现率远远高于货币的贴现率。我的借口则不过是我忙于做其他事，往往会拖延这类烦人且非紧要的工作。

我们应该强调，这类决策失误并不限于购买汽车或家庭设备。人们在医疗保健（他们不服用开给他们的药物）、金融（他们不读抵押贷款文件而失去自己的房子）、经营（有一半小企业在第一年就失败了），以及许多其他领域中，往往做出有问题的决策。不能做出最经济的决策是人类行为的共同特点，心理学和行为经济学领域正日益增加对它们的研究。[1]

无论原因是什么，能源—成本短视综合征是必须被纳入我们分析的人类行为方面的一个现实特点。

能源—成本短视为针对全球变暖政策的管制方法提供了一个重要的支持。假定人们的确是系统性地低估了未来能源成本。通过要求制造商提高能源效率，我们就节约了能源，减少了碳排放，并同时为消费者提供了一种良好的投资。这类似于要求汽车公司安装安全气囊，如果没有强制规定的话，消费者可不会买它。既然人们并不总是根据自身的长期利益行事，认真使用管制规定就可以挽救生命（就气囊而言），或者节省钱，并减少 CO_2 排放（就有效能源管制而言）。

在考虑到能源—成本短视时，我们应该如何评价能源管制

[1] 有一本说明行为经济学许多洞见的极好的书：George A. Akerlof and Robert J. Shiller, *Animal Spirits: How Human Psychology Drives the Economy, and Why It Matters for Global Capitalism*（Princeton, NJ: Princeton University Press, 2009）。

呢？这被证明是一个深刻的问题，因为我们并不能准确地知道，为什么人们表现出能源—成本短视。一个有趣的方法是假设人们“过高贴现”了未来的能源节约。也就是说，人们无意识地对未来燃料节约使用了极高的贴现率。在以上讨论的例子里，过高贴现就会减少从长远来看所节省下的 4 000 美元。假定我对未来节约的燃料用了 20% 的现值贴现率。电子表格程序分析就将计算出，贴现的节省下的汽油仅为 1 837 美元，而额外的前期成本为 2 000 美元。因为运用超高的贴现率，我肯定就买汽油燃料的车了。

一位金融专家可能会告诉我，我的行为是短视的。把钱花在柴油车上，而不是放在储蓄账户上，我的经济状况会更好。我的反应是：“等一下，别叫我目光短浅者，你这家伙！”我的行为有一长条的理由。我需要储蓄以备不时之需；汽油可能会涨价；银行存款则得到联邦政府担保；也许我会遇到车祸；也许我会不喜欢这辆汽车，在几年内会以极大的折扣把它卖掉。因此，与花在柴油车上相比，把 2 000 美元存入银行可能看起来是完全明智的。这些可能并不是可靠的理由，但是足以使人们倾向于以低前期成本和较高的延迟成本进行投资。

在此背景下，让我们按照购买者目光短浅，且过高贴现未来节约的能源的假设，重新评估不同管制措施的效率。这在现实中主要适用于消费者的购买行为，因为企业在经济决策中更前后一致。得出了表 12 中估算值的团队也研究了当消费者用高贴现率时的管制成本。他们把这种情景称为“完全市场失灵”，以说明消费者根据每年 20% 的高贴现率来做出投资决策的情况。

表 13 比较了在没有市场失灵和完全市场失灵的假设下，CO_2 减排的成本。[1] 就汽车能效标准而言，如果消费者给予未来节约的燃料的贴现率为每年 20%，那么数字的符号就会改变，实际上消除每吨 CO_2 的成本为负的 22 美元。换句话说，如果我们假设，消费者对未来的节约过高贴现，这种管制就可以减少 CO_2 排放，并节约资金。这就是最新的 CAFE 标准的合理性。这种发现类似于建筑规范，在过高贴现的背景下的管制成本为每吨负 15 美元，而不是当贴现率为正常的每年 5% 时的每吨 51 美元。表 13 中的另外两种情况，甚至在能源—成本短视情况下也显示出较低但正的成本。

表 13　在能源—成本短视下的替代性管制政策的成本与效果。这个表显示了两种贴现假设下，即没有扭曲（每年 5%）与过高贴现（每年 20%）时，减少 CO_2 排放的成本。

政　　策	成本（美元 / 减少每吨 CO_2）	
	能源决策没有扭曲（5% 贴现率）	能源决策中的过高贴现（20% 贴现率）
汽油税	38	6
建筑规范	51	−15
更严格的汽车标准	85	−22
液化天然气卡车	85	69

[1] 引自 Alan J. Krupnick et al., *Toward a New National Energy Policy*, Appendix B。

消费者理性的问题的确是管制政策中一个重要的内容。如果决策受到能源—成本短视的影响，那么，在减少能源使用和温室气体排放方面，就可能有许多负成本选择。

替代性方法的资产负债表

这一章考察了将提高碳价格作为减少 CO_2 和其他温室气体的排放工具的替代性方法。先说积极的方面，显而易见，经济中充满了关于能源使用的低效率决策。能源—成本短视综合征似乎在消费者中普遍存在。在少数领域中，认真设计的管制也许可以以低成本，或者甚至零成本减少 CO_2 的排放。

此外，高效的管制也可以补充并支持碳价格政策。即使各国实施了通过总量管制与交易或碳税方法来提高碳价格的政策，仍然存在风向是否会改变，总量管制或税收是否会减少的政治不确定性。在这种环境下，总量管制性排放限制将确保经济会在不断变化的政治气候中继续向低碳经济前进。

但是主要依靠管制的缺点是严重的。一个问题是，通过管制来承担大部分减排任务将涉及成千上万项技术和几百万个决策。关于整个经济，政府可能会说："这样做，但不那样做。"现实中，政府并没有足够的信息去制定对整个经济的管制。此外，市场民主制度中的人们不能忍受如此多的管制干涉他们的生活。

这就引出了第二点：单靠管制政策无法解决全球变暖问题。

为每一个部门、每一种能源产品和服务都设计管制，是不可能的。因此，尽管政府可以制定对汽车燃料效率的管制，但实际上它们不能命令人们不开汽车，或者命令航空公司不用航空燃油。

第三，如果管制不经过精心设计，可能成本极高，甚至适得其反。美国的乙醇补贴例子就是一个提醒，看似合理的政策最终可能毫无价值，甚至适得其反。

鉴于管制方法的不良记录，你可能会奇怪，为什么管制工具已表现出如此低效率，政府仍普遍使用它们。研究一次又一次地表明，相比减少运输中的汽油消费或 CO_2 排放的管制，汽油税更有效率。但大多数国家仍更偏爱规定燃料效率标准，而不是税收。美国收紧了该标准，而任由汽油税在扣除通货膨胀因素后下降。

管制倾向有许多原因。一个是管制的成本不被消费者察知。在汽油的例子中，燃料效率标准没留下任何政府的痕迹，就提高了汽车的价格；与此相反，提高汽油税通常会引起激烈的争论，在一些国家，高燃料价格甚至引发了骚乱。另一个推动管制方法的因素是，企业通常会发现，它们可以操纵管制为它们谋利，甚至可以“俘获”管制机构（在管制机构增进受管制行业的利益，而不是公共利益的意义上），而税收已被证明是难以操控的。解释为什么企业偏爱管制的一个很好的例子是总量管制与交易，在此，现有的污染者一般都会免费获得有价值的污染许可。而在征收污染税的情况下，更难以为企业提供优待，因为这太显眼了。

悲观主义者可能会在绝望中放弃。管制不能高效地发挥作用，但政府继续将其作为主要方法使用。碳定价的支持者并不否认，有人反对他们的建议。但人类正面临着新的、严重的全球变暖危险。我们需要新工具来切实应对这种危险。

事实是，除非我们实施了切实的碳定价政策，否则我们在减缓气候变化方面几乎将一无所获。让人们习惯新方法需要时间。而且，人们往往会高估调节税的净成本，因为他们忽略了一个事实，即财政收入可以通过降低其他税收回流。因此，解释使用碳定价这样以市场为基础的方法的重要性，正如解释气候变化背后的科学，两者是教育过程中同样重要的部分。

第23章
低碳经济的新技术

前面章节已经描述了为企业和个人转向低碳经济提供激励的经济政策。讨论只是大致地描述了将推动这一过渡的相应技术。但我们不能靠大致描述来开车或给家里供暖。我们使用真正的能源，在飞机上使用航空燃油，在电脑上使用电力，在汽车上使用汽油。那么，使我们的经济“脱碳”，将面临多大的挑战？

第二个问题是技术问题。今天的经济主要是由石油和煤这样的化石燃料来驱动的。什么会取代现代经济的这些主力呢？在低碳世界中，什么将为我们的汽车提供燃料，来为我们的学校供暖呢？核能、太阳能、风力和其他燃料对于发电有什么作用呢？这些令人振奋的问题吸引了全世界的工程师和科学家。

来自经济学的第三个问题虽然微妙，但同样重要。我们如何使企业投资并生产，使消费者购买并使用这些新技术呢？光有一个关于太阳能热水器，或者食碳树的想法，是不够的。必须激励人们去开发高效的样品。如果企业要投资几百万，或者甚至几十亿，去开发这种技术，它们就必须发现，生产并销售这些技术是有利可图的。消费者必须发现购买它们的有利之处。启动这个新低碳技术的发明、投资、生产和购买链条的机制是什么呢？这是这一章聚焦的核心问题。

最后的避难所

当 2012 年底《京都议定书》到期时，许多观察者都变得悲观起来。主要的英国科学杂志《自然》发行了一个特刊，其封面标题为"重压在肩：后京都世界的生存指南"。它的导言认为，"世界可能重新肆意排放温室气体"。[1] 一些人放弃了排放限制，并认为能源效率和新技术是解决办法。奥巴马政府在推动管制方法。另一些人认为，除了适应迅速的变暖、干旱和上升的海平面，我们没有其他选择。

我们应该避免从对《京都议定书》签署的过分乐观，到对它终结的严重悲观的情绪波动。本书大部分内容致力于思考不同的后继制度。但假定悲观主义者对减排计划的看法是正确的，也许一个提高碳价格的切实的国际制度无法实现。管制约束的迷人而危险的替代性方案是低效率的，而且也不能实现对气候变化的适当限制。我们世界还有什么希望呢?

实际上，当积极的政策失败时，取得美满结局的仅存希望就

[1] "The Heat Is On: A Survival Guide to the Post-Kyoto World," *Nature,* November 29, 2012.

是能源技术的革命性变化——这些变化使得低碳甚至负碳变得如此廉价，以至于即使没有任何决策者的助推，也可以取代化石燃料。这就要求大幅度地减少目前可再生燃料（风力、太阳能和地热）的成本，或者发现当前还没有广泛运用的新技术。

现在，取得如此有利的技术成果的可能性在气候赌场上很低。但技术史充满了惊喜。特别是如果我们对稳定气候的其他路径感到悲观，我们就应该用所有手段来使积极的——在低碳的意义上——技术惊喜更有可能实现。本章将讨论挑战与选项。

低碳经济的挑战

没有政府政策的情况下，技术取得如此进展的可能性很小，这主要因为所需要的变化是如此之大。以由奥巴马政府制定的美国政策为例。把 2005 年的水平作为基线，计划是到 2020 年将 CO_2 和其他温室气体排放减少 17%，到 2050 年减少 83%。这项政策的大纲得到了几个咨询团队的支持。

仅靠国内减排实现这些目标，需要美国经济的行为发生重大变化。我们可以用过去的与预测的经济活动的“碳排放强度”来说明这一点。这个概念衡量的是 CO_2 排放量与产量的比率。

图 37 左边显示了美国脱碳的历史趋势。[1] 近年来，美国的碳

[1] 假设到 2050 年 GDP 平均每年增长略高于 2% 的情况下，实际增长率是 5 年的移动平均值。

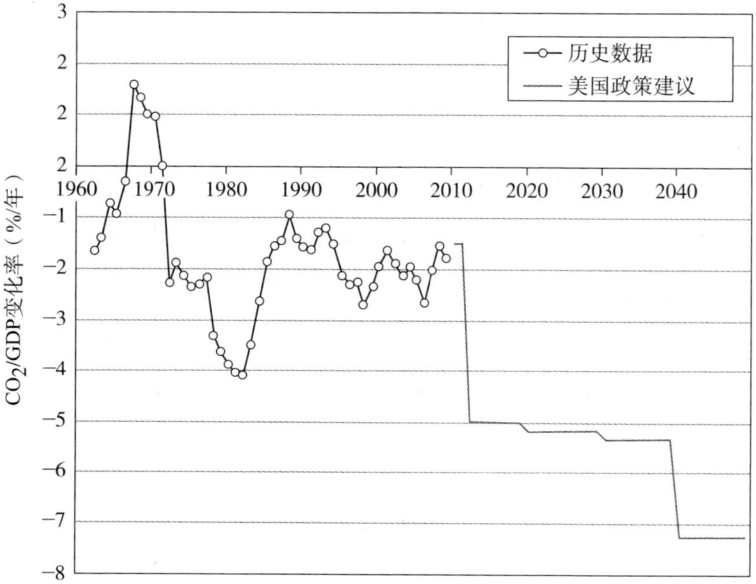

图 37

历史上与预测的美国经济的脱碳情况。这个图显示的是 CO_2/GDP 的比率，即脱碳率的变化率。左边显示在过去半个世纪中的实际脱碳率。右边显示到本世纪中期达到减少 CO_2 排放 83% 这个雄心勃勃的目标所需要的脱碳率。

排放强度每年下降 2% 左右。2010 年以后，有一条被称为“美国政策建议”的线。这显示了根据奥巴马政府和几个科学咨询团队建议的政策，在未来 40 年中所需的脱碳率。在整个 2010—2050 年期间，美国需要按平均每年 6% 的速度脱碳。[1] 这是能源使用模

[1] 参看 William Nordhaus，“Designing a Friendly Space for Technological Change to Slow Global Warming，” *Energy Economics* 33（2011）：665—673。这个数字来自这篇文章，根据本书内容有所调整。

式中的一个巨大的变化。除了电子行业，没有哪个行业在较长时间内达到过如此高的长期生产率增速。

我们可以对整个世界进行同样的计算。要在全球范围内实现2 ℃的目标，在2010—2050年期间全球脱碳率需达到每年4%。[1]这一目标没有美国的目标那样雄心勃勃，因为美国提出富国的减排幅度要大于发展中国家。但是，按全球的水平，这仍然是一个巨大的挑战。

总结一下：达到美国政策所设想的减排，并符合哥本哈根2 ℃的温度目标，需要比在几乎任何一个行业中看到的更迅速的技术变革。这个技术事实凸显了气候变化带来的严峻挑战。

有前景的技术

我们可以通过观察现有能源来源来奠定基础。图38显示了美国今天从哪里得到能源：几乎80%来自化石燃料。[2]这意味着，如果我们要走向零碳世界，我们即刻的目标就是必须用不同的方法，或从不同的来源生产出我们80%左右的能源。简单地说，这就是问题所在。

---

[1] 关于计算参看前一个注释。

[2] 数据来自U.S. Energy Information Administration，Annual Energy Review 2009，DOE/EIA-0384（2009），Washington，DC，August 2010。

通向低碳世界的技术之路

考虑到实现低碳经济需要的巨大转型，最有前景的低碳能源来源是什么呢？国际应用系统分析研究所（IIASA）的内博伊沙·纳基斯诺维奇（Nebojsa Nakicenovic）[1]和维也纳工业大学等研究者，对我们了解能源系统创新的基础过程做出了重大贡献。这是今天的一个主要研究领域，而我只能触及这个话题的皮毛。不过，我将用几句话说明这种转变的性质。[2]

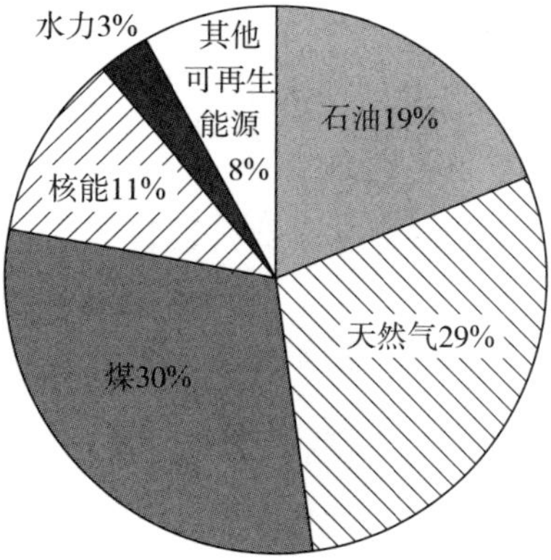

图 38　2009 年美国所用能源的来源

[1] 译者注：该研究所的英文全称是 The International Institute for Applied Systems Analysis，位于奥地利维也纳附近的 Laxenburg。内博伊沙·纳基斯诺维奇为前南斯拉夫人，普林斯顿大学经济学与科学博士，是该研究所的常务执行主任。

[2] 许多潜在的新技术，以及推进它们的策略，可参见一份特刊：*Energy Economics* 33，no.4（2011）。

我们可以从当前与预期美国不同发电类型的成本入手，如表 14 所示。[1] 它显示了成本、全面可用的预估日期及技术的成熟程度。现有电厂的发电成本只包括可变成本（由于资本和其他固定成本已被支出）。可变成本很低，一般不到每千瓦时 5 美分。只要这些电厂在运营，而且不承担任何 CO_2 排放的费用，它们在未来许多年中可以继续赢利。对新电厂来说，天然气是当今最经济的成熟技术。传统的燃煤和风力发电厂的成本比新天然气发电厂高 50% 左右。

未来发展的核心问题是经济性高的低碳电力的前景。风力是唯一成熟的低碳技术。它比现在最好的技术贵 50%。而且，它在美国的生产力是有限的。其他有可能大规模部署的有前景的技术，从成本最低到最高分别是，先进的使用碳捕获与封存技术（CCS）的天然气，先进的核能，以及先进的使用 CCS 的煤。这些比现有最经济的技术贵 50% 到 100%。而且，它们离准备好大规模部署还任重道远。表 14 值得认真研究，因为它显示了将低碳技术引入市场必须缩小的缺口——无论是通过技术进步，还是通过碳定价。

承认通往低碳经济道路上的障碍是明智的。第 14 章分析了大规模部署 CCS 所面临的困难。今天另一种大规模且已被证实为非化石的能源资源，是核能。核能可以用于发电，但现在在许多设

[1] 对可用日期和技术状态的估算来自作者，对 CCS 的估算来自 U. S. Energy Information Administration，“Levelized Cost of New Generation Resources in the Annual Energy Outlook 2011，” www.eia.gov/forecasts/aeo/electricity_generation.html。

表 14　对近期发电成本的估算。这个表显示了美国能源信息署对不同发电类型的成本估算。注意，可再生能源与低碳排放的 CCS 成本极高。

发电厂类型	资本与其他固定成本	可变成本	总成本	可用的日期	技术状态	排放率（tCO_2/MWH）
传统的联合循环天然气	2.05	4.56	6.61	现在	成熟	0.60
传统的煤	7.05	2.43	9.48	现在	成熟	1.06
风力	9.70	0.00	9.70	现在	成熟	0.00
地热	9.22	0.95	10.17	现在	发展中	0.00
精炼的煤	8.41	2.57	10.98	2020 年	发展中	0.76
生物质燃料	7.02	4.23	11.25	2020 年	发展中	0.00
太阳能光伏电池	21.07	0.00	21.07	现在	发展中	0.00
太阳热能	31.18	0.00	31.18	现在	发展中	0.00
先进的用 CCS 的天然气	3.97	4.96	8.93	2030 年	早期	0.06
先进的核能	10.22	1.17	11.39	2025 年	早期	0.00
先进的用 CCS 的煤	10.31	3.31	13.62	2030 年	早期	0.11

备上无法以经济的方式使用它，例如航空旅行时。此外，核能面临两个障碍。首先，它比化石燃料更昂贵（参看表 14）。更大的障碍是要有大量的电厂代替化石燃料发电。此外，由于公众对安全的普遍担忧，这种扩张将不得不发生在某些国家（例如德国）计划逐步淘汰核能的环境中。

考虑到使用核能的约束，转向低碳的未来就需要新的，并未被证明的——或者现有而昂贵的——技术。在许多人的心中，最有吸引力的选项是太阳能、风力和地热能这样的可再生能源来源。在大多数国家，这些来源现在比化石燃料贵得多，而且主要是由于大量补贴才得以增长。如果没有成本上的重大进步，在美国用可再生能源取代化石燃料将会带来巨大的支出——大体上每年要几千亿美元。

通过考察能源模型的预测，来密切关注向低碳经济转型的本质，将是有益的。以分析未来 40 年中稳定排放的技术要求为例。两个模型编制团队（全球变化联合研究所与美国国家可再生能源实验室）考察了美国电力部门中为符合温度稳定目标所需的技术变化。这两个模型都是最先进的。一个（GCAM）是详细描述了主要能源地区的能源部门的全球模型，而另一个（ReEDS）是有详细的地区数据的美国电力部门模型。[1]

---

[1] Leon Clarke, Page Kyle, Patrick Luckow, Marshall Wise, Walter Short, and Matthew Mowers, "10, 000 Feet through 1, 000 Feet: Linking an IAM（GCAM）with a Detailed U.S. Electricity Model（ReEDS）," August 6, 2009, emf.stanford.edu/files/docs/250/Clarke8-6.pdf.

这两个模型经过校准，在2010—2050年间的发电量相等。然后，每个模型计算了以最低成本满足电力路径的技术组合。尽管这两个模型有完全不同的架构、焦点、经济结构以及科学团队，但它们呈现了明显一致的结果。

- 现在用于发电的最普遍的技术——传统的煤与天然气——到2050年逐渐被淘汰。
- 核能增长适中，大致保持接近于现在的发电份额。
- 一项完全未开发的技术——用CCS的煤与天然气——到2050年将占有电力市场的一半左右。
- 风力到2050年将占市场的四分之一左右。
- 各种先进的可再生能源发电（太阳能光伏，太阳热能，生物电源，地热）占市场另外的四分之一。
- 两个模型之间主要的差别是用CCS的煤和风力，这涉及成本和未来的可获得性问题。

我想强调这项研究的两个主要特点。第一，这两个模型都要求极高的CO_2价格，以使电力供给商重组它们的资本，来满足大幅度减排的要求。第二，在2050年每吨CO_2价格须在150美元到500美元的范围内，以实现目标。最低端接近于图33中所示的价格，并与许多全球综合评估模型一致；而较高的数字在估算的高端，这将给能源市场带来严重的经济压力。

要强调的最重要的一点是，满足目标所必要的技术转型的规模。构成目前发电 70% 的技术（煤和天然气）必须被完全代替。预计发电量的一半将由现在尚未在任何地方以接近所需规模运营的技术提供。另有四分之一（核电）将由美国公众普遍不能接受的技术提供；实际上，在 1978 年到 2012 年期间，美国没有批准一个核电厂。其余的电力将由目前比现有技术昂贵得多的能源（风力），或者在工程师眼中希望尚不大的能源（大规模的太阳能光伏与地热发电）来产生。

在现实中，如此大规模的技术转型，需要许多年来通过技术、政治、管制和经济审批的许多阶段——并必须同时通过公众接受度与私人盈利能力的检验。像 CCS 这样的技术可能需要十年的研究与开发，外加十年试验工厂的检验，持续的公众、环境方面和理事会的审查，也许在许多国家还要十年来使大批工厂投产，只有那时——如果一路通过了所有检验——它才能准备好根据每年捕获并封存几十亿，或者几百亿吨 CO_2 所需要的规模得到部署。

这种概述只触及了气候问题的可能的技术解决方案。我的初步结论是，在可以预见的未来，没有可以经济地实现雄心勃勃的减排目标的成熟技术。但我们无法可靠地看透遥远的未来，许多领域的技术都在迅速发展。因此，我们需要适应新的可能性。更重要的是，我们需要鼓励基础科学和应用科学研究，并保证市场向发明家和投资者提供适当的激励，去发现并引进新低碳技术。这个问题引出了本章最后一节，这一节探讨创新政策。

创新的本质

大部分能源决策是由私人企业和消费者根据价格、利润、收入，以及习惯做出的。政府通过管制、补贴和税收影响能源的使用。但关键决策是在市场供给与需求的背景下做出的。

显而易见，迅速的脱碳要求我们的能源技术发生重大变革。技术变革如何出现？答案是，它通常要通过个人才智、毅力、经济激励，以及市场需求的复杂的相互作用。用于获取太阳能的光电池的曲折历史是一个典型的例子。

故事开始于1839年，当时年轻的法国物理学家埃德蒙·贝克雷尔（Edmond Becquerel）在用电解电池做实验时偶然发现了光伏效应。1905年，阿尔伯特·爱因斯坦解释了光电效应背后的物理学原理，并因此获得了诺贝尔奖。

直至由贝克雷尔发现一个多世纪后，光伏电池才首次得到实际应用。在20世纪50年代中期，贝尔电话实验室的科学家开发了太阳能电池，当政府意识到太阳能在太空人造卫星和偏远地区的应用潜力时，它们也参与了进来。那时，太阳能技术蓬勃发展，应用于太空人造卫星、屋顶的小型电池板以及大型太阳能电站。太阳能电池的效率从最初的4%提升到当前最好应用的40%以上。成本从第一个太阳能电池问世以来急剧下降，一些观察人士预测，在二三十年中太阳能发电将能与化石燃料竞争。近年来，随着成本下降，以及气候变化政策变得越来越重要，光伏太阳能电池的专利申请迅速

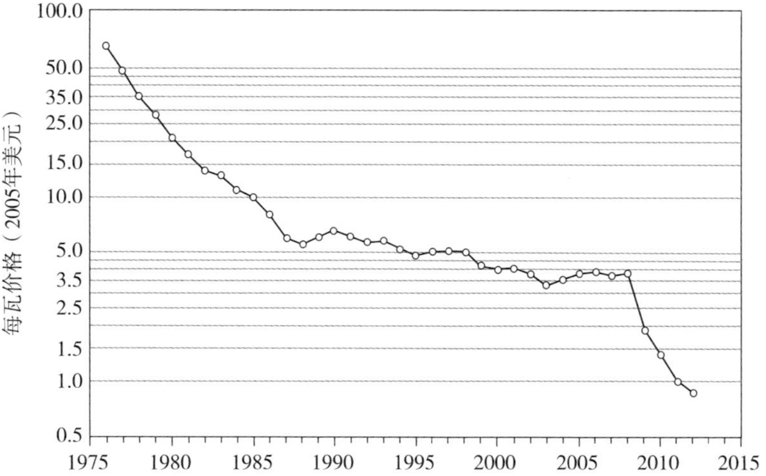

图 39

太阳能发电价格的下降趋势。在早期，价格急剧下降，达到了一个稳定状态，而当中国以大量政府补贴进入市场时，又下跌了。

增长。图 39 为光伏模块的价格走势。[1]

如果你回顾一下发明的历史，你就会发现，几乎每一个发明都需要类似的基础科学、应用、商业利益、失败的开端、改进，以及当它成功时的市场利润之间的相互作用。技术史的研究也说明了预测技术进步的危险——与预测股票市场一样困难。例如，1958 年约翰·朱克斯（John Jewkes）、戴维·索沃斯（David Sawers）和理查德·斯蒂尔曼（Richard Stillerman）的技术史研究的第一版，虽然在其他方面是明智的，但作者在伟大发明中没有

[1] 数据承蒙 National Renewable Energy Laboratories 的 Doug Arent 提供。

列入计算机。十年后再版时，他们写道："电子数字计算机的商业前景看起来如此不确定，以至于我们决定把它排除在我们的案例研究之外。"[1] 三位最著名的技术史学家的这一预测清醒地提醒我们，预测未来趋势有多么困难。

那些研究创新和技术变革的经济学家们，强调了创新和技术变革区别于普通商品的一个核心特征：它们有巨大的外部性。回想一下，外部性是一种活动，从事该活动的人却不因此而承担其完全社会成本或得到全部收益。[2]

所有新技术都有这个特点。当你开发了一种新的设备或流程时，我可以在不降低你的生产率的情况下使用它。而且，一旦某项技术得到开发和披露，不让其他人使用它是不可能的（如果没有与专利及版权相关的这类特殊法律）。你可能会惊讶地发现，历史上许多重要的发明者都死于贫穷，因为他们无法占有他们思想的成果。

从经济学的角度看，重大的发明与全球变暖有相同的基本特点。它们的价值扩散到世界各个角落。手机的发明者可能做梦也没有想到，主要受惠者之一是热带非洲的偏远村民。如果你掌握了全球变暖的外部性，你也就了解了创新的基本经济学。唯一的差别是，创新的外部性大多有利，而全球变暖的外部性大多有害。

---

[1] John Jewkes, David Sawers, and Richard Stillerman, *The Sources of Invention*, 2nd ed.（London: Macmillan, 1969）.

[2] 这里得出的许多思想包含于 Nordhaus, "Designing a Friendly Space"。

这就引出了创新的外部性的主要经济启示。由于新知识的创造者不能自己占有新知识的全部收益，创新的私人收益就低于社会收益。结果，得到实施的创新低于整个社会所需的最优水平。

发明的历史表明，发明源自公共与私人部门中有目的的活动——通常是正式的研发。今天谁实际上在做研发？基本的事实是清楚的。政府和非营利部门资助了国家的许多基础研究，而各行业承担了大部分产品开发与资本品投资。这种模式表明，对低碳创新的支持需要这两类资金。第一，政府对基础研究的支持，对于能源及相关领域的基础科学与工程学至关重要。美国有国家科学基金会和能源部等机构支持这些活动。

要使低碳技术走出实验室，并进入市场，就需要来自以利润为导向的企业的资金，它们开发新产品和新工艺，以增加利润。

最困难的挑战之一是如何激励私人部门投资于低碳技术。主要问题是，企业对低碳技术的投资受双重外部性的限制。第一个外部性正如上文讨论的，是创新者只占有创新的社会收益的一小部分。第二个障碍是碳排放价格缺席情况下的全球变暖的环境外部性。换句话来说，低碳技术投资受到抑制，是因为创新的私人收益低于社会收益；而私人收益受到进一步抑制，是因为碳的市场价格低于其真实的社会成本。净效应是将会加倍地阻碍利润导向的低碳技术的研发。

一个具体的例子将讲清楚这个问题。在没有限制 CO_2 政策的世界上，CCS 技术肯定无利可图。回想一下前面的描述，这种技术用高成本的工艺流程捕获 CO_2 排放，并把它们储存在一个可以封存一个世纪，或更长时间的安全地方。当前的估算系基于来自几个大型论证项目的数据，表明一家大型 CCS 工厂可以以每吨 50 美元左右的价格捕获并封存 CO_2。[1] 如果 CO_2 的价格是零，那么，工厂就要赔钱。如果一家以赢利为导向的公司知道 CO_2 的价格会一直为零，它绝不会投资于这个工艺流程。

现在假设，一个企业认为国家要实施强硬的全球变暖政策——其中一个内容是碳价格会在几年内上升到每吨 100 美元。按照这个价格，企业估算，一家 CCS 工厂将是有利润的，因为实际上它可以以每吨 50 美元处理 CO_2，并以每吨 100 美元出售它。企业将会谨慎推进，寻找不同的方法，但它们将有投资于这种技术的经济理由。同样的逻辑也适用于对太阳能、风力、地热以及核能的投资。

这就得出了一个基本结论：碳的高价格是引导利润导向的企业从事新低碳技术的研究、开发和投资所必需的。

一个国家可能让最好的气候科学家致力于对气候变化的最佳预测；它可能让最好的材料科学家致力于研发高效率 CO_2 管道；它可能让最好的金融天才致力于开发新金融衍生品，来为所有这些投资提供资金。但如果碳价格是零，那么开发像 CCS 这样有前景的低碳技术的项目，就得不到一家利润导向型公司董事会的批准。

---

[1] 对 CCS 的估算来自 Howard Herzog，“Scaling-Up Carbon Dioxide Capture and Storage（CCS）: From Megatonnes to Gigatonnes,” *Energy Economics* 33, no. 4（2011）。

穿越死亡之谷

美国的大学和研究实验室为美国经济提供了一流的基础科学和工程学。美国的企业也高度市场化，且每年生产了数以千计的新产品和改良产品。但在象牙塔和市场丛林之间，却陷入了斯坦福大学经济学家约翰·韦安特（John Weyant）所说的“死亡之谷”。[1] 这是一个无人之地，在这里，实验室的巧思卓识无法在向市场的过渡中存活下来，因为它们缺乏资金（参看图 40）。

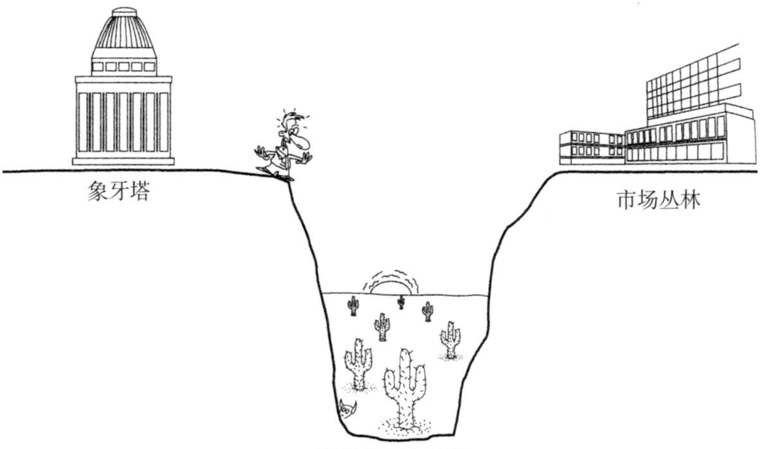

图 40
很少有创新能在从科学实验室转向市场时存活下来

[1] 参看 John P. Weyant 的优秀分析：“Accelerating the Development and Diffusion of New Energy Technologies：Beyond the ‘Valley of Death,’” *Energy Economics* 33，no. 4（2011）：674—682。

这个领域中的一位领军学者 F. M. 谢勒（F. M. Scherer）深刻地分析了这个问题。

> 在基础研究和具体的新产品或流程开发的两端之间，存在着对技术进步的投资，这些技术进步还未成熟到足以实现商业应用，但为具体的开发照亮了道路。据信，这种对“竞争前通用使能”技术的投资，容易受到私人部门市场失灵的影响，就如这些市场失灵对基础研究的伤害一样严重。要使技术走向商业运用所需的投资支出相当大，但一旦取得关键性的进展，这些进展的特点可能会广为人知，并被其他人使用，而专利保护可能过于薄弱，无法阻止它们被使用于其他人的研发项目。[1]

我们如何提高成功创新跨过死亡之谷的存活率？第一，全球变暖的外部性必须由适当的碳价格来消除。作为一种额外的激励，政府可以给进入竞争前的技术提供额外的税收优惠。

一个有趣的政府创新项目叫作高级能源研究计划署或 ARPA-E[2]。它的目的是，为利润导向的企业由于技术与金融的不确定性，而不太可能支持的早期能源研究，提供资金。这个项目在最初的

---

[1] F. M. Scherer, *New Perspectives on Economic Growth and Technological Innovation*（Washington, DC: Brookings Institution Press, 1999）, 57.

[2] 该项目信息可见其热情的年度报告；参看 Advanced Research Projects Agency-Energy, “FY 2010 Annual Report,” http://arpa-e.energy.gov/sites/default/files/ARPA-E%20FY%202010%20Annual%20Report_1.pdf。

几年里支持了新电池技术、CO_2 捕获，以及改良涡轮机。现实地说，以总体研发水平衡量，这个项目规模很小，2012 年预算为 2.75 亿美元，相比之下，同一年全部能源研发的支出达 50 亿美元。但如果死亡之谷理论是正确的，这个阶段投入的资金可能会产生极其大的收益。人们将密切关注这一举措，看它是否能帮助创新理念走向市场。

本章得出了三个主要结论。第一，各国政府必须继续支持在能源及相关领域的基础科学与技术。我们不知道哪些科学进展将有回报，因此我们需要广泛而明智地向研究投入资金。支持基础科学应该包括支持危险的死亡之谷中的早期项目。

第二，我们应该认识到私人部门在开发新技术中的重要性——无论是非营利的研究人员，还是利润导向的企业家。特别关键的是，保证利润导向的企业也有适当的激励，来促进向低碳经济的迅速而高效的过渡。主要的要求是碳价格要足够高，以使低碳技术投资可以预期获得切实可靠的经济回报。没有高的碳价格，就不能鼓励创新者和企业投资于低碳技术。因此再说一次，碳价格已成为抑制全球变暖危害战略的核心部分。

最后，我再次强调，迅速的技术变革必须在转向低碳经济中起到核心作用。当前的低碳技术不能在不付出严重经济代价的情况下取代化石燃料。开发低碳技术将降低达到我们气候目标的成本。而且，如果其他政策失败了，开发低碳技术就是我们实现气候目标的最后避难所。

PART 5

气候政治学

CLIMATE POLITICS

政治是赌博中的赌博。

——本杰明·迪斯雷利

There is no gambling like politics.

—— *Benjamin Disraeli*

第 24 章 |

气候科学及其批评者

如果这是一部关于应对气候变化的最佳经济战略的学术论著，我们现在就完成了。我们已经审视了科学、经济学和政策。我们得出了结论，气候变化是严重的，而且提出了政府可用以应对它的一些选项。故事结束了。

而事实上，故事还在继续。本书严肃地看待气候科学。但也有怀疑者。许多人误解了这个问题。对主流气候科学的有效性，以及减缓全球变暖的政策的怀疑，是当今美国政治的核心问题。下面是一些争论性的对话的例子：

一位美国总统候选人："我认为最大的骗局即使没有存在几百年，也有很多很多年了，这个骗局就是……全球变暖。"

一位美国参议员写的一本书的书名：《最大的骗局：全球变暖阴谋如何威胁你的未来》。

一个游说团体："总量管制与交易——用征税让我们

破产。”[1]

这些观点并不限于美国。以下是两个来自国外的例子：

俄罗斯总统弗拉基米尔·普京的一位主要顾问说：“二氧化碳排放和气候变化之间并没有已获证实的联系。”

捷克共和国前总统：“全球变暖是一个虚假神话，每一位严肃的人和科学家都这样说。”[2]

以上清单可以继续列下去。这些争论看似有趣的消遣，但它们带来了严重的挑战，因为它们影响了公共舆论。因此在这最后一编，我将讨论当今气候变化政策面临的障碍。

科学共识的含义

假定你是一名学生，要写一篇关于人类在全球气候变化中的

[1] Ron Paul（www.foxnews.com/us/2012/01/23/republican-presidential-candidates-on-issues, www.npr.org/2011/09/07/140071973/in-their-own-words-gop-candidates-and-science, and http://ecopolitology.org/2011/08/22/republican-presidential-candidates-on-climate-change/）；James Inhofe, *The Greatest Hoax: How the Global Warming Conspiracy Threatens Your Future*（Washington, DC：WND Books, 2012）；James M. Taylor, “Cap and Trade—Taxing Our Way to Bankruptcy,” Heartland Institute, May 5, 2010, http://heartland.org/policy-documents/cap-and-trade-taxing-our-way-bankruptcy.

[2] Andrey Illarionov：http://repub.eur.nl/res/pub/31008/；以及 Václav Klaus, www.climatewiki.org/wiki/Vaclav_Claus。

作用的论文。因为两方面支持者的争论，你想确定科学家是如何认为的。当你看维基百科时，你发现了以下内容："目前科学界关于气候变化的共识是，人类活动极有可能是过去几十年中全球平均温度迅速上升的原因。因此，争论大体已转向如何减少人类的进一步影响，以及如何适应已经出现的变化。"[1]

因此在一开始，你就被告知存在一种科学共识。你的心中可能会响起轻微的铃声。"科学共识"是什么？我们如何确定是不是存在一种共识？谁确定的？有没有过去的共识被证明是错误的情况呢？

科学共识是在一个既定时间在某一领域中拥有信息和知识的科学家组成的群体做出的集体判断。但确定"集体判断"是极为难办的。科学并不是根据多数原则推进的。不存在关于科学原则的投票，而且大多数科学家会嘲笑由公民投票来决定科学的念头。此外，我们知道，甚至最杰出的科学家有时也会犯错误。

确定共识的一种方法，是察看有关该主题的权威教科书以及专家报告。我们以外部性概念为例，这个概念对理解气候变化经济学是至关重要的。我们可以看看由普林斯顿大学的著名经济学家威廉·鲍莫尔（William Baumol）和艾伦·布林德（Alan Blinder）撰写的优秀的入门教科书，现在已经是第十一版了。他们实际上把外部性列为经济学"十大伟大思想"之一。他们写道：

---

[1] 参看"Climate Change,"Wikipedia，http://en.wikipedia.org/wiki/Climate_change，accessed January 28，2011。

"一些交易影响了没有参与决策的第三方……这种社会成本被称为外部性，因为它们影响了处在导致这些成本的经济交易之外的各方。外部性逃出了市场机制的控制，因为没有任何金融刺激能够促使污染者把自己造成的损失降至最低。"[1]

在其他经济学教科书中，你会找到类似的定义。因此，外部性概念的使用——以及它对理解污染的市场失灵的作用——是经济学中的科学共识的一个例子。对于哪些外部性是重要的，纠正外部性的最好政策，以及对于收紧有毒废物或全球变暖这类外部性应该到什么程度，经济学家有可能，也确实存在争论。但主流经济学家并未主张外部性是一个骗局。同样，主流科学家也未主张气候变化是一个骗局。

假定我们想在某个科学问题上找到集体判断。在实践中如何做到呢？在许多科学领域，共识是由专家团队的报告决定的。以美国国家科学院为一个重要例子，这是美国首屈一指的科学机构。该机构有一个产生共识报告的精心设计的流程。在撰写报告时，美国国家科学院坚持要有几个要素：独立于外部压力、专业性、基于证据、客观性、科学院领导层的批准，以及对利益冲突的公开。[2]

例如，美国国会关注刑事审判中证据的使用。这些年来，DNA

[1] William J. Baumol and Alan S. Blinder, *Economics: Principles and Policies*, 11th ed. (Mason, OH: South-Western Cengage, 2010), 6.

[2] 参看 National Academy of Sciences, "About Our Expert Consensus Reports," http://dels.nas.edu/global/Consensus-Report。

证据显示，许多人因目击者证词有误而被判处了死刑。国会要求国家科学院准备一份报告，以“建议最大限度地使用法医技术和方法来破案、调查死亡以及保护公众”。

然后，科学院召集了一个专家小组，就这一问题进行研究并撰写报告。这个小组回顾了科学文献，综合现有的知识，并撰写了一份报告。该结果是小组成员的一个共识。它经过了外部专家的同行评审，并得到了科学院理事会批准。在这种情况下，你可以阅读这份报告，《加强美国法医科学：一条前进之路》，看看专家们的建议。[1]

美国国家科学院的专家报告对气候变化有什么结论？当乔治·W. 布什总统和他的顾问们在 2001 年上台时，他们怀疑气候变化，因此他们请国家科学院“协助确定气候变化科学中存在最大确定性与不确定性的领域”。这个委员会由杰出的气候科学家拉尔夫·奇切罗内（Ralph Cicerone，他后来成为美国国家科学院院长）担任主席，并作出了一份清晰而有力的报告。这份报告开头就声明：“由于人类的活动，温室气体在地球大气中积累，这引起地表气温和次表层海温上升。”[2] 由此，该报告得出结论，人类活动引起的全球变暖的证据是可靠的。

---

[1] *Strengthening Forensic Science in the United States: A Path Forward*（Washington，DC：National Academies Press，2009），www.nap.edu/catalog.php?record_id=12589 #toc. 如果你关注 National Academies Press，www.nap.edu/，你肯定会发现一些非常有趣的近期研究。

[2] National Research Council，*Climate Change Science: An Analysis of Some Key Questions*（Washington，DC：National Academies Press，2001）.

十年以后，国会又向科学院提出了类似的问题，这又产生了另一份共识报告。摘要的前两句写道："由燃烧化石燃料产生的二氧化碳排放开启了一个新时代，在这个时代，人类活动将在很大程度上决定地球气候的演化。由于二氧化碳在大气中长期存在，它能有效地让地球和未来子孙后代始终遭受一系列影响，其中一些影响可能会变得极为严重。"[1] 根据这份报告，气候正发生什么变化及其主要原因是毫无疑问的。

最后，我们可以看看 IPCC 最近发布的报告，这是一个评估气候变化科学的权威国际组织。这份报告回顾了证据，并得出结论："气候系统的变暖是确定无疑的，证据来自对全球平均气温和海洋温度上升、冰雪广泛融化以及全球平均海平面上升的观测……20 世纪中期以来，大部分观测到的全球平均气温的增加，极有可能是由于所观测到的人为的温室气体浓度的增加。"[2]

我可以继续举更多的例子，但全世界专家小组的基本发现都是相同的：气候变化预测背后的过程是建立在科学基础上的，气候已在不正常地迅速变化，地球正在变暖。

---

[1] Committee on Stabilization Targets for Atmospheric Greenhouse Gas Concentrations, National Research Council, *Climate Stabilization Targets: Emissions, Concentrations, and Impacts over Decades to Millennia* (Washington, DC: National Academies Press, 2011).

[2] IPCC, Fourth Assessment Report, *Impacts,* "Summary for Policymakers," pp.5, 10.

关于全球变暖的反对观点

前面章节已经提出了关于气候变化的主流科学观点——已经确定的、不确定的以及未知的。并不是每一个科学家或经济学家都会同意每一个发现，但他们大多数人的已发表并通过同行评审的文献，都有可靠的基础。

共识并不意味着没有异议。我们发现现在有一小群热衷发声的异议科学家，他们认为，关于气候变化的共识缺乏基础，减缓变暖的政策是不可靠的。在 2012 年，由“16 位科学家”撰写的一篇评论文章以《不需要为全球变暖恐慌》为题发表在《华尔街日报》上。[1] 文章是有用的，因为它在一篇简洁的声明中包含了许多典型的批评。[2]

文章的基本观点是，地球并没有变暖，模型是错误的，以及把减缓气候变化的政策延迟 50 年不会有严重的经济或环境后果。我将分析他们的四条主张，这是典型的反对观点。[3]

---

[1] “No Need to Panic about Global Warming,” *Wall Street Journal,* January 27, 2012.

[2] 包含持怀疑观点的文章的一个有用网站是 Climate Change Skeptic，http://climatechangeskeptic.blogspot.com/。许多网站现在都对反对的观点做出了回应。特别好的一个是“How to Talk to a Climate Skeptic: Responses to the Most Common Skeptical Arguments on Global Warming,” Grist, www.grist.org/article/series /skeptics/。

[3] 现在这一章是改写自 William Nordhaus, “Why the Global Warming Skeptics Are Wrong,” *New York Review of Books*, March 22, 2012，以及一个进一步的回应，“In the Climate Casino: An Exchange,” *New York Review of Books*, April 26, 2012，可获取于 www.nybooks.com。我省略了两种在本质上是修辞性的观点，即持怀疑态度的气候科学家生活在似有政治恐惧的制度之下；以及主流气候科学家的观点主要受对经济收益的渴求的驱动。我在 *New York Review of Books* 上发表的多篇文章对这些观点进行了讨论。

反对者的第一种主张是，这个星球没有在变暖。这 16 位科学家写道："现在最令人尴尬的事实是过去超过十年间没有全球变暖。"

在这里，人们很容易迷失在最微小的细节里。对于大多数人而言，退回来看看实际温度测量的记录是有益的。我在图 8 中展示了全球温度的历史。我不需要任何复杂的统计分析就能看到温度正在上升，而且，它们在过去十年中比之前几十年更高。[1]

此外，气候科学家在寻找人类引起的气候变化的证据时，参考的已远不止全球平均地表温度。科学家已经发现了指向全球变暖，并且人类是其主要原因的几个指标，包括冰川和冰盖的融化，海洋热含量、雨型、大气温度和河川径流的变化，海平面上升，平流层变冷，以及北极海冰缩小。

---

[1] 对那些想知道统计学家如何处理温度上升问题的人，这里有一个例子。许多气候科学家相信，自从 1980 年以来，CO_2 引起的变暖已经变得特别迅速。我们可以用一种统计分析来检验，1980—2011 年间的全球平均地表温度的上升速度是不是比 1880—1980 年间更迅速。

一个回归分析确认了答案是肯定的，1980 年以后温度的上升的确比历史趋势快。这种分析的过程如下。TAV_t 系列是 GISS、NCDC 和 Hadley 等三个全球温度系列的平均值。我们估算 $TAV_t = \alpha + \beta$ 年 $_t + \gamma$（1980 年以来的年份）$_t + \varepsilon_t$ 形式的回归。在这个公式中，年 $_t$ 是年份。（1980 年以来的年份）$_t$ 在 1980 年及之前为 0，之后则为（年份—1980）。希腊字母 α、β 和 γ 是系数，而 ε_t 是残差。

估算出的方程式有一个 0.0042 的年份系数（t 统计量 =12.7）以及一个（1980 年以来的年份）的系数 0.0135（t 统计量 =8.5）。解释是 1880—1980 年时期温度每年上升 0.0042 ℃，而在以后时期它们以更快的速度每年上升 0.0135 ℃。参数中的 t 统计量表示，（1980 年以来的年份）的系数是它标准差的 8.5 倍。用标准的统计显著性检验，这么大的一个 t 系数的取得概率不足百万分之一。我们可以用从 1930 年到 2000 年的其他年份作为突破点，而答案是相同的：在最近时期，全球平均温度比在更早时期有更迅速的上升。

那些仅仅关注全球气温趋势的人，就像只采信目击者的报告而忽略指纹、视频监控摄像头、社交媒体以及以DNA为基础的证据的调查者。[1]但反对者继续用过时的技术和数据重复他们的主张。

第二种论点是，气候模型夸大了变暖的程度。16位科学家写道："在十多年内没有变暖——实际上，自从联合国政府间气候变化专门委员会（IPCC）开始发布预测以来，22年间的变暖程度比预测的还小一点——表明计算机模型大大夸大了CO_2增加可能引起多少变暖。"

气候模型表现的证据是什么？它们能准确地预测历史趋势吗？统计学家经常处理这类问题。标准的方法是完成一个实验，在这个实验中，模型编制者把CO_2浓度和其他气候影响因素的变化放入气候模型中，并估算所引起的温度路径（"有GHGs"）；然后，模型编制者计算在相反事实的情况下会发生什么，此时只有自然来源引起的变化，例如太阳与火山，而没有人类引起的变化（"没有GHGs"）。然后他们将实际的升温，有所有来源（有GHGs）的模型预测，以及只有自然来源（没有GHGs）的模型预测这三者进行比较。

---

[1] 一个显示如何把人类引起的变化与背景噪声区分开的技术讨论，可见B. D. Santer，C. Mears，C. Doutriaux，P. Caldwell，P. J. Gleckler，T. M. L. Wigley，et al.，"Separating Signal and Noise in Atmospheric Temperature Changes：The Importance of Timescale，" *Journal of Geophysical Research* 116（2011）：1—19。

这种实验已经用气候模型进行许多次。[1] 实验表明，只有在包括人类影响时，气候模型的预测与最近几十年记录的温度趋势才是一致的。这种分化的趋势在 1980 年以后尤其明显。到 2010 年，只用自然来源的计算比实际温度增加少预测了 1 ℃左右，而包括人类来源的计算则与实际温度趋势接近。

在评估这些结果时，IPCC 报告的结论是："没有一个只用自然强迫（即自然的变暖因素）的气候模型再现了所观察到的 20 世纪下半叶的全球变暖趋势。" [2]

第三种论点是反对者最奇怪的主张之一："事实上 CO_2 并不是污染物。"这是什么意思？假定它的意思是，在我们可能遇到的浓度范围内，CO_2 本身对人类或其他有机体并无害，而且实际上较高的 CO_2 浓度可能是有益的。

---

[1] 针对那些对如何用气候模型来区分人为因素的影响与自然力量影响有兴趣的人，这里是一个解释。在大量实验中，模型编制者计算了历史温度观测值与不同因素的一致性。在这些实验中，他们都运行他们的模型来模拟从 1900 年到现在的历史温度轨迹，包括有 CO_2 及其他人为因素和没有这些因素的两种假设。更为准确地说，他们首先做了一组运行，此时计算只包括火山爆发以及太阳活动变化等自然力量（一种"没有 GHGs"的模拟）。然后他们做了另一组运行，包括 CO_2 和其他温室气体以及自然力量（"有 GHGs"）。然后用实际温度记录与两组运行相比较。这些实验一致表明，只有包括 CO_2 和其他温室气体的积累，才可以解释 20 世纪的温度趋势。到 2010 年，没有 GHGs 的模拟低估的温度增加大于 1 ℃。模型运行的另一个有趣特点是，表明了气溶胶的重要性。如果不包括气溶胶的影响，模型预测的温度轨迹会高于实际路径。（关于不同运行和实际温度的图表，参看 IPCC，Fourth Assessment Report，*Science*，p.685f。有同样结果的更新的一组运行 在 Olivier Boucher et al.，"Climate Response to Aerosol Forcings in CMIP5，" *CLIVAR Exchanges* 16，nos. 2 and 56 [May 2011]。）

[2] IPCC，Fourth Assessment Report，*Impacts*，p.687.

但是，根据美国的法律或标准经济学，这并不是污染的含义。美国《清洁空气法》定义的空气污染物是："任何大气污染因子或这些因子的组合，包括任何物理的、化学的、生物的、放射性的……排进了或者以其他方式进入了环境空气的实体或物质。"在2007年关于这个问题的一个裁决中，美国最高法院对这个问题做出规定："二氧化碳、甲烷、一氧化二氮以及氢氟烃无疑是，'物理的［以及］化学的……排进了……环境空气的实体'……温室气体完全符合《清洁空气法》对'空气污染物'的宽泛定义。"[1]

在经济学中，污染物是一种负外部性的形式——它是会对无辜旁观者造成损失的经济活动的副产品。这里的问题是，CO_2和其他温室气体的排放在现在与未来会不会引起净损失。我在第20章中审视了这个问题，回头看看图8显示的结果会很有用。13个研究中，11个得出的结论是，有净损失，而且在变暖大于1℃[2]时损失会急剧增加。CO_2的确是一种污染物，因为它是一种经济活动的有害副作用。

16位科学家的最后一个论点认为，气候变暖可能是有益的。在这样做时，他们引用了我早期的著作，并宣称我的研究表明，减缓气候变化的政策对于接下来的半个世纪是不必要的："耶鲁大学经济学家威廉·诺德豪斯最近对多种政策选项的研究表明，如

[1] *Massachusetts v. Environmental Protection Agency*, 549 U. S. 497（2007）.

[2] Richard S. J. Tol, "The Economic Effects of Climate Change," *Journal of Economic Perspectives* 23, no.2（2009）.

果一项政策允许经济在不受温室气体控制妨碍的情况下增长50年，收益—成本比率将达到几乎最高……有可能更多的CO_2和随之的适度变暖会对地球整体上有利。”

这种主张的第一个问题是在经济分析中的一种初级错误。作者用“收益—成本比率”的概念来支持他们的论点。成本—收益和企业经济学告诉我们，这在选择投资或政策时是一个错误标准。在这个背景下决策，适用的标准是净收益（即收益与成本的差额，而不是比率）。[1]

但主要的一点是，这16位科学家对经济分析的总结是错误的。我的研究以及几乎所有其他经济模型编制者的研究都说明了，现在就行动，而不是再等50年，会有显著的净收益。我用DICE-2012年模型重新计算了等待的经济影响，以确定推迟行动50年的成本。计算得出的损失为6.5万亿美元。等待不仅仅在经济上成本高昂，而且当转型最终发生时，也会使转型成本还要高昂得多。

气候赌场上的政策

反对者经常认为，我们不能确定未来的气候变化及其影响，

[1] 可以用一个简单的例子说明这一点，这个例子适用于减缓气候变化的投资。假设我们在考虑两种政策。政策A在减少CO_2排放中投资少。它的成本较小（比如说10亿美元），但收益相当大（比如说100亿美元），净收益为90亿美元。现在把这种政策与另一种很有效，而且投资较多的政策B相比较。政策B成本更大（比如说100亿美元），但收益也相当大（比如说500亿美元），净收益400亿美元。B更好是因为它的净收益更高（与A的90亿美元相比，B有400亿美元），但A的收益—成本比率更高（A的比率是10而B的比率是5）。这个例子说明，在设计最有效的政策时，我们应该看收益减成本，而不是收益除以成本。

我们应该在收集更多信息的同时推迟任何高成本的减排。16 位科学家也对气候变化的风险足够放心，因此建议 50 年后再采取行动减缓气候变化。

我们回到气候赌场的比喻来理解等待的危害。当我们把 CO_2 和其他气体注入大气中时，人类实际上是在转动轮盘。球有可能落在有利的黑袋子中，或不利的红袋子中，或者可能落在危险的零或双零的袋子中。

反对者实际上认为，大多数球会落在有利的黑袋子中，因此我们应该把任何减排活动推迟 50 年。事实上，反对者恰好把不确定性的影响弄反了。明智的政策是支付一笔保险贴水，以避免转动气候赌场的轮盘。经济模型低估了 50 年无所作为的成本，因为它们无法把所有不确定性都包括进来——不仅是气候敏感性这样明显的不确定性，还包括临界点、生态系统风险和海洋酸化等危险的零和双零的不确定性。

气候科学的反对者的建议是，不要考虑气候赌场的危险。听信这种劝告是一场危险的赌博。

无法实现的确定性

人们经常问我，鉴于所有的不确定性，我们是否能够绝对确信人类正在导致温度上升，而且这种趋势在未来一些年还将持续。IPCC 第四次评估报告回答了这个问题："自 20 世纪中叶以来，大部分已观测到的全球平均温度的升高很可能是由于观测到的人为温室气体浓度的增加。”[1]

批评者一直在抨击这些及类似结论。有一个观点是，科学家并没有真正百分之百地确定全球变暖。这是真的。但一个优秀的科学家，从不百分之百地确定任何一种经验现象。理查德·费曼（Richard Feynman）用一种幽默但非常深刻的方式解释了这一点：

一些年前我和一个外行人谈论飞碟。因为我是科学家，所以我对飞碟了如指掌！我说："我不认为有飞碟。"而我的对手说："飞碟不可能存在吗？你能证明它是不可能的吗？"

"不，"我说，"我们不能证明它是不可能的。它只是可能性非常小。"他对此说："你是太不科学了。如果你不能证明它不可能，那么你如何能说，它可能性小呢？"但这就是科学的方法。科学只说，什么可能性更大，什么可能性更小，而不是一直在证明可能与不可能。

为了明确我的意思，我可能对他说过："听着，我的意思是，从我对于我所见的周围世界的了解来看，我认为关于飞碟的报道是地球智慧生物已知的非理性特征的结果的可能

[1] 这是 IPCC，Fourth Assessment Report 中的一个核心结论，*Science,* p.10。在这里 IPCC 有一个非常精确的定义。"可能性……指某些完备定义下的结果已发生或未来将要发生的概率评估。""很可能"这个词的含义是大于 90% 的概率。

性，比它是地外智慧生物未知的理性努力的可能性，要大得多。”[1]

从吵吵嚷嚷与争论中回来，在此我得出了两个结论。第一是对潜在的虚假科学共识的警惕。许多科学家对那些烦人的反对者感到恼火，他们总是指向一些模糊的数据，或是与气候变化背后的标准理论看似反向而行的趋势。也许反对者会指向全球变暖进程的停顿，比如在 2000—2010 年期间那样；或者与地面观测不同的卫星观测结果；或者显示农业可能从 CO_2 施肥中受益的研究。

人们很容易希望批评人士就此消失。但科学的历史告诉我们，我们需要警惕允许虚假共识，忽视能说明问题的不一致性，以及固执于现有教条的可能性。因此，对批评的正确反应是仔细地审视他们的观点，并确定它们是不是真的破坏了标准的理论。科学家和经济学家，需要以为自己方法的有效性辩护的同样精力，来面对相反的观点。

从费曼故事得出的第二个结论是，提醒我们好的科学是如何进步的——无论在太空旅行的自然科学领域，还是在经济学这样的社会科学领域。确实存在世界在未来一些年中不会变暖的极小可能性。我们永远不能肯定地说，全球变暖理论百分之百正确。

相反，更好的表述是：“鉴于基础科学，来自世界各地的许多

[1] Richard Feynman, *The Character of Physical Law* (Cambridge, MA: MIT Press, 1970).

气候模型，检验假设和推理的激烈竞争的科技企业，以及不断积累的确凿证据，这些理论很可能是正确的。也许我们只有 95% 的把握。但我们不能等待 100% 肯定，因为经验科学当中绝不可能达到绝对确定。而且如果我们等到完全确定的时候再行动，那就太迟了。”

第 25 章 |
气候变化的公共舆论

在民主机制下，减缓全球变暖的有效、持久的政策必须最终依靠公众的支持。虽然随着时间推移，科学基础一直越来越强大，但我们在美国观察到，气候科学家和公众舆论之间存在着巨大，且日益扩大的分歧。关于气候变化的流行观点是什么？公众理解中的分歧日益扩大的原因是什么？这些是我在本章中审视的问题。

公众对科学和全球变暖的看法

在分析全球变暖的公共舆论之前，让我们退回来审视一下公众对科学的看法。气候变化是一个科学领域，看看公众对其他有争议或没有争议的科学领域的看法，是有启发的。

多年来，美国国家科学基金会一直在赞助衡量公众对主要科学概念理解程度的调查，该调查被称为“科学素质指数”。图 41 显示了那些“正确”回答了 6 个重要科学问题的受访者的百分比。[1]（我用“正确”这个词时是犹豫的。这些说法被描述为“作为阅读与理解当代问题的智力基础的基本结构”。如不涉及对认识论的深入讨论，我们可以说，这些表述几乎肯定是“正确的”，但正如在第24章中费曼提醒我们的那样，这些表述可能是不正确的，但可能性非常小。[2]）

人们对一些概念很熟悉，例如地心说、放射性的来源，以及大陆漂移的存在。许多美国人并不认同进化论。在过去的25年里，宇宙大爆炸理论实际上失去了公众基础。在另一方面，人们对抗生素对病毒作用的了解显著提高了。当关系到公众的个人福祉时，人们也许会关注科学家，正如他们对待自己的医生那样。

[1] 科学素质问题来自 National Science Foundation, *Science and Engineering Indicators, 2012*, Appendix Table 7—9, www.nsf.gov/statistics /seind12/。问题如下：

大陆漂移（正确）：“我们居住的大陆几百万年以来一直在移动它们的位置，而且在未来仍然会移动。”

日心说（正确的是地球围绕太阳转）：“是地球围绕太阳转，还是太阳围绕地球转？”

放射性（错误）：“所有放射性都是人造的。”

抗生素杀死病毒（错误）：“抗生素既能杀死病毒，又能杀死细菌。”

宇宙大爆炸（正确）：“宇宙开始于一次大爆炸。”

进化论（正确）：“我们今天所知的人类是从更早的动物种类发展而来的。”

还可参看 Jon Miller, “Civic Scientific Literacy: The Role of the Media in the Electronic Era,” in Donald Kennedy and Geneva Overholser, eds., *Science and the Media*, 44—63 (Cambridge, MA: American Academy of Arts and Sciences, 2010)。全球变暖问题来自 Harris Interactive, “Big Drop in Those Who Believe That Global Warming Is Coming,” New York, December 2, 2009, www.harrisinteractive.com/vault/Harris-Interactive-Poll-Research-Global-Warming-2009-12.pdf。

[2] Miller, “Civic Science Literacy.”

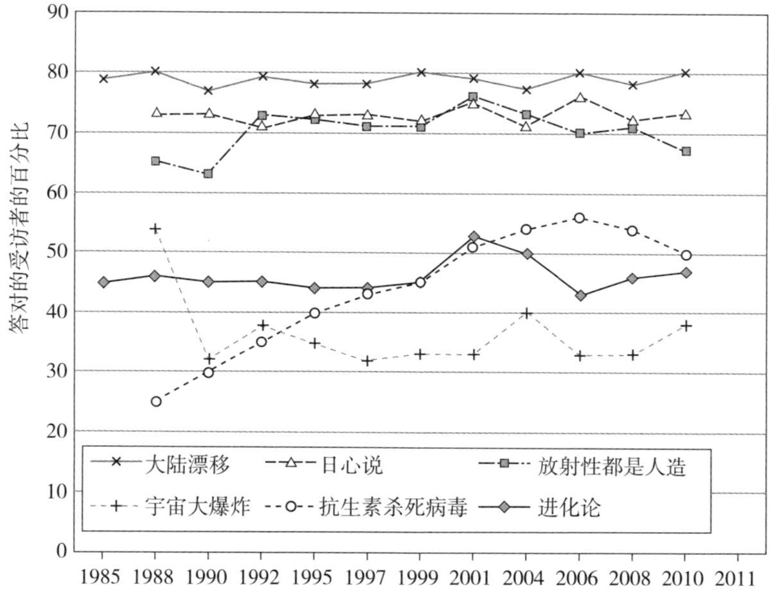

图 41

公众对主要科学概念的普遍理解。人们普遍接受大陆漂移学说和日心说，而关于宇宙起源的大爆炸理论和进化理论只得到不到一半美国人的正确理解。

现在回到对全球变暖的看法。美国对这个题目的调查在 1997 年开始进行。我收集了不同调查团队进行的主要调查，并从中选出重复了问题多年的 8 个调查：盖洛普（Gallup）5 个，皮尤（Pew）2 个，还有 1 个来自哈里斯（Harris）。例如，皮尤调查的一个问题是："根据你所阅读的和所听闻的，有没有可靠的证据表明，在过去几十年间地球上的平均温度一直在上升，或是没有上升？"我把这些调查联系在一起，并设计了一个综合调查。67 个独

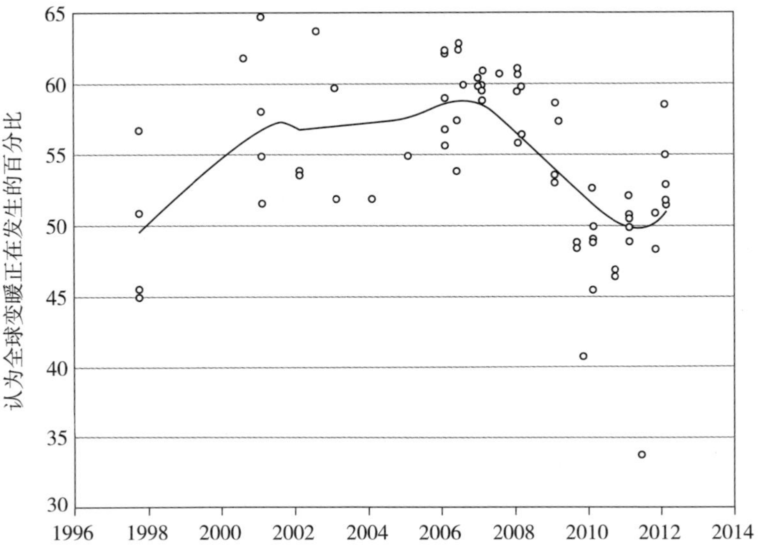

图 42

认为全球变暖是真实存在的人口比例。这个图综合了美国对全球变暖的公众观点的数据。虽然问题不同，但它们一般会问："你认为地球正在变暖吗？"小圆圈是独立调查，而实线是统计拟合。

立调查和我的综合调查的结果，在图 42 中显示出来。[1]

---

[1] 我从 www.pollingreport.com/enviro2.htm 的 1997—2012 年全球变暖调查收集了这些数据。（感谢 Jennifer Hochschild 告诉我这个来源。）以下是计算的细节。哈里斯的民意调查并没有包括在 Pollingreport.com 的汇编中，是我为本次研究而加入样本和图 42 中。总共有 103 份观测值，但我只取盖洛普、哈里斯以及皮尤的调查结果，因为它们有重复的调查，这些调查产生了 67 份观测值。我们计算了相信全球变暖正在发生，或对类似问题的类似答案的比例。然后，我们用每一份调查的虚拟变量进行回归（反映了问题中的不同），估算了一个符合残差的内核，并加上平均值。这就得出了图中的平滑曲线。哈里斯的调查显示，从 2007 年到 2011 年下降较大，对问题"你相信这个理论吗：不断排入大气的 CO_2 和其他气体如果不受限制，会引起全球变暖和平均温度上升？"回答"正确"的人从 71% 下降到 44%。

调查数据展现了一个有趣的形态，一个在科学认知的其他结果中没有看到的形态。从20世纪90年代后期到21世纪头十年中期，美国公众对气候科学的理解与认可显著上升了。在2006年以后对这门科学的认可又迅速暴跌了。综合系列从2007年约58%的峰值下降到2010年的不足50%。

科学家可能会高兴地注意到，最近两年中，公众对基础科学的认可程度出现了某种上升。自从2011年初以来被反复问到的10个问题中，认为全球变暖正在发生或值得关注的受访者比例，在每个独立调查中都有所上升。

请注意关于全球变暖的趋势与整体科学素质几乎不变的背景之间的对比。在图41所示调查中，对于自从1992年以来提出的11个问题，正确回答的平均比率几乎没有变化。[1]

了解误解

教师在教室中每天都要应对错误的观念。大多数刚入学的学生不知道如何衡量失业率，或者美联储是做什么的。但他们思想开阔。他们阅读教科书，来上课，并向我问问题。在学习一学期之后，他们会知道这些问题与更多问题的答案。

当我判卷评分时，我发现一个学生不知道美联储在做什么。我想了解为什么。同样，我们需要知道，为什么人们持有不正确

[1] 11个问题的正确回答的平均数在1992年是56%，2001年是60%，2010年是59%。

的科学观点。公众对进化论观点的来源已经被仔细研究过了。“国际社会调查项目”询问了来自 30 个国家的受访者，人类是不是“从更古老的动物种类进化来的”。美国回答人类不是从更古老物种进化来的比例最高（54%），接下来是菲律宾、波兰以及拉脱维亚，而日本否认进化论的比例最低（10%）。

对科学观点的决定因素的研究发现了不同的因素。[1] 对于与价值观不冲突的大多数项目的正确观点，教育是一个重要决定因素。对进化论而言，宗教相当重要：有强烈宗教观点的人（认为《圣经》是上帝的文字）中，29% 的人认为进化是正确的；而那些认为《圣经》是一本古代的神话书的人，有 79% 认为进化正确。

政治有时与科学观点相关，有时并不。这肯定与对进化的信念相关。在自由派中，68% 的人认为人类是由古老的动物种类进化而来的，而相比之下保守派中这一比例为 33%。但从许多其他科学问题来看，政治似乎并没起作用。例如，保守派对占星术和抗生素问题回答正确的比例略高一点，而自由派对放射性和化学的回答略好一点。[2] 从这些研究中得出的结论是，当科学与根深蒂固的信念（例如宗教或政治信念）碰撞时，信念往往压倒了科学，

---

[1] 这一段是基于 Allan Mazur, “Believers and Disbelievers in Evolution,” *Politics and the Life Sciences* 23, no.2（2004）: 55—61; and Darren E. Sherkat, “Religion and Scientific Literacy in the United States,” *Social Science Quarterly* 92, no.5（2011）: 1134—1150。

[2] 这里的结果都是双变量关系（每次取两个变量）。但它们在使用所有解释变量时的多变量统计分析中也倾向于不变。但对关注统计方法的人来说，应该注意的是，这些关系中的因果关系还不是严格受控的。因为政治与宗教观点反过来也是由其他变量（例如父母的政治、宗教与教育观点）决定的。对科学观点的决定因素，我们无法得出明确的因果关系陈述。

即使对那些受过高等教育的人也是如此。

目前，关于公众对全球变暖的观点的决定因素，证据有限。不过我们可以看现有的调查得到的基本结果。在 1997 年，对全球变暖的认识基本没有党派差别，但此后在全球变暖的问题上出现了明显的党派差别。2010 年皮尤的调查发现，89% 公开承认的自由派民主党人认为地球正在变暖，而只有 33% 的保守派共和党人这样认为。

另一个有趣的特点是，人们认为科学家相信什么。在民主党人中，59% 的人说，大多数科学家认为地球正在变暖且主要是由于人类活动；而只有 19% 的“茶党”共和党人认为，科学家同意地球正在变暖。[1] 人们认为，科学家存在分歧，且科学分歧正在扩大，但科学家实际上对气候变化的基础科学正在形成更大的共识。

我们可能会希望教育是一个答案。但按受教育水平，并没有显著差别：61% 高中毕业及以下学历的人相信，变暖有可靠的证据，而 60% 有研究生学历的人认可这种观点。在这种情况下，意识形态压倒了教育。[2]

---

[1] 参看 Pew Research Center, “Little Change in Opinions about Global Warming,” October 10, 2010, http://people-press.org/report/669/。

[2] 盖洛普民意调查见 Jeffrey M. Jones, “In U.S., Concerns about Global Warming Stable at Lower Levels,” March 14, 2011, www.gallup.com/poll/146606/concerns-global-warming-stable-lower-levels.aspx。长期的分化见 Riley E. Dunlap and Aaron M. McCright, “A Widening Gap: Republican and Democratic Views on Climate Change,” *Environmental Magazine* (September–October 2008), http://earthleaders.org/projects/psf/Dunlap%20%20McCright%20 2008%20A%20widening%20gap%20Environment.pdf。

图 42 中所示的公众与科学关于气候变化的观点日益扩大的差距，对于那些认为应迅速采取有力措施的人而言，这是一个主要问题。受过高等教育的美国人对科学的了解怎么会还不如从未上过大学的人呢？是什么引起了公众对主流气候科学的接受程度的急剧下降呢？

为了理解这种奇怪的趋势，我们求助于关于公共舆论如何形成的研究。首先，调查研究者发现，大多数人对公共事务缺乏了解。例如，一项研究发现，不到 2% 的美国人可以说出至少 5 个最高法院大法官的名字。考虑到大多数人不得不担忧的所有事情，这可能是合理的，但无知到令人遗憾。人们清楚地认识到他们对事情的一般立场（“我认为国家需要减少支出”或者“事情正在偏离轨道”）。但他们通常对许多政治、经济或科学问题的细节并不清楚，而全球变暖科学看来也是这类细节之一。

第二个发现部分源于第一个发现，即人们往往通过倾听或采纳他们追随的团体的精英的观点来形成他们对具体问题的看法。今天，大多数人从互联网和电视中获得新闻，比较少地从报纸得到新闻。根据他们访问的网站或收听的脱口秀节目，他们对政治议题会得到极为不同的观点。

人们对精英观点的依赖并不奇怪。毕竟，他们不能深入地研究每一个问题。人们关于政府与社会政策作用有他们自己的专家。由于他们信任这些专家，他们很可能会采用其关于环境与外交政策的观点。如果他们每个月只花 10 分钟思考这些问题，并相信化石燃料就是恐龙的化石残骸，那就更是如此。[1]

现代公共舆论理论，例如约翰·佐莱尔（John Zaller）的著作，强调了刚刚提出的要点，并提出一种机制，人们在这些约束下构成看法。[2] 许多人一开始一点也不了解大多数技术问题。如果一个问题的构成方式让他们想起他们有所了解与关注的事物，那么这个方式就会构成他们的答案。

全球变暖调查的一个问题如下："你有多担忧全球变暖？"假定在一场暴风雪后，你刚刚花一个小时把你的汽车挖出来时，提出这个问题。答案可能就是"完全不担忧"，因为你还记得暴风雪，并实际上正梦想坐在海边。

另一方面，假定飓风桑迪摧毁了东北海岸的宝贵地区，而一些科学家正讨论飓风与全球变暖之间的联系。也许这是飓风创纪录的一年。下一次对关于全球变暖的态度的调查是在这样的背景下进行，当人们被问到他们是否担忧全球变暖时，他们想起了狂啸的风。当他们回想起风暴时，他们对全球变暖的担忧就增加了。

然而有些东西从历史中消失了。在过去 10 年中，为什么公共舆论越来越怀疑全球变暖？尖锐的政治分歧的根源是什么？最令人信服的解释是现代美国政治的动态。在最近 30 年中，两个主要

[1] 在一项调查中有将近一半（47%）的人说，化石燃料是恐龙的化石残骸。参看 Anthony Leiserowitz，Nicolas Smith，and Jennifer R. Marlon，*Americans' Knowledge of Climate Change*（New Haven，CT：Yale Project on Climate Change Communication，2010），http://environment.yale.edu/climate/files/ClimateChangeKnowledge2010.pdf。

[2] Zaller 是美国加州大学洛杉矶分校的政治学家，关于这个题目他写了一本经典的著作，见 John Zaller，*The Nature and Origins of Mass Opinion*（Cambridge：Cambridge University Press，1992）。

政党在许多领域中形成了日益不同的意识形态——关于税收政策、堕胎、管制政策，以及环境政策。

随着全球变暖变得越来越重要，它吸引了“政治企业家”。美国最重要的一个是小艾伯特·戈尔（Albert Gore Jr.），他是民主党参议员、副总统以及总统候选人。他认为全球变暖是我们时代一个决定性的问题，并谈到了当前趋势的危险。他提出通过征收能源税、总量管制与交易制度以及碳税来减排的措施。他亲自参加了《京都议定书》谈判。因此，气候变化作为一个科学问题，与全球变暖一起被提上了政治议程。

美国民主党的其他人也坚定地支持气候变化科学和减少 CO_2 排放的有力政策。美国前总统比尔·克林顿曾对全球变暖发出警告，并在1997年同意了《京都议定书》，但他没有向国会提交任何法案来实施其条款，或申请批准条约。在2009年，贝拉克·奥巴马总统签署了强有力的总量管制与交易法案，这是借助了大多数民主党国会议员的支持。

大约在同时，保守派转向相反的方向。美国保守派反对全球变暖的政策重点的部分原因是，日益倾向自由市场的哲学，在所有领域都对政府管制持怀疑态度。反全球变暖的观点也得到了来自主要商业集团和个人的运动式支持，它们在减少环境成本和约束上有巨大的经济利益。

党派的分化，随着奥巴马政府提出总量管制与交易法案，变得明显了。2009年它在众议院通过时，只有8名共和党议员投票同意。如果我们看共和党主要政治代表在2010年和2012年的声明，几乎在所有情况下他们都反对气候变化科学或经济学。因此，到2011至2012年，两党在全球变暖政策上明显分道扬镳了。对政策的反对又得到了一小群唱反调的科学家的反基础科学观点的强化，他们正伺机而动（正如我们在第24章中看到的）。

图43显示了在环境问题上日益扩大的政治分歧，该图用美国环境保护选民联盟发布的环境记分卡追踪两党的立场。根据对关键环境立法的投票情况，国会议员的得分在0到100之间。两极分化最快速的时期在1988年期间，当时全球变暖成了一个政治问题，以及1997年，当时克林顿政府在参与《京都议定书》谈判。众议院民主党议员与共和党议员之间在“环境得分”上的差别从20世纪70年代初的约20%上升到21世纪头十年后期的60%到70%之间。[1]

因此，来自政治精英的信息日益分化。公众中那些坚定的保守派接受了全球变暖是坏科学和坏政治的信息，而自由派从他们领袖那里接受了相反的信息。你可以从图42中看到这种影响，在图中公共舆论急剧地转向了怀疑的观点。在如此短的时间内，公共舆论发生了明显的变化。

---

[1] Shaun M. Tanger，Peng Zeng，Wayde Morse，and David N. Laband，“Macroeconomic Conditions in the U. S. and Congressional Voting on Environmental Policy：1970—2008，” *Ecological Economics* 70（2011）：1109—1120. 感谢Shaun M.Tanger提供了原始数据。作为记分卡如何构成的一个例子，2010年的记分卡考察了对一个修正案的两次投票，其中涉及推翻EPA对全球变暖中的危害的发现，三项与能源相关的财政措施，一个铅涂料法规和一个在美国南部边界建立隔离墙的法案。请注意，这些分数并不表明这些问题在某一年的重要性，而只表明投票的模式。

公共舆论的标准理论在这里得到了清晰的证明。保守派的精英反对全球变暖政策，而且他们欢迎那些帮助中伤科学共识的异议科学家。公众中的保守派追随精英观点时有滞后。那些与政治关系最密切的人，例如属于茶党的共和党人，比不太参与政治的保守派走得更远。正如人们所料，大多数受教育程度最高的保守派最迅速地转向怀疑的观点，因为他们更关注这个问题，并且可以理解为什么全球变暖与“现状”不符。

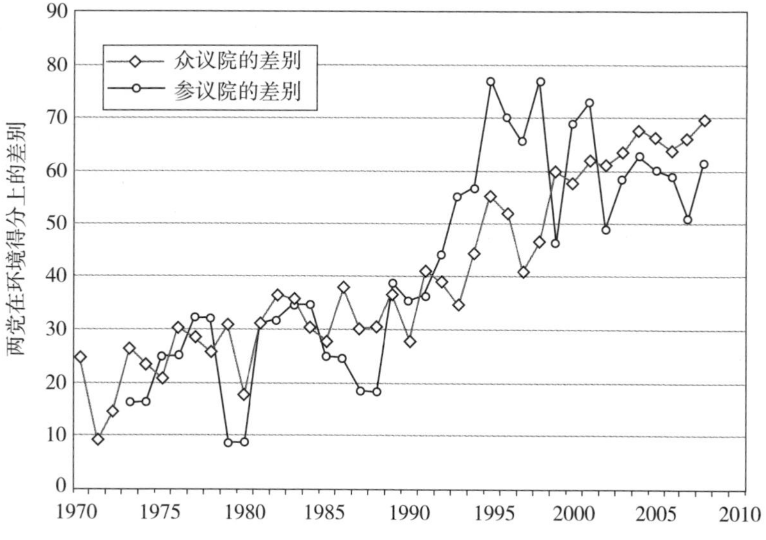

图 43

美国国会中对环境政策日益扩大的两党分歧。这个图显示了众议院和参议院中的民主党人和共和党人过去 40 年间在环境问题上的得分差异。早些年，两党在环境问题的观点上有相当大的重叠，但近年来，两党越来越两极分化。

气候变化是政治领导人已经引导了公共舆论的一个领域。随着最近40年间美国两党分化，公共舆论也有所滞后地追随。到2013年，气候变化的公共舆论很大程度上反映了政治上的意识形态，而不是人们从学校或环境科学家那里学到的东西。

这个讨论发人深省地提醒我们，在科学观点与公共舆论之间会出现多大分歧。当强大的经济力量与政治力量参与破坏主流科学时，这种分歧就会扩大，并成为一道深渊。全球变暖的情况只是理解自然现象的努力被人性的固执所阻碍的许多历史例子之一。

缩小关于气候政策的党派分歧：保守派的视角

我们在本章前面部分看到，气候变化已引起美国政治上尖锐的分歧。一些人认为，减缓气候变化是由一些痛恨资本主义、希望使不受拘束的市场屈服的人支持的自由派的事业。另一些人认为，全球变暖的怀疑者忽视了许多珍贵的自然系统面临的危险。虽然气候变化最近已成为美国民主党和共和党之间一个争论的问题，但我相信，如果我们考虑高赌注和潜在的解决办法，两党的分歧是可以弥合的。

这一节从一个不同的角度来审视这些问题。假定我是个保守派、自由意志主义者以及小政府的支持者。但我并不是大石油公司的捍卫者，我也不认为应该允许任何人牺牲其他人利益来掠夺地球。我希望政治与经济制度是高效而公正的，并有最大的个人自由。此外，我希望为我的子孙后代留下一个更美好的世界。正如保守派美国总统罗纳德·里根以下言论所透露的，这些环境价值观跨越了意识形态的边界：“如果我们在过去几十年中学到了任何教训，也许最重要的是，保护我们的环境并不是一种党派的挑战，它是一种常识。我们的身体健康，我们的社会幸福，以及我们的经济福祉，只有靠我们所有人都参与深思熟虑的、有效的自然资源管理工作，才能持续。”[1]

因此，戴上保守派帽子，我开始考虑全球变暖的问题。我要做什么呢？首先，我会非常仔细地阅读科学分析。我将审视气候变暖怀疑论者的看法，正如在第 24 章所述。我会找一个在当地大学里讲授地球科学的教师。在以开放的心态了解了科学之后，我会得出结论，气候变化后面的证据是令人信服的，而反对者的论据，客气地说，是非常薄弱的，明显有很多的假设、附加条件和限制。但认为世界各地的科学家正在编造一个巨大骗局的想法，实在是愚蠢的。

然后，我会研究关于影响的文献。这里的证据要模糊得多，因为我们正在对迅速变化的未来社会做出不确定的气候预测。但我发现，这些预测令人非常不安。我可能有一座美丽的海边房子，但它可能被冲入海中。或者我也许是一个滑雪爱好者，但得知滑雪季越来越短了。我读到几百万人被迫迁移，想知道他们会不

[1] Remarks on signing annual report of Council on Environmental Quality, July 11, 1984.

会涌入我的城镇、州及国家。我想知道我们是不是正在破坏我希望跟我的孩子与孙子一起去参观的世界自然奇观。然后我得出了结论，即使不再增加另外的巨大混乱，我们也已经有足够多的问题了。

最后我转向决策者。我得知许多积极分子支持总量管制与交易方法，它设定了排放 CO_2 的许可配额，并将配额分给“有资格”的各方。他们可能把许可给予企业或环境组织，某些企业或组织可能会迁往治理软弱的穷国。我还看到，积极分子正建议对汽车、电厂、电器以及电灯进行管制。我听到我最喜欢的一个保守派脱口秀主持人大声指责这为“灯泡社会主义”，这听起来既好笑又正确。作为一个保守派，我不喜欢广泛的管制以及跟总量管制与交易相关的对宝贵许可证的政治分配。

如果把它交给市场呢？我很快认识到，我们肯定不能依靠自由市场解决办法，这意味着碳排放的零价格。零价格是错误的答案，因为它忽视了排放对其他人，对其他国家以及对未来的外部成本。因此，我认识到政府对市场的某种干预是减缓全球变暖所必需的。

我再去看看经济学家对此是怎么说的。他们中许多人都主张某种被称为碳税的东西，就是对 CO_2 和其他温室气体的排放征税。它将是一种“庇古税”，即对负外部性征收的一种税。它将实现为弥补其社会成本而提高 CO_2 排放价格的目标。这听起来像是一种好方法。

我想知道保守主义经济学家是怎么想的。我看了马丁·费尔德斯坦（Martin Feldstein，罗纳德·里根的首席经济学家）、迈克尔·博斯金（Michael Boskin，乔治·H.W.布什的首席经济学家）、格里高利·曼昆（Greg Mankiw，乔治·W.布什的首席经济学家）、凯文·哈西特（Kevin Hassett，美国企业研究院）、阿瑟·拉弗（Arthur Laffer，拉弗曲线的构建者）、乔治·舒尔茨（George Schultz，里根政府的经济学家与外交官）以及加里·贝克尔（Gary Becker，诺贝尔奖获得者，芝加哥学派的经济学家）的著作。他们都支持将碳税作为最高效的减缓全球变暖的方法。[1]

在与一些保守派的朋友讨论这个问题时，我发现他们对碳税都缺乏热情。他们认为，这种政策只是反增长的“税收与支出”经济哲学的又一个坏例子。《华尔街日报》上的一种看法是：“税收创造了人为的激励，这会误导来自生产性市场应用的资本形成。”[2]

经过深思，我认识到这种看法从根本上误解了碳税的经济学原理。那些使用化石燃料的人享受着一种经济补贴——实际上他们在全球的公共草地上吃草，但并没有为他们吃的东西付费。提高碳价格会提高而不是降低经济效率，因为它将纠正使用碳燃料的

[1] 那些支持碳税的经济学家的名单是由Greg Mankiw提供的：“The Pigou Club Manifesto,” Greg Mankiw's Blog, October 20, 2006, http://gregmankiw.blogspot.com/2006/10/pigou-club-manifesto.html。观点的概要可见于“Conservatives,” Carbon Tax Center, www.carbontax.org/who-supports/conservatives/。

[2] “Blinder's Carbon-Tax Plan Provokes Strong Responses,” Letters, *Wall Street Journal*, February 7, 2011.

隐性补贴。欧洲国家已经发现，它们可以征收能源税，减少对劳动和其他有价值活动的税收，减少 CO_2 排放，并改善整体经济表现。此外，碳税可以在不伤害对工作和储蓄的激励的前提下，帮助减少政府债务。

我也考虑了政府在其他领域中的政策。我会喜欢政府把国家的石油和土地送出去吗？我会喜欢银行在政府的担保下从事有过高风险的事，并在这些投资变成坏账之后，由纳税人承担它们吗？作为一个保守派，我对这些问题的回答是"不！"我意识到允许企业免费把碳排入大气中是类似的有价值的补贴——这是伤害其他人的权利。正如我们拍卖公共土地上的石油和天然气开采权一样，正如我们应该结束那些被称为"大到不能倒"的银行的特权一样，我们也应该对企业的温室气体排放征税。

我知道，许多"保守派"企业集团反对对它们活动的任何限制，特别是涉及环境的活动。但我同样认为，它们实际是关注自己的利润，而不是关心公共福祉。

我的结论是，碳税对真正的保守派来说，是一种理想的政策，这样的保守派关心保护我们美丽的星球，但希望以优化的经济激励，和政府对人们的生活和企业决策的最小干预来实现这一目标。它可以在没有繁重的管制或限制的情况下实施。不用把赌注压在未来能源技术的技术赢家身上，也不用对我们社会的每一个角度都进行管制，我们就可以用一种保守派的方法有效地减缓全球变暖。

第26章 | 气候变化政策的障碍

全球变暖的科学和经济学是清楚的。除非采取强制性手段，否则地球将继续变暖。后果将是自然界和人类系统的脆弱部分遭受日益严重的损失。减缓气候变化的政策在经济上很简单，即使在政治上有困难。它们涉及提高 CO_2 和其他温室气体的价格，以及在各国之间协调价格。

在实施有效的政策方面，我们取得了多大进展呢？如果我们用碳价格作为衡量标准，那就太少了。我建议将每吨 CO_2 的价格提高到25美元，这是把气候变化限制在2.5 ℃所必需的。实际上目前全球层面的碳价格远不及这个标准——每吨 CO_2 大约1美元。[1] 现实是国际社会只用了最轻微的措施来减缓变暖。

为什么进展如此缓慢？加州大学圣地亚哥分校有开创性的政

---

[1] 但正如图33与伴随的讨论显示的，估算值的范围很广。2010年的实际碳价格根据 William Nordhaus, "Economic Aspects of Global Warming in a Post-Copenhagen Environment," *Proceedings of the National Academy of Sciences(US)* 107, no.26（2010）: 11721—11726。

治学家戴维·维克多（David Victor）曾描述过，全球变暖政策如何陷入了一种特殊的僵局，政治学、经济学、短视和民族主义在其中相互配合，以阻碍重大的进步。[1] 本书最后一章将分析实现明智的全球变暖政策之路上的一些障碍。

民族主义的囚徒

第一组障碍是经济民族主义的结果。各国政府面临一种两难困境，因为减排的成本是国家层面的，而减缓气候变化的利益会广泛地扩散到全球各地。这种成本在本地，而收益在远方的结构，给了搭便车的强劲激励。在 CO_2 减排中，个别国家将从本地无行动而全球有行动中受益。

这是著名的“囚徒困境”，在这个背景下，把它称为“民族主义困境”更好一些。如果每个国家都追求使自己国家福祉最大化，而将别国政策视为必然的战略，那么所产生的减排效果将比每个国家都考虑全球利益时差得多。

这里详细说明这种逻辑是值得的，因为它在国际性的全球变暖政策中是一个如此重要的因素。假定有五个相同的国家，每多增加排放 1 吨 CO_2，就会给每一个国家带来价值 5 美元的损失。按照纯理性的计算，只要减排的成本低于每吨 5 美元，每个国家

[1] David Victor, *Global Warming Gridlock: Creating More Effective Strategies for Protecting the Planet*（Cambridge：Cambridge University Press，2011）.

就会减少其排放。如果所有国家都遵循这个逻辑，结果就是博弈论的“非合作均衡”。在这种均衡中，减排的整体水平将在每个国家的减排成本为每吨 5 美元时实现。

但从全球的角度看，这太低了。A 国的 1 吨排放给 A 国带来 5 美元的损失，但也对其他四个国家带来同样金额的损失。因此，全球的损失是每吨 25 美元，而不是每吨 5 美元。这意味着，整个世界的减排量太少了。增加 1 吨减排量，成本只有 5 美元，但总收益是 25 美元。

一些实证研究审视了民族主义者的困境如何削弱了全球变暖战略的效果。整体而言，它们证实了，针对气候变化的理性民族主义行为带来的减排水平，大大低于考虑全球福祉的国家政策所带来的水平。例如，我用地区 DICE 模型来计算 2020 年全球的最优碳价格。在计算中如果每个国家都只考虑自己的利益，那么非合作的全球平均碳价格就将是全球最优价格的十分之一左右。

民族主义的困境对实施协议也有影响。各国不仅有通过不参与或采用最低限度政策来搭便车的强烈动机，而且即使加入了强有力的气候变化协定，也有作弊的动机。如果它们隐藏排放或夸大减排，虽然其他国家的福祉在减少，它们自己的经济福祉会增进。假定 B 国同意减少排放到边际成本为每吨 25 美元的程度。这对世界来说是一个好结果，但从 B 国的角度看，它有每吨 20 美元的净成本。因此 B 国有夸大它的减排，并伪装它遵守了承诺的动机。[1]

尽管民族主义困境是全球变暖政策中的一个内在难题，但并不是致命的。一些国家加入了合作协议，以便克服在应对全球外部性当中投资不足的倾向。逐步淘汰消耗臭氧的化学物质的协议，是搭便车的趋势被克服的一个例子。对两难困境的解决办法，是对非参与国建立一种克服搭便车倾向的惩罚。我在第 21 章中讨论了一种可能的方法，按这种方法，一份得到贸易制裁支持的气候条约可以克服民族主义困境。

现期的囚徒

民族主义困境被第二个因素放大了，即减排回报的长时（time-distant）性质。气候变化政策要求在近期内以高成本的减排来减少遥远未来的损失。在第四编中讨论的一个大体估算是，减排的收益要在减排后的半个世纪左右到来。

图 44 显示了根据《哥本哈根协议》提出的排放限制的代际权衡。[2] 它显示了三组国家与世界在早期与后期的净收益。这里的净收益是负成本，它包括了损失与减排成本，按市场利率往回贴

[1] 对非合作价格的估算值来自 Nordhaus，“Economic Aspects of Global Warming”。

[2] 对净收益的估算值来自“Copenhagen Accord” scenario from William Nordhaus，“Economic Aspects of Global Warming in a Post-Copenhagen Environment，” *Proceedings of the National Academy of Sciences (US)*，June 14，2010。

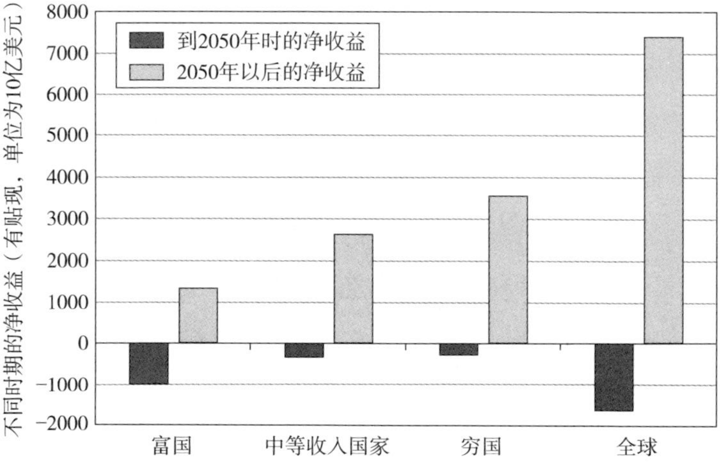

图 44

气候变化政策的时间权衡。柱状图表示两个时间段内各组国家的净收益（等于损失加减排成本，全部根据市场利率贴现），左边的实心柱状图是第一个 50 年的净收益，而浅色的柱状图是随后直到 2200 年的净收益。

现到 2010 年。尽管由于没有具体的协议，这些数字主要是说明性的，但结果类似于针对其他政策的计算结果。根据人均收入，国家被分为富国、中等收入国家与穷国三类。这里比较的是 2050 年前的净收益与 2050—2200 年间的净收益。[1]

左边实心的方柱组，都低于零轴，显示了估算的 2010—2050 年期间的净损失。例如，《哥本哈根协议》给富国带来的近期净成本接近 1 万亿美元。全球成本约为 1.5 万亿美元。

第二组是浅色的方柱，它们都是正的，显示了在 2050—2200

[1] 感谢 Nat Keohane，他对本图的呈现方式提了建议。

年期间的净影响，同样是贴现回 2010 年。富国的净收益是 1.3 万亿美元，抵消了第一个时期的成本。对其他组国家，2050 年以后的收益比之前的成本大得多。把所有国家加在一起，在 2050 年以后的净收益是 7.4 万亿美元，而 2050 年以前的净成本是 1.6 万亿美元。

从这种讨论中得出了一些要点。首先，对整个世界来说，构成《哥本哈根协议》基础的这类合作协议，从长远来看有高收益。所有国家最终都会受益。但是，这是一笔回报时间非常长的投资。大多数国家至少要等半个世纪才会收获投资的成果。

从实际的角度看，这在代际政治中提出了一个棘手的问题。人们往往拒绝为子孙后代做出牺牲。例如，我们应该减少对老年人的医疗保健支出来为年轻人提供学校教育吗？这种时间权衡在减缓全球变暖中也是类似的。要求现在几代人为未来几代人承担巨大的减排成本，尤其是如果未来几代更富有，难以成功。延期的回报加强了民族主义困境的刺激，因此，延迟采取高成本的减排措施的诱惑就加倍高了。

党派的囚徒

第三组障碍涉及一个不可避免的现实，即雄心勃勃的全球变暖政策中既有输家，也有赢家。我已经说明了，大多数国家在未来几十年中要承担全球变暖政策引起的净成本。一些实力强大的组织也将在经济上处于不利地位，而且这些成本将主要集中在生产或使用化石燃料的部门。

例如，假定美国采用了包含在《哥本哈根协议》或奥巴马政府在 2009 年提议的排放限制。根据美国能源部的估算，在下一个十年中，煤的使用会减少一半。在 2011 年有 9 万名煤矿工人，因此减少煤的使用可能会减少 4 万名左右工人的就业。在一个有 1.3 亿工人的经济体中，每年减少 4000 个工作岗位看起来并不是大障碍。但煤炭行业有强大的国会代表和有影响的民间文化。因此，施加很高的碳价格，从而减少煤炭生产和就业的全球变暖政策，将面临强烈的反对。[1]

在许多部门中都会重复这个例子。从事煤炭开采和燃煤发电的公司将表现出利润减少。在依靠其他化石燃料的行业中也会有相似的，但数量上小一些的影响。

表 15 提供了一个模型编制团队针对每吨 25 美元的 CO_2 价格对主要行业的成本的影响的计算结果。[2] 有三个行业受影响最大，并要经历超过 10% 的成本上涨：电力事业、水泥生产与石化产品。这个表也显示了受影响最小的行业——零售与批发贸易、不动产以及金融。CO_2 价格将会降低这些行业的相对生产成本，而且它们的

[1] 就业的数据来自 Bureau of Labor Statistics for employment at www.bls.gov/oes/current/naics4_212100.htm。关于煤炭使用的结果来自 Energy Information Anency at www.eia.gov/coal/。

[2] 估算值来自 Mun S. Ho，Richard Morgenstern，and Jhih-Shyang Shih，“Impact of Carbon Price Policies on U.S. Industry，” Discussion Paper RFF DP 08-37（Washington，DC：Resources for the Future，November 2008）。

表 15　各行业受碳价格的影响。这个表显示了受碳价格影响最大与最小的行业。对每一个行业，该表显示了每吨 CO_2 价格为 25 美元时生产成本的增加比例。百分比反映了全部投入—产出的影响（即包括间接以及直接成本）。

行　　业	生产成本的增加（%）
受影响最大的	
电力事业	20.75
水泥生产	12.50
石化产品	10.50
铝业	6.50
钢铁厂	5.75
石灰与石膏制造	5.25
化肥制造	4.50
造纸厂	4.00
纸板厂	4.00
受影响最小的	
电脑与电子设备	0.75
其他运输设备	0.75
零售与批发贸易	0.50
信息服务	0.50
商业服务	0.50
金融与保险	0.25
不动产与租赁	0.25

产量和就业也会趋于扩张。

在西方民主国家，当选的代表将面临压力，要求反对不利于他们现在选民或资金捐助者的措施。因此来自有煤矿的各州或各国的代表，特别抵制提高碳价格的全球变暖政策。这包括国家中的美国、中国和澳大利亚，以及美国各州中的西弗吉尼亚州、肯塔基州和怀俄明州。同样，像石油输出国组织（OPEC）国家这样有大量石油出口的国家也会发现它们的收入减少，从而普遍反对强有力地遏制 CO_2 排放。

在英国、瑞典和西班牙等国，以煤为基础的行业的生产和就业很少，政府就可以不用太担心国内的反对，支持雄心勃勃的全球变暖政策。同样，大多数能源燃料来自进口的国家也会较少面临国内企业对气候变化政策的反对。

长期而言，强有力的全球变暖政策也许会有利于像美国这样国家的大多数人。但像金融或制药这样的行业，从再循环的碳税中受益甚少，正忙于与管制改革进行斗争，无暇支持强有力的气候变化政策。因此，来自有充分代表性的行业的少数人，以及它们资金充足的游说团体；能够阻止有利于大部分人——已出生的及未出生的——更大、更长期利益的政策。

经济私利的囚徒

虽然代议制民主的障碍是一个开放社会的一个基本组成部分，但更为有害的障碍产生于内奥米·奥利斯克斯（Naomi Oreskes）和埃里克·康韦（Erik Conway）所说的“贩卖怀疑的商人”。[1] 他们的看法是，科学的或伪科学的支持者都破坏了科学的正常进程。这个进程不同于民主进程，后者那里相互竞争的利益和价值观争

[1] 参看 Naomi Oreskes and Erik Conway, *Merchants of Doubt*（New York：Bloomsbury，2010）。

夺的是选票。在创造怀疑的过程中，各团体破坏、扭曲或创造事实与理论，企图反驳主流科学，迷惑公众，并阻止政治行动。

资料最丰富的“创造怀疑”的案例，是烟草公司发起的一项运动，旨在与吸烟致癌的医学证据作斗争。关于吸烟与癌症之间联系的科学证据，早在100年前就得到记录，到20世纪50年代证据已堆积如山。1953年开始，最大的烟草公司发起了一场破坏吸烟有害的科学证据的运动。这场运动最不正当的一部分是那些支持该行业主张的研究者的签名。一位烟草公司的高管优雅地表达了这种方法：“怀疑是我们的产品，因为它是与公众头脑中存在的大量事实竞争的最好手段。这也是一种引起争议的手段。”[1]

我们在全球变暖的争论中也发现了生产怀疑的类似证据，尽管由于生产怀疑的机器不透明，我们无法了解整个故事。一个记录在案的例子是，一名有魄力的记者整理了埃克森美孚石油公司的赠款，这个公司向多个组织提供了800万美元资金，其中许多组织曾挑战全球变暖科学或经济学，该案件随之曝光。[2] 类似的

---

[1] Brown and Williamson Tobacco Corporation，“Smoking and Health Proposal，” 1969，可获取于 Legacy Tobacco Documents Library，http://legacy.library.ucsf.edu/。关于烟草行业扭曲科学记录，并倡导有利于吸烟的观点的策略，有丰富的文献。参看 Stanton Glantz，John Slade，Lisa A. Bero，and Deborah E. Barnes，*The Cigarette Papers*（Berkeley：University of California Press，1996）；and Robert Proctor，*Cancer Wars: How Politics Shapes What We Know and Don't Know about Cancer*（New York：Basic Books，2007）。

[2] Chris Mooney，“Some Like It Hot，” *Mother Jones*（May-June 2005），http://motherjones.com/environment/2005/05/some-it-hot. 组织名单可见：http://motherjones.com/politics/2005/05/put-tiger-your-think-tank。得到埃克森石油支持的组织的更全名单见“Organizations in Exxon Secrets Database，” www.exxonsecrets.org/html/listorganizations.php。

是“16 位科学家”的例子，第 24 章中已经分析了他们的反对观点。这个群体中很少有人积极从事气候变化科学或经济学的科学研究——除了制造混乱。

以利益集团为基础的对气候科学与政策的抨击，令人担忧的特点之一是，全球变暖的赌注比吸烟大得多。美国烟草的销售额约为 300 亿美元。与此相比，美国所有能源商品与服务的支出约为 1 万亿美元。[1] 大到足以把温度曲线从现在的轨迹压低到最多 2 ℃或 3 ℃的碳税，将给许多工人、企业和国家带来重大的经济影响。全球变暖是一个需要用万亿美元解决的万亿美元问题，而且争夺人心、头脑和选票的斗争将非常激烈。

克服障碍

前两章分析了形成关于气候变化的理性而有效的公共政策的障碍。公共舆论与美国政治的重要一翼正走向一个方向，尽管科学观点正走向另一个方向。反对气候变化科学的强大经济力量，用误导性的观点和看似科学的主张搅浑了水，并迷惑了公众。

科学发现遇到强劲的反对，这不是第一次，也不会是最后一次。我们之前看到了烟草行业是如何成为迷惑公众，并阻止禁烟的公共政策的贩卖怀疑的商人。

---

[1] 能源支出见于 U.S. Energy Information Administration，“Annual Energy Review，” August 19，2010，www.eia.doe.gov/aer/txt/ptb0105.html。烟草销售额不包括税与分配。

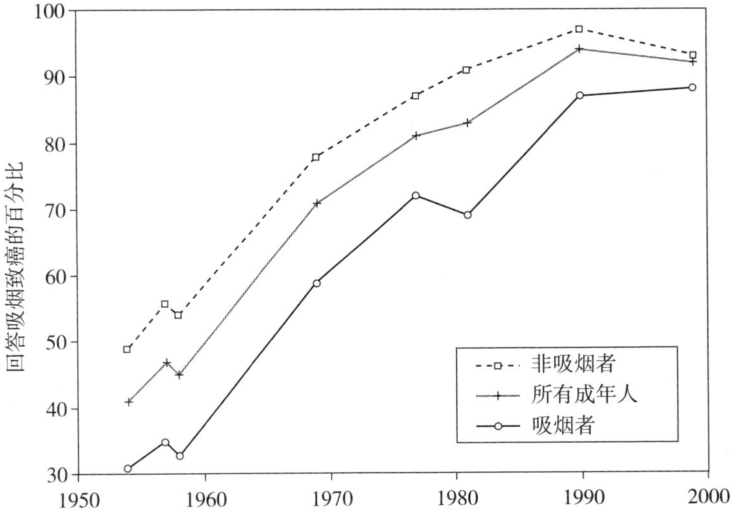

图 45

即使在烟草行业开展了欺骗运动，美国人仍然接受了吸烟致癌的科学观点。

烟草的故事后来如何发展呢？最终，通过不倦而耐心的努力，医生和科学家在吸烟是否引起癌症的问题上赢得了公众的支持。图 45 显示了公共舆论对癌症和吸烟问题看法的演变。在半个世纪的教育之后，甚至吸烟者也承认吸烟是有害的。[1]

部分是为了劝戒吸烟，烟草税是现在政府收入的主要来源之一。高碳税拥有比烟草税更具说服力的经济逻辑——为着人类的健康、地球以及政府预算。

[1] 所问的问题是：“你的观点是什么——你认为吸烟是肺癌的原因之一吗？”Lydia Saad，“Tobacco and Smoking，” Gallup，August 15，2002，www.gallup.com/poll/9910/tobacco-smoking.aspx#4，accessed January 26，2012.

对于科学家而言，教训是显而易见的。没有什么可以替代科学清楚而持久的解释，以及对反对者攻击的反驳。正如吸烟一样，证据会每年越来越明显。阻挠者会发现自己仿佛身处融化的浮冰之上。政治风向终将改变。

最终裁断

本章对实施有效而有力的减缓全球变暖政策的争论情况与阻碍，进行了严肃但现实的讨论。各国政府在实施政策上几乎没有取得进展。其中一些障碍是结构性的，如影响的全球性质以及高成本的政策与最终收益之间的漫长时间差。其他一些障碍是经济上的，如当贩卖怀疑的商人企图迷惑公众以维持他们的利润时。

既然我们已到了尾声，一个公正的陪审团会有什么裁决呢？公正的裁断会发现，有清晰而令人信服的证据表明地球正在变暖；除非采取强有力的措施，否则地球会经历 50 万年来最重大的变暖；变化的后果对人类社会是代价高昂的，对许多未受控的地球系统是严峻的；而且风险的平衡表明，应该立即采取行动，以减缓并最终停止 CO_2 和其他温室气体的排放。

这些基本结论必须有所限制，并不断更新，因为从经济增长到排放和气候变化，再到影响和政策的所有阶段，都存在不确定性。但这些基本结论经受了时间、辩驳以及成百上千名自然和社会科学家的多种评估的检验。各反对方并没有根据简单地忽略基本结果，称它们为骗局，或者认为我们需要等半个世纪再行动。

人类正使地球处于危险之中。但人类可以消除他们所做之事的影响。而且，如果人们接受全球变暖的现实威胁，建立一种惩罚碳排放的经济机制，并大力开发低碳技术，就可以以较低的成本实现这一目标。通过采取这些措施，我们就可以保护，并保存好我们宝贵的星球。

图书在版编目（CIP）数据

气候赌场：全球变暖的风险、不确定性与经济学 / (美) 威廉·诺德豪斯著；梁小民译. — 上海：东方出版中心，2019.9

（威廉·诺德豪斯著作系列）

ISBN 978-7-5473-1523-1

Ⅰ.①气… Ⅱ.①威… ②梁… Ⅲ.①经济学—研究
Ⅳ.①F0

中国版本图书馆CIP数据核字(2019)第162105号

上海市版权局著作权合同登记：图字 09-2019-284 号

气候赌场：
全球变暖的风险、不确定性与经济学

丛书策划：郑纳新　江彦懿
责任编辑：江彦懿　程　静
运　　营：经科文化
封面设计：奇文云海
内文设计：陈绿竞

出版发行：东方出版中心
地　　址：上海市仙霞路 345 号
电　　话：021-62417400
邮政编码：200336
印　　刷：山东鸿君杰文化发展有限公司
开　　本：890 mm×1240 mm　1/32
印　　张：14
字　　数：261 千字
版　　次：2019 年 9 月第 1 版
印　　次：2019 年 9 月第 1 次印刷
定　　价：78.00 元